UNIVERSALE
ECONOMICA
FELTRINELLI / CLASSICI

Alberto Luchetti, psichiatra e psicoanalista, è membro del Consiglio scientifico della Fondation Jean Laplanche – Institut de France. È stato direttore della "Rivista di Psicoanalisi". Ha tradotto e curato l'edizione italiana di libri psicoanalitici di diversi autori francesi, tra cui Piera Aulagnier e Jean Laplanche, e di alcune opere di Freud (*Tre saggi sulla teoria sessuale* e *Sul sogno*). Vive e lavora a Padova.

Virginio B. Sala lavora in campo editoriale da oltre cinquant'anni, come redattore prima e poi come dirigente. Laureato in filosofia, si è sempre occupato di divulgazione scientifica e tecnica, anche traducendo dall'inglese e dal tedesco, e ha coltivato parallelamente la passione per la musica.

SIGMUND FREUD

# Il disagio nella civiltà

A cura di Alberto Luchetti
Traduzione di Virginio B. Sala
Testo originale a fronte

Titolo originale
DAS UNBEHAGEN IN DER KULTUR

Traduzione dal tedesco di
VIRGINIO B. SALA


Prima edizione nell'"Universale Economica" – I CLASSICI
aprile 2021

Stampa Elcograf S.p.a. – Stabilimento di Cles (TN)

ISBN 978-88-07-90388-5

# Il disagio nella civiltà

# I

Man kann sich des Eindrucks nicht erwehren, daß die Menschen gemeinhin mit falschen Maßstäben messen, Macht, Erfolg und Reichtum für sich anstreben und bei anderen bewundern, die wahren Werte des Lebens aber unterschätzen. Und doch ist man bei jedem solchen allgemeinen Urteil in Gefahr, an die Buntheit der Menschenwelt und ihres seelischen Lebens zu vergessen. Es gibt einzelne Männer, denen sich die Verehrung ihrer Zeitgenossen nicht versagt, obwohl ihre Größe auf Eigenschaften und Leistungen ruht, die den Zielen und Idealen der Menge durchaus fremd sind. Man wird leicht annehmen wollen, daß es doch nur eine Minderzahl ist, welche diese großen Männer anerkennt, während die große Mehrheit nichts von ihnen wissen will. Aber es dürfte nicht so einfach zugehen, dank den Unstimmigkeiten zwischen dem Denken und dem Handeln der Menschen und der Vielstimmigkeit ihrer Wunschregungen.

Einer dieser ausgezeichneten Männer nennt sich in Briefen meinen Freund. Ich hatte ihm meine kleine Schrift zugeschickt, welche die Re-

# I

Non si può sfuggire all'impressione che troppo spesso gli esseri umani si servano di metri di valutazione errati: desiderano potere, successo e ricchezza, e li ammirano negli altri, sottostimando invece i veri valori della vita. Eppure tale giudizio generalizzato rischia di trascurare la molteplicità del mondo umano e della sua vita psichica. Ci sono casi di persone la cui grandezza poggia su caratteristiche e opere estranee agli obiettivi e agli ideali della massa, alle quali tuttavia non manca la considerazione dei contemporanei. Certo, sono solo in pochi a riconoscerne il valore, mentre i più li ignorano; ciononostante, la situazione è tutt'altro che semplice, poiché vasta è la gamma dei desideri umani e frequente, nel singolo, l'incoerenza fra pensiero e azione.

Uno di questi uomini eccellenti si definisce, nelle sue lettere, mio amico. In risposta al mio breve scritto sulla religione come illusione[a,*] sostiene

* Le note contrassegnate da lettere sono del curatore e del traduttore e sono collocate alla fine del testo.

ligion als Illusion behandelt, und er antwortete, er wäre mit meinem Urteil über die Religion ganz einverstanden, bedauerte aber, daß ich die eigentliche Quelle der Religiosität nicht gewürdigt hätte. Diese sei ein besonderes Gefühl, das ihn selbst nie zu verlassen pflege, das er von vielen anderen bestätigt gefunden und bei Millionen Menschen voraussetzen dürfe. Ein Gefühl, das er die Empfindung der „Ewigkeit" nennen möchte, ein Gefühl wie von etwas Unbegrenztem, Schrankenlosem, gleichsam „Ozeanischem". Dies Gefühl sei eine rein subjektive Tatsache, kein Glaubenssatz; keine Zusicherung persönlicher Fortdauer knüpfe sich daran, aber es sei die Quelle der religiösen Energie, die von den verschiedenen Kirchen und Religionssystemen gefaßt, in bestimmte Kanäle geleitet und gewiß auch aufgezehrt werde. Nur auf Grund dieses ozeanischen Gefühls dürfe man sich religiös heißen, auch wenn man jeden Glauben und jede Illusion ablehne.

Diese Äußerung meines verehrten Freundes, der selbst einmal den Zauber der Illusion poetisch gewürdigt hat, brachte mir nicht geringe Schwierigkeiten.[1] Ich selbst kann dies „ozeanische" Gefühl nicht in mir entdecken. Es ist nicht bequem, Gefühle wissenschaftlich zu bearbeiten. Man kann versuchen, ihre physiologischen Anzeichen zu beschreiben. Wo dies nicht angeht – ich fürchte, auch das ozeanische Gefühl wird sich einer

[1] *Liluli*, 1923. – Seit dem Erscheinen der beiden Bücher *La vie de Ramakrishna* und *La vie de Vivekananda* (1930) brauche ich nicht mehr zu verbergen, daß der im Text gemeinte Freund Romain Rolland ist.

di concordare completamente con la mia valutazione, rammaricandosi però del fatto che io non abbia preso in considerazione la reale fonte della religiosità. Si tratterebbe, a suo dire, di un sentimento particolare, che non lo abbandona mai, del quale ha trovato conferma in molti e che andrebbe presupposto in milioni di uomini. Un sentimento che egli definirebbe come un senso di "eternità", di qualcosa di sconfinato, illimitato, "oceanico". Tale sentimento sarebbe un puro fatto soggettivo, non un articolo di fede; non vi si legherebbe alcuna certezza di eternità personale, ma sarebbe la fonte dell'energia religiosa raccolta, convogliata e infine consumata dalle diverse Chiese e dai diversi sistemi religiosi. Ci si dovrebbe dire credenti solo sulla base di questo sentimento oceanico, anche qualora si rifiuti qualsiasi fede e qualsiasi illusione.

L'opinione del mio stimato amico, che in una sua opera ha celebrato poeticamente il fascino dell'illusione, mi ha messo in non poca difficoltà.[1] Io stesso, infatti, non riesco a scorgere dentro di me questo sentimento "oceanico". Analizzare scientificamente i sentimenti è cosa non facile: al più si può tentare di descriverne i tratti fisiologici. Dove ciò risulti impossibile – e temo che il sentimento di cui lui parla sfugga a una simile

[1] *Liluli*, 1923. Da quando sono stati pubblicati i due libri *La vita di Ramakrishna* (1929) e *La vita di Vivekananda* (1930) non ho più bisogno di nascondere che l'amico citato è Romain Rolland.

solchen Charakteristik entziehen –, bleibt doch nichts übrig, als sich an den Vorstellungsinhalt zu halten, der sich assoziativ am ehesten zum Gefühl gesellt. Habe ich meinen Freund richtig verstanden, so meint er dasselbe, was ein origineller und ziemlich absonderlicher Dichter seinem Helden als Trost vor dem freigewählten Tod mitgibt: „Aus dieser Welt können wir nicht fallen."[2] Also ein Gefühl der unauflösbaren Verbundenheit, der Zusammengehörigkeit mit dem Ganzen der Außenwelt. Ich möchte sagen, für mich hat dies eher den Charakter einer intellektuellen Einsicht, gewiß nicht ohne begleitenden Gefühlston, wie er aber auch bei anderen Denkakten von ähnlicher Tragweite nicht fehlen wird. An meiner Person könnte ich mich von der primären Natur eines solchen Gefühls nicht überzeugen. Darum darf ich aber sein tatsächliches Vorkommen bei anderen nicht bestreiten. Es fragt sich nur, ob es richtig gedeutet wird und ob es als *„fons et origo"* aller religiösen Bedürfnisse anerkannt werden soll.

Ich habe nichts vorzubringen, was die Lösung dieses Problems entscheidend beeinflussen würde. Die Idee, daß der Mensch durch ein unmittelbares, von Anfang an hierauf gerichtetes Gefühl Kunde von seinem Zusammenhang mit der Umwelt erhalten sollte, klingt so fremdartig, fügt sich so übel in das Gewebe unserer Psychologie, daß eine psychoanalytische, d. i. genetische Ableitung eines solchen Gefühls versucht werden darf.

[2] D. Chr. Grabbe, *Hannibal*: „Ja, aus der Welt werden wir nicht fallen. Wir sind einmal darin."

caratterizzazione –, non rimane altro che basarsi sul contenuto della rappresentazione che comunemente vi è associata. Se ho ben capito cosa intende il mio amico, si tratta del tipo di viatico che un poeta eccentrico e originale concede al suo eroe davanti alla morte liberamente scelta: "Da questo mondo non possiamo cadere".[2] È il senso di un legame inscindibile, della comune appartenenza al mondo esterno inteso come un tutto. A mio avviso, però, questa appare più come una visione intellettuale, certo non priva di connotazioni emotive, che senz'altro si riscontra anche in altri atti di pensiero di analoga portata, per cui non riesco a persuadermi che possa essere considerato un sentimento primigenio. Così dicendo, si badi, non intendo contestarne l'esistenza: mi limito a chiedermi se sia interpretato correttamente e se debba essere riconosciuto come "*fons et origo*" di tutti i bisogni religiosi.

Sento di non poter dire nulla di utile a dirimere la questione in maniera definitiva. L'idea che l'essere umano abbia innata in sé una così profonda connessione con l'ambiente circostante mi risulta molto strana, e appare tanto avulsa dal tessuto della nostra psicologia che può valere la pena tentare una derivazione psicoanalitica, ovvero genetica, di un tale sentimento. Possiamo

[2] Christian Dietrich Grabbe, *Annibale*: "Non cadremo certo fuori dal mondo. Ci siamo dentro".

Dann stellt sich uns folgender Gedankengang zur Verfügung: Normalerweise ist uns nichts gesicherter als das Gefühl unseres Selbst, unseres eigenen Ichs. Dies Ich erscheint uns selbständig, einheitlich, gegen alles andere gut abgesetzt. Daß dieser Anschein ein Trug ist, daß das Ich sich vielmehr nach innen ohne scharfe Grenze in ein unbewußt seelisches Wesen fortsetzt, das wir als Es bezeichnen, dem es gleichsam als Fassade dient, das hat uns erst die psychoanalytische Forschung gelehrt, die uns noch viele Auskünfte über das Verhältnis des Ichs zum Es schuldet. Aber nach außen wenigstens scheint das Ich klare und scharfe Grenzlinien zu behaupten. Nur in einem Zustand, einem außergewöhnlichen zwar, den man aber nicht als krankhaft verurteilen kann, wird es anders. Auf der Höhe der Verliebtheit droht die Grenze zwischen Ich und Objekt zu verschwimmen. Allen Zeugnissen der Sinne entgegen behauptet der Verliebte, daß Ich und Du eines seien, und ist bereit, sich, als ob es so wäre, zu benehmen. Was vorübergehend durch eine physiologische Funktion aufgehoben werden kann, muß natürlich auch durch krankhafte Vorgänge gestört werden können. Die Pathologie lehrt uns eine große Anzahl von Zuständen kennen, in denen die Abgrenzung des Ichs gegen die Außenwelt unsicher wird oder die Grenzen wirklich unrichtig gezogen werden; Fälle, in denen uns Teile des eigenen Körpers, ja Stücke des eigenen Seelenlebens, Wahrnehmungen, Gedanken, Gefühle wie fremd und dem Ich nicht zugehörig erscheinen, andere, in denen man der Außenwelt zuschiebt, was offenbar im Ich entstanden ist und von ihm

dunque seguire questo ragionamento. In genere non vi è nulla di più certo, per noi, del sentimento del nostro sé, dell'Io che concepiamo come autonomo, unitario, ben distinto da ogni altra cosa. Che questa apparenza sia ingannevole, che l'Io invece si espanda senza confini ben definiti in un'istanza intrapsichica inconscia che chiamiamo Es e a cui funge da facciata esteriore, ce lo ha insegnato la ricerca psicoanalitica, la quale sicuramente potrà darci ancora molte altre informazioni sulla relazione tra Io ed Es. Almeno rispetto all'esterno, però, l'Io sembra mantenere linee di confine chiare e ben definite. Solo in un caso, in effetti fuori dell'ordinario, ma che non per questo può essere definito patologico, questa condizione muta: nell'innamoramento, quando il confine fra Io e oggetto minaccia di dissolversi. Contro ogni testimonianza dei sensi, chi ama è convinto che Io e Tu siano una cosa sola, ed è disposto a comportarsi di conseguenza. Se dunque una funzione fisiologica è capace di alterare per un certo lasso di tempo la nostra percezione, è senz'altro possibile che ciò possa essere causato anche da processi morbosi. La patologia ci mostra un gran numero di situazioni in cui il confine tra Io e mondo esterno diventa labile o viene tracciato in maniera erronea: casi in cui parti del nostro corpo, pezzi della nostra vita interiore, sensazioni, pensieri, sentimenti appaiono estranei e non appartenenti all'Io, altri in cui attribuiamo al mondo esterno qualcosa che ha palesemente avuto origine dall'Io e come tale dovrebbe essere

anerkannt werden sollte. Also ist auch das Ichgefühl Störungen unterworfen, und die Ichgrenzen sind nicht beständig.

Eine weitere Überlegung sagt: Dies Ichgefühl des Erwachsenen kann nicht von Anfang an so gewesen sein. Es muß eine Entwicklung durchgemacht haben, die sich begreiflicherweise nicht nachweisen, aber mit ziemlicher Wahrscheinlichkeit konstruieren läßt.[3] Der Säugling sondert noch nicht sein Ich von einer Außenwelt als Quelle der auf ihn einströmenden Empfindungen. Er lernt es allmählich auf verschiedene Anregungen hin. Es muß ihm den stärksten Eindruck machen, daß manche der Erregungsquellen, in denen er später seine Körperorgane erkennen wird, ihm jederzeit Empfindungen zusenden können, während andere sich ihm zeitweise entziehen – darunter das Begehrteste: die Mutterbrust – und erst durch ein Hilfe heischendes Schreien herbeigeholt werden. Damit stellt sich dem Ich zuerst ein „Objekt" entgegen, als etwas, was sich „außerhalb" befindet und erst durch eine besondere Aktion in die Erscheinung gedrängt wird. Einen weiteren Antrieb zur Loslösung des Ichs von der Empfindungsmasse, also zur Anerkennung eines „Draußen", einer Außenwelt, geben die häufigen, vielfältigen, unvermeidlichen Schmerz- und Unlustempfindungen, die das unumschränkt herrschende Lustprinzip aufheben und vermeiden heißt. Es ent-

[3] S. die zahlreichen Arbeiten über Ichentwicklung und Ichgefühl von Ferenczi, *Entwicklungsstufen des Wirklichkeitssinns* (1913), bis zu den Beiträgen von P. Federn 1926, 1927 und später.

riconosciuto. Il senso stesso del nostro Io può quindi subire alterazioni e i suoi confini non sono invariabili.

Spingendo oltre la riflessione, possiamo affermare che il sentimento dell'Io proprio dell'adulto non può essere stato identico sin dall'inizio. Deve aver avuto uno sviluppo, che com'è ovvio non può essere dimostrato, ma che è possibile ricostruire con sufficiente verosimiglianza.[3] Il lattante non è ancora in grado di distinguere il proprio Io dal mondo esterno, che è per lui fonte delle sensazioni che prova. Impara a farlo per gradi, in risposta a varie sollecitazioni. Sarà senz'altro piuttosto impressionato dal fatto che molte delle fonti di stimolazione, in cui solo più avanti riconoscerà gli organi del suo corpo, possano trasmettergli sensazioni in ogni momento, mentre altre – compresa quella che desidera di più, ovvero il seno materno – gli vengono talora sottratte per essergli restituite quando le reclama con i suoi strilli in cerca di aiuto. Così per la prima volta si contrappone all'Io un "oggetto", un elemento "esterno" che si riesce a far apparire solo grazie a una particolare azione. Un'ulteriore spinta alla separazione dell'Io dal groviglio delle sensazioni, cioè al riconoscimento di un "fuori", di un mondo altro da sé, è data dalle frequenti, molteplici e inevitabili sensazioni di dolore e dispiacere che il principio di piacere, che domina incontrastato, comanda di eliminare ed

[3] Vedi i numerosi lavori sullo sviluppo dell'Io e sul sentimento dell'Io, da Sándor Ferenczi, *Fasi evolutive del senso di realtà* (1913), fino ai contributi di Paul Federn del 1926, 1927 e oltre.

steht die Tendenz, alles, was Quelle solcher Unlust werden kann, vom Ich abzusondern, es nach außen zu werfen, ein reines Lust-Ich zu bilden, dem ein fremdes, drohendes Draußen gegenübersteht. Die Grenzen dieses primitiven Lust-Ichs können der Berichtigung durch die Erfahrung nicht entgehen. Manches, was man als lustspendend nicht aufgeben möchte, ist doch nicht Ich, ist Objekt, und manche Qual, die man hinausweisen will, erweist sich doch als unabtrennbar vom Ich, als innerer Herkunft. Man lernt ein Verfahren kennen, wie man durch absichtliche Lenkung der Sinnestätigkeit und geeignete Muskelaktion Innerliches – dem Ich Angehöriges – und Äußerliches – einer Außenwelt Entstammendes – unterscheiden kann, und tut damit den ersten Schritt zur Einsetzung des Realitätsprinzips, das die weitere Entwicklung beherrschen soll. Diese Unterscheidung dient natürlich der praktischen Absicht, sich der verspürten und der drohenden Unlustempfindungen zu erwehren. Daß das Ich zur Abwehr gewisser Unlusterregungen aus seinem Inneren keine anderen Methoden zur Anwendung bringt, als deren es sich gegen Unlust von außen bedient, wird dann der Ausgangspunkt bedeutsamer krankhafter Störungen.

Auf solche Art löst sich also das Ich von der Außenwelt. Richtiger gesagt: Ursprünglich enthält das Ich alles, später scheidet es eine Außenwelt von sich ab. Unser heutiges Ichgefühl ist also nur ein eingeschrumpfter Rest eines weit umfassenderen, ja – eines allumfassenden Gefühls, welches einer innigeren Verbundenheit des Ichs mit der Umwelt entsprach. Wenn wir annehmen dür-

evitare. Emerge la tendenza ad allontanare dall'Io tutto ciò che è fonte di dispiacere, a formare un puro Io-piacere, a cui si contrappone un "fuori" estraneo e minaccioso. I confini di questo Io-piacere originario sono soggetti a essere modificati attraverso l'esperienza. Alcune delle cose a cui non si è disposti a rinunciare, in quanto fonte di piacere, sono tuttavia elementi esterni all'Io, così come alcune delle sofferenze, dalle quali ci si vorrebbe liberare, si rivelano inscindibili dall'Io perché proprio da esso traggono origine. Solo attraverso il controllo intenzionale dell'attività sensoriale e opportune azioni muscolari si impara a distinguere ciò che è interno – e che dunque appartiene all'Io – da ciò che è esterno – e proviene dal mondo esteriore –, e in tal modo si compie il primo passo verso la creazione del principio di realtà, che governerà ogni successivo sviluppo. Questa distinzione serve al fine pratico di allontanare da sé le sensazioni sgradevoli, o la loro minaccia. Il fatto che l'Io non possieda strumenti di difesa appositi contro i dispiaceri provenienti dal suo interno, se non quelli di cui si serve contro le intromissioni esterne, può originare importanti disturbi patologici.

In questo modo, quindi, l'Io si stacca dal mondo esterno o, per meglio dire, l'Io originario, che tutto comprende, a un certo punto della nostra esistenza separa da sé il mondo esterno. Il senso dell'Io che abbiamo da adulti è solo un residuo avvizzito di quello più ampio – se vogliamo onnicomprensivo – che corrispondeva a un'intima connessione dell'Io con l'ambiente circostante. Presumendo che nell'intimo di molte persone

fen, daß dieses primäre Ichgefühl sich im Seelenleben vieler Menschen – in größerem oder geringerem Ausmaße – erhalten hat, so würde es sich dem enger und schärfer umgrenzten Ichgefühl der Reifezeit wie eine Art Gegenstück an die Seite stellen, und die zu ihm passenden Vorstellungsinhalte wären gerade die der Unbegrenztheit und der Verbundenheit mit dem All, dieselben, mit denen mein Freund das „ozeanische" Gefühl erläutert. Haben wir aber ein Recht zur Annahme des Überlebens des Ursprünglichen neben dem Späteren, das aus ihm geworden ist?

Unzweifelhaft; ein solches Vorkommnis ist weder auf seelischem noch auf anderen Gebieten befremdend. Für die Tierreihe halten wir an der Annahme fest, daß die höchstentwickelten Arten aus den niedrigsten hervorgegangen sind. Doch finden wir alle einfachen Lebensformen noch heute unter den Lebenden. Das Geschlecht der großen Saurier ist ausgestorben und hat den Säugetieren Platz gemacht, aber ein richtiger Vertreter dieses Geschlechts, das Krokodil, lebt noch mit uns. Die Analogie mag zu entlegen sein, krankt auch an dem Umstand, daß die überlebenden niedrigen Arten zumeist nicht die richtigen Ahnen der heutigen, höher entwickelten sind. Die Zwischenglieder sind in der Regel ausgestorben und nur durch Rekonstruktion bekannt. Auf seelischem Gebiet hingegen ist die Erhaltung des Primitiven neben dem daraus entstandenen Umgewandelten so häufig, daß es sich erübrigt, es durch Beispiele zu beweisen. Meist ist dieses Vorkommen Folge einer Entwicklungsspaltung. Ein quantitativer Anteil einer Einstellung, einer Triebregung, ist

permanga, in maggiore o minore misura, il sentimento primario dell'Io, esso coesisterebbe con il sentimento dell'Io più ristretto e nettamente delimitato dell'età adulta, come una sorta di sua controparte, e i contenuti concettuali a esso più consoni sarebbero proprio quelli dell'illimitatezza e della connessione con il tutto: in altre parole quello che il mio amico chiama sentimento oceanico. Con quale ragione possiamo tuttavia supporre che quel senso originario sopravviva accanto a quello successivo, che ne è di fatto una derivazione?

Senza dubbio non c'è nulla di strano in questo fenomeno, né sul piano psichico né su altri piani. Nel regno animale diamo per acquisito l'assunto che le specie più evolute siano derivate da quelle originariamente meno complesse, eppure forme di vita semplici esistono ancora oggi. La razza dei grandi Sauri si è estinta lasciando il posto ai mammiferi, ma uno dei suoi rappresentanti, il coccodrillo, vive tuttora. L'analogia forse è un po' troppo distante da noi, e può risultare fallace se si considera che le specie inferiori sopravvissute non sono propriamente le antenate delle odierne specie più sviluppate. Gli anelli intermedi di questa catena sono ormai estinti e ci sono noti solo grazie a ricostruzioni. In ambito psicologico, però, la permanenza del primitivo accanto alla versione più evoluta che ne è derivata è così frequente che non c'è nemmeno bisogno di dimostrarla con qualche esempio. Di solito ciò accade quando, nel corso dello sviluppo, si verifica una scissione: una parte (in senso quantitativo) di un atteggiamento, di un moto

unverändert erhalten geblieben, ein anderer hat die weitere Entwicklung erfahren.

Wir rühren hiermit an das allgemeinere Problem der Erhaltung im Psychischen, das kaum noch Bearbeitung gefunden hat, aber so reizvoll und bedeutsam ist, daß wir ihm auch bei unzureichendem Anlaß eine Weile Aufmerksamkeit schenken dürfen. Seitdem wir den Irrtum überwunden haben, daß das uns geläufige Vergessen eine Zerstörung der Gedächtnisspur, also eine Vernichtung bedeutet, neigen wir zu der entgegengesetzten Annahme, daß im Seelenleben nichts, was einmal gebildet wurde, untergehen kann, daß alles irgendwie erhalten bleibt und unter geeigneten Umständen, z. B. durch eine so weit reichende Regression, wieder zum Vorschein gebracht werden kann. Man versuche sich durch einen Vergleich aus einem anderen Gebiet klarzu machen, was diese Annahme zum Inhalt hat. Wir greifen etwa die Entwicklung der Ewigen Stadt als Beispiel auf.[4] Historiker belehren uns, das älteste Rom war die Roma quadrata, eine umzäunte Ansiedlung auf dem Palatin. Dann folgte die Phase des Septimontium, eine Vereinigung der Niederlassungen auf den einzelnen Hügeln, darauf die Stadt, die durch die Servianische Mauer begrenzt wurde, und noch später, nach all den Umwandlungen der republikanischen und der früren Kaiserzeit die Stadt, die Kaiser Aurelianus durch seine Mauern umschloß. Wir wollen

[4] Nach *The Cambridge Ancient History*, T. VII, 1928, „The founding of Rome“ by Hugh Last.

pulsionale, rimane immutata, mentre un'altra subisce delle modifiche.

Questo ci porta al problema più generale della "conservazione" in ambito psichico, ancora poco studiato, ma così attraente e importante che vale la pena dedicarvi un po' di attenzione, pur non essendo questa la sede di una trattazione approfondita. Da quando abbiamo superato l'errore di credere che dimenticare qualcosa che ci era familiare comporti la completa distruzione della traccia mnestica, cioè il suo totale annullamento, siamo inclini a sostenere l'opposto, ovvero che nulla di ciò che si è formato nella nostra vita psichica può perire, che in qualche modo tutto rimane conservato e, in circostanze opportune, per esempio attraverso la regressione, può essere nuovamente portato alla luce. Cerchiamo di spiegare questo concetto facendo un parallelismo tratto da un altro campo: prendiamo come esempio lo sviluppo della Città Eterna.[4] Stando agli storici, l'insediamento più antico era la *Roma quadrata*, sul colle Palatino. A questo sarebbe seguito il *Septimontium*, che inglobava gli insediamenti sui sette colli, dopodiché la città venne delimitata dalle mura serviane; nei secoli successivi, poi, si verificarono ancora tutta una serie di trasformazioni, avvenute in epoca repubblicana e nella prima età imperiale, fino alla città che l'imperatore Aureliano cinse con le sue mura. Non seguiremo gli altri cambiamenti che

[4] Seguo *The Cambridge Ancient History*, vol. VII, 1928, *The founding of Rome* di Hugh Last.

die Wandlungen der Stadt nicht weiter verfolgen und uns fragen, was ein Besucher, den wir mit den vollkommensten historischen und topographischen Kenntnissen ausgestattet denken, im heutigen Rom von diesen frühen Stadien noch vorfinden mag. Die aurelianische Mauer wird er bis auf wenige Durchbrüche fast unverändert sehen. An einzelnen Stellen kann er Strecken des Servianischen Walles durch Ausgrabung zutage gefördert finden. Wenn er genug weiß – mehr als die heutige Archäologie –, kann er vielleicht den ganzen Verlauf dieser Mauer und den Umriß der Roma quadrata ins Stadtbild einzeichnen. Von den Gebäuden, die einst diese alten Rahmen ausgefüllt haben, findet er nichts oder geringe Reste, denn sie bestehen nicht mehr. Das Äußerste, was ihm die beste Kenntnis des Roms der Republik leisten kann, wäre, daß er die Stellen anzugeben weiß, wo die Tempel und öffentlichen Gebäude dieser Zeit gestanden hatten. Was jetzt diese Stellen einnimmt, sind Ruinen, aber nicht ihrer selbst, sondern ihrer Erneuerungen aus späteren Zeiten nach Bränden und Zerstörungen. Es bedarf kaum noch einer besonderen Erwähnung, daß alle diese Überreste des alten Roms als Einsprengungen in das Gewirre einer Großstadt aus den letzten Jahrhunderten seit der Renaissance erscheinen. Manches Alte ist gewiß noch im Boden der Stadt oder unter ihren modernen Bauwerken begraben. Dies ist die Art der Erhaltung des Vergangenen, die uns an historischen Stätten wie Rom entgegentritt.

Nun machen wir die phantastische Annahme, Rom sei nicht eine menschliche Wohnstät-

la città ha subìto in epoche successive, ma proviamo a capire quanto di queste prime fasi della sua storia possa rintracciare nella Roma odierna un visitatore, che supponiamo dotato di un'approfondita conoscenza storica e topografica della città. Escludendo qualche varco, vedrà le mura aureliane pressoché intatte. In alcuni punti sarà in grado di trovare sezioni delle mura serviane, dove gli scavi le hanno riportate alla luce. Se ne sapesse abbastanza (più di quanto ne sappia l'archeologia oggi), forse riuscirebbe a identificare nella pianta della città tutto il tracciato di quelle mura e il profilo della *Roma quadrata*. Degli edifici che sorgevano un tempo in queste aree antiche non rinverrà nulla, o solo dei resti, perché non esistono più. Se fosse un cultore della Roma repubblicana potrebbe riuscire a individuare i luoghi in cui sorgevano i templi e gli edifici pubblici di quell'epoca. Quello che ne rimane sono rovine, non degli edifici originari, bensì delle ricostruzioni operate in epoche successive, a seguito di incendi e distruzioni. Senza contare, precisazione forse ovvia, che tutti questi resti dell'antica Roma sono dispersi nell'intrico della grande metropoli che si è sviluppata nei secoli, dal Rinascimento in avanti. Di sicuro buona parte dell'antica città è ancora sepolta nel terreno o sotto gli edifici moderni. È così che, in città storiche come Roma, si è conservato il passato.

Facciamo ora l'ipotesi fantasiosa che Roma non sia una città abitata dagli esseri umani, ma

te, sondern ein psychisches Wesen von ähnlich langer und reichhaltiger Vergangenheit, in dem also nichts, was einmal zustande gekommen war, untergegangen ist, in dem neben der letzten Entwicklungsphase auch alle früheren noch fortbestehen. Das würde für Rom also bedeuten, daß auf dem Palatin die Kaiserpaläste und das Septizonium des Septimius Severus sich noch zur alten Höhe erheben, daß die Engelsburg noch auf ihren Zinnen die schönen Statuen trägt, mit denen sie bis zur Gotenbelagerung geschmückt war, usw. Aber noch mehr: an der Stelle des Palazzo Caffarelli stünde wieder, ohne daß man dieses Gebäude abzutragen brauchte, der Tempel des Kapitolinischen Jupiter, und zwar dieser nicht nur in seiner letzten Gestalt, wie ihn die Römer der Kaiserzeit sahen, sondern auch in seiner frühesten, als er noch etruskische Formen zeigte und mit tönernen Antifixen geziert war. Wo jetzt das Coliseo steht, könnten wir auch die verschwundene Domus aurea des Nero bewundern; auf dem Pantheonplatze fänden wir nicht nur das heutige Pantheon, wie es uns von Hadrian hinterlassen wurde, sondern auf demselben Grund auch den ursprünglichen Bau des M. Agrippa; ja, derselbe Boden trüge die Kirche Maria sopra Minerva und den alten Tempel, über dem sie gebaut ist. Und dabei brauchte es vielleicht nur eine Änderung der Blickrichtung oder des Standpunktes von seiten des Beobachters, um den einen oder den anderen Anblick hervorzurufen.

Es hat offenbar keinen Sinn, diese Phantasie weiter auszuspinnen, sie führt zu Unvorstellbarem, ja zu Absurdem. Wenn wir das historische

un'entità psichica di un passato altrettanto remoto e ricco dove non sia andata perduta nessuna delle costruzioni che sono state edificate nel tempo e che tutte le fasi più recenti del suo sviluppo continuino a esistere accanto a quelle più antiche. Ciò vorrebbe dire che sul colle Palatino si ergerebbero ancora i palazzi degli imperatori e il *Septizonium* di Settimio Severo, e che i merli di Castel Sant'Angelo sarebbero ancora sormontati dalle belle statue che li ornavano prima dell'assedio dei Goti. E ancora: nell'area occupata oggi dal Palazzo Caffarelli sorgerebbe (senza necessariamente demolire il palazzo) il tempio di Giove Capitolino, e non solo nella sua forma definitiva, quella che i Romani ammirarono ai tempi dell'impero, ma anche in quella precedente, di epoca etrusca, quando era ornato di antefisse fittili. Dove oggi sorge il Colosseo potremmo al contempo vedere la *Domus Aurea* di Nerone, scomparsa da secoli. E oltre al Pantheon come lo conosciamo oggi, un lascito di Adriano, nello stesso luogo troveremmo anche l'edificio originale fondato da Agrippa; sul medesimo terreno, inoltre, convivrebbero la chiesa di Santa Maria sopra Minerva e l'antico tempio sul quale è stata edificata. Probabilmente basterebbe spostare la direzione dello sguardo, o cambiare punto di osservazione, per richiamare una veduta o l'altra.

Chiaramente non ha alcun senso sviluppare oltre questa fantasia, perché scadrebbe nell'inimmaginabile, se non nell'assurdo. Dal momento che

Nacheinander räumlich darstellen wollen, kann es nur durch ein Nebeneinander im Raum geschehen; derselbe Raum verträgt nicht zweierlei Ausfüllung. Unser Versuch scheint eine müßige Spielerei zu sein; er hat nur eine Rechtfertigung: er zeigt uns, wie weit wir davon entfernt sind, die Eigentümlichkeiten des seelischen Lebens durch anschauliche Darstellung zu bewältigen.

Zu einem Einwand sollten wir noch Stellung nehmen. Er fragt uns, warum wir gerade die Vergangenheit einer Stadt ausgewählt haben, um sie mit der seelischen Vergangenheit zu vergleichen. Die Annahme der Erhaltung alles Vergangenen gilt auch für das Seelenleben nur unter der Bedingung, daß das Organ der Psyche intakt geblieben ist, daß sein Gewebe nicht durch Trauma oder Entzündung gelitten hat. Zerstörende Einwirkungen, die man diesen Krankheitsursachen gleichstellen könnte, werden aber in der Geschichte keiner Stadt vermißt, auch wenn sie eine minder bewegte Vergangenheit gehabt hat als Rom, auch wenn sie, wie London, kaum je von einem Feind heimgesucht wurde. Die friedlichste Entwicklung einer Stadt schließt Demolierungen und Ersetzungen von Bauwerken ein, und darum ist die Stadt von vorneherein für einen solchen Vergleich mit einem seelischen Organismus ungeeignet.

Wir weichen diesem Einwand, wenden uns unter Verzicht auf eine eindrucksvolle Kontrastwirkung zu einem immerhin verwandteren Vergleichsobjekt, wie es der tierische oder menschliche Leib ist. Aber auch hier finden wir das nämliche. Die früheren Phasen der Entwicklung

lo stesso spazio non può essere occupato da due cose diverse, l'unico modo per ricostruire la successione storica degli edifici in un determinato luogo è accostare idealmente quello che è venuto dopo a quello che c'era prima. Sembra un gioco ozioso, quasi ingannevole, ma serve solo a dimostrarci quanto siamo lontani dal poter sondare le peculiarità della vita psichica attraverso una presentazione visiva.

Mettiamo in conto un'obiezione. Perché scegliere il passato di una città come termine di paragone con il passato psichico? L'ipotesi della conservazione dell'intero passato vale anche per la vita psichica umana solo a condizione che l'organo della psiche sia intatto, ovvero che i suoi tessuti non siano stati danneggiati da traumi o infiammazioni. Ma influssi distruttivi comparabili a questi stati patologici sono presenti nella storia di ogni città, anche quelle con trascorsi meno turbolenti di Roma, perfino quelle che, come Londra, non hanno praticamente mai subìto invasioni nemiche. Anche lo sviluppo urbanistico più pacifico prevede demolizioni e sostituzioni di edifici, per questo il parallelismo tra la città e un organismo psichico si rivela inadatto a priori.

Facciamo dunque un passo indietro e proviamo a fare un parallelo, senz'altro meno suggestivo, con qualcosa di più vicino a noi, come il corpo di un animale o di un uomo. Tuttavia anche qui si presenta lo stesso problema: le fasi

sind in keinem Sinn mehr erhalten, sie sind in den späteren, zu denen sie den Stoff geliefert haben, aufgegangen. Der Embryo läßt sich im Erwachsenen nicht nachweisen, die Thymusdrüse, die das Kind besaß, ist nach der Pubertät durch Bindegewebe ersetzt, aber selbst nicht mehr vorhanden; in den Röhrenknochen des reifen Mannes kann ich zwar den Umriß des kindlichen Knochens einzeichnen, aber dieser selbst ist vergangen, indem er sich streckte und verdickte, bis er seine endgültige Form erhielt. Es bleibt dabei, daß eine solche Erhaltung aller Vorstufen neben der Endgestaltung nur im Seelischen möglich ist und daß wir nicht in der Lage sind, uns dies Vorkommen anschaulich zu machen.

Vielleicht gehen wir in dieser Annahme zu weit. Vielleicht sollten wir uns zu behaupten begnügen, daß das Vergangene im Seelenleben erhalten bleiben *kann*, nicht *notwendigerweise* zerstört werden muß. Es ist immerhin möglich, daß auch im Psychischen manches Alte – in der Norm oder ausnahmsweise – so weit verwischt oder aufgezehrt wird, daß es durch keinen Vorgang mehr wiederhergestellt und wiederbelebt werden kann, oder daß die Erhaltung allgemein an gewisse günstige Bedingungen geknüpft ist. Es ist möglich, aber wir wissen nichts darüber. Wir dürfen nur daran festhalten, daß die Erhaltung des Vergangenen im Seelenleben eher Regel als befremdliche Ausnahme ist.

Wenn wir so durchaus bereit sind anzuerkennen, es gebe bei vielen Menschen ein „ozeanisches“ Gefühl, und geneigt, es auf eine frühe Phase des Ichgefühls zurückzuführen, erhebt sich die

di sviluppo precedenti non vengono conservate, ma sono assorbite nelle successive, a cui hanno fornito la materia. Non è possibile, per esempio, rilevare nell'adulto l'embrione che è stato, così come il timo, la ghiandola presente nel corpo del bambino, dopo la pubertà è sostituita da tessuto connettivo, ma non è più presente; nelle ossa lunghe dell'uomo adulto è certamente possibile rintracciare lo sviluppo di quelle infantili, che però di fatto non ci sono più, essendosi allungate e ispessite fino a raggiungere la struttura definitiva. Ne consegue che il fenomeno della conservazione di tutte le fasi precedenti accanto alla forma finale si manifesta solo nella sfera psichica, dove non siamo in grado di visualizzarlo.

Forse ci stiamo facendo prendere la mano da questa ipotesi. Dovremmo magari limitarci a sostenere che nella vita psichica il passato *può* essere conservato, senza essere *necessariamente* distrutto. Certo è possibile (di norma o in via eccezionale) che anche nella psiche qualcosa di passato venga cancellato o deteriorato, che non possa più essere riprodotto o rivissuto in alcun modo, o, in generale, che la conservazione sia legata a determinate condizioni favorevoli. È possibile, ma non ne sappiamo nulla. Perciò dobbiamo attenerci al dato di fatto che nella vita psichica la conservazione del passato sia la regola, più che la sconcertante eccezione.

Se quindi siamo pronti ad ammettere che in molti esista un sentimento "oceanico" e siamo propensi a ricondurlo alla primissima fase del senso dell'Io, si pone un altro interrogativo: que-

weitere Frage, welchen Anspruch hat dieses Gefühl, als die Quelle der religiösen Bedürfnisse angesehen zu werden.

Mir erscheint dieser Anspruch nicht zwingend. Ein Gefühl kann doch nur dann eine Energiequelle sein, wenn es selbst der Ausdruck eines starken Bedürfnisses ist. Für die religiösen Bedürfnisse scheint mir die Ableitung von der infantilen Hilflosigkeit und der durch sie geweckten Vatersehnsucht unabweisbar, zumal da sich dies Gefühl nicht einfach aus dem kindlichen Leben fortsetzt, sondern durch die Angst vor der Übermacht des Schicksals dauernd erhalten wird. Ein ähnlich starkes Bedürfnis aus der Kindheit wie das nach dem Vaterschutz wüßte ich nicht anzugeben. Damit ist die Rolle des ozeanischen Gefühls, das etwa die Wiederherstellung des uneingeschränkten Narzißmus anstreben könnte, vom Vordergrund abgedrängt. Bis zum Gefühl der kindlichen Hilflosigkeit kann man den Ursprung der religiösen Einstellung in klaren Umrissen verfolgen. Es mag noch anderes dahinterstecken, aber das verhüllt einstweilen der Nebel.

Ich kann mir vorstellen, daß das ozeanische Gefühl nachträglich in Beziehungen zur Religion geraten ist. Dies Eins-Sein mit dem All, was als Gedankeninhalt ihm zugehört, spricht uns ja an wie ein erster Versuch einer religiösen Tröstung, wie ein anderer Weg zur Ableugnung der Gefahr, die das Ich als von der Außenwelt drohend erkennt. Ich wiederhole das Bekenntnis, daß es mir sehr beschwerlich ist, mit diesen kaum faßbaren Größen zu arbeiten. Ein anderer meiner Freunde, den ein unstillbarer Wissensdrang zu den unge-

sto sentimento può a buon diritto essere considerato la fonte dei bisogni religiosi?

A me non pare una condizione stringente. Un sentimento, in fin dei conti, può essere fonte di energia solo se è esso stesso espressione di un forte bisogno. Per quanto riguarda i bisogni religiosi, mi sembra un dato incontrovertibile che questi derivino dall'impotenza infantile e dalla conseguente nostalgia del padre, soprattutto perché questo sentimento non si manifesta soltanto come un prolungamento dell'età dell'infanzia, ma viene tenuto in vita dall'angoscia dello strapotere del destino. Non saprei indicare, nel bambino, un bisogno forte quanto quello della protezione paterna: ciò quindi mette in ombra il ruolo del sentimento oceanico, che al contrario potrebbe mirare al ritorno a un narcisismo illimitato. L'origine dell'atteggiamento religioso può essere fatta chiaramente risalire al sentimento dell'impotenza infantile. Può darsi che ci sia dietro ancora qualcos'altro, ma al momento è avvolto nella nebbia.

A parer mio, il sentimento oceanico è stato messo in rapporto con la religione solo più tardi. Il concetto dell'"essere uno con il tutto", che vi è sotteso come contenuto ideativo, pare un primo tentativo di consolazione religiosa, un modo di scongiurare il pericolo che l'Io riconosce come una minaccia dal mondo esterno. Ribadisco che mi risulta molto difficile lavorare con queste entità pressoché inafferrabili. Un altro amico, spinto dalla sua insaziabile sete di conoscenza a

wöhnlichsten Experimenten getrieben und endlich zum Allwisser gemacht hat, versicherte mir, daß man in den Yogapraktiken durch Abwendung von der Außenwelt, durch Bindung der Aufmerksamkeit an körperliche Funktionen, durch besondere Weisen der Atmung tatsächlich neue Empfindungen und Allgemeingefühle in sich erwecken kann, die er als Regressionen zu uralten, längst überlagerten Zuständen des Seelenlebens auffassen will. Er sieht in ihnen eine sozusagen physiologische Begründung vieler Weisheiten der Mystik. Beziehungen zu manchen dunklen Modifikationen des Seelenlebens, wie Trance und Ekstase, lägen hier nahe. Allein mich drängt es, auch einmal mit den Worten des Schillerschen Tauchers auszurufen:

„Es freue sich, wer da atmet im rosigen Licht“.

condurre gli esperimenti più inusuali, che lo hanno reso pressoché onnisciente, mi ha assicurato che attraverso la pratica dello yoga, allontanandosi dal mondo esterno, concentrandosi sulle funzioni del corpo e usando particolari tecniche di respirazione, si possono effettivamente scoprire dentro di noi nuove sensazioni e sentimenti di comunione, che lui interpreta come regressioni a condizioni originarie della vita psichica, a lungo sepolte. In questo vede, per così dire, un fondamento fisiologico per molte saggezze della mistica. Potrebbero esserci collegamenti con molte oscure alterazioni della vita psichica, come la trance e l'estasi. Ancora una volta, però, sono indotto a esclamare, con le parole del tuffatore di Schiller:

"Si rallegri colui che respira nella luce rosata".[b]

# II

In meiner Schrift *Die Zukunft einer Illusion* handelte es sich weit weniger um die tiefsten Quellen des religiösen Gefühls, als vielmehr um das, was der gemeine Mann unter seiner Religion versteht, um das System von Lehren und Verheißungen, das ihm einerseits die Rätsel dieser Welt mit beneidenswerter Vollständigkeit aufklärt, anderseits ihm zusichert, daß eine sorgsame Vorsehung über sein Leben wachen und etwaige Versagungen in einer jenseitigen Existenz gutmachen wird. Diese Vorsehung kann der gemeine Mann sich nicht anders als in der Person eines großartig erhöhten Vaters vorstellen. Nur ein solcher kann die Bedürfnisse des Menschenkindes kennen, durch seine Bitten erweicht, durch die Zeichen seiner Reue beschwichtigt werden. Das Ganze ist so offenkundig infantil, so wirklichkeitsfremd, daß es einer menschenfreundlichen Gesinnung schmerzlich wird zu denken, die große Mehrheit der Sterblichen werde sich niemals über diese Auffassung des Lebens erheben können. Noch beschämender wirkt es zu erfahren, ein wie großer Anteil der heute Lebenden, die es einsehen müs-

# II

Nel mio scritto *L'avvenire di un'illusione*, più che delle fonti più profonde del sentimento religioso mi sono occupato di ciò che l'uomo comune intende per religione, ovvero del sistema di dottrine e di promesse che da una parte gli spiega con invidiabile completezza gli enigmi del mondo, dall'altra gli assicura che una Provvidenza premurosa veglierà sulla sua vita e compenserà in un'esistenza ultraterrena le frustrazioni che subisce in questa. L'uomo comune non può che rappresentarsi questa Provvidenza come una figura paterna straordinariamente potenziata. Solo un essere simile può conoscere i bisogni del figlio dell'uomo, ascoltare con benevolenza le sue preghiere e rabbonirsi se questi si dimostra pentito. Tale visione è così palesemente infantile, così estranea alla realtà che il pensiero che la grande maggioranza dei mortali non sarà mai in grado di affrancarsi da questa concezione della vita addolora qualsivoglia filantropo. Ancora più umiliante è scoprire quanti siano incapaci di vedere

sen, daß diese Religion nicht zu halten ist, doch Stück für Stück von ihr in kläglichen Rückzugsgefechten zu verteidigen sucht. Man möchte sich in die Reihen der Gläubigen mengen, um den Philosophen, die den Gott der Religion zu retten glauben, indem sie ihn durch ein unpersönliches, schattenhaft abstraktes Prinzip ersetzen, die Mahnung vorzuhalten: Du sollst den Namen des Herrn nicht zum Eitlen anrufen! Wenn einige der größten Geister vergangener Zeiten das Gleiche getan haben, so darf man sich hierin nicht auf sie berufen. Man weiß, warum sie so mußten.

Wir kehren zum gemeinen Mann und zu seiner Religion zurück, der einzigen, die diesen Namen tragen sollte. Da tritt uns zunächst die bekannte Äußerung eines unserer großen Dichter und Weisen entgegen, die sich über das Verhältnis der Religion zur Kunst und Wissenschaft ausspricht. Sie lautet:

„Wer Wissenschaft und Kunst besitzt,
hat auch Religion;
Wer jene beiden nicht besitzt,
der habe Religion!“[5]

Dieser Spruch bringt einerseits die Religion in einen Gegensatz zu den beiden Höchstleistungen des Menschen, anderseits behauptet er, daß sie einander in ihrem Lebenswert vertreten oder ersetzen können. Wenn wir auch dem gemeinen Mann die Religion bestreiten wollen, haben wir offenbar die Autorität des Dichters nicht auf unserer Seite. Wir versuchen einen besonderen Weg,

[5] Goethe in den *Zahmen Xenien* IX (Gedichte aus dem Nachlaß).

che questa fede religiosa è insostenibile, e anzi si ostinano a difenderla palmo a palmo con disperate battaglie di retroguardia. Verrebbe quasi voglia di mescolarsi fra le file dei credenti e ammonire i filosofi, che credono di salvare il Dio della religione sostituendolo con un principio impersonale, astratto e oscuro, con lo stesso comandamento divino: "Non nominare il nome di Dio invano". E nemmeno il fatto che alcune delle grandi menti del passato abbiano suffragato simili posizioni è un motivo valido per sposarle. Si sa perché hanno dovuto sostenerle.

Torniamo all'uomo comune e alla sua religione, l'unica che ha il diritto di portare questo nome. Ci viene in mente innanzitutto la famosa affermazione di uno dei nostri più grandi poeti e saggi in merito al rapporto della religione con l'arte e la scienza. Dice Goethe:

"Chi possiede scienza e arte
ha anche religione;
chi non possiede l'una né l'altra,
abbia religione".[5,c]

Da un lato contrappone la religione alle due manifestazioni più alte dell'essere umano – l'arte e la scienza –, dall'altro sostiene che, in virtù del loro valore nella vita, queste e la religione possono rappresentarsi o sostituirsi vicendevolmente. Se volessimo dunque negare all'uomo comune la religione, non avremmo dalla nostra parte l'autorità del poeta. Scegliamo un percorso particolare

[5] Goethe in *Xenie miti (postume)*, IX, vv. 657-660.

um uns der Würdigung seines Satzes zu nähern. Das Leben, wie es uns auferlegt ist, ist zu schwer für uns, es bringt uns zuviel Schmerzen, Enttäuschungen, unlösbare Aufgaben. Um es zu ertragen, können wir Linderungsmittel nicht entbehren. (Es geht nicht ohne Hilfskonstruktionen, hat uns Theodor Fontane gesagt.) Solcher Mittel gibt es vielleicht dreierlei: mächtige Ablenkungen, die uns unser Elend geringschätzen lassen, Ersatzbefriedigungen, die es verringern, Rauschstoffe, die uns für dasselbe unempfindlich machen. Irgend etwas dieser Art ist unerläßlich.[6] Auf die Ablenkungen zielt Voltaire, wenn er seinen *Candide* in den Rat ausklingen läßt, seinen Garten zu bearbeiten; solch eine Ablenkung ist auch die wissenschaftliche Tätigkeit. Die Ersatzbefriedigungen, wie die Kunst sie bietet, sind gegen die Realität Illusionen, darum nicht minder psychisch wirksam dank der Rolle, die die Phantasie im Seelenleben behauptet hat. Die Rauschmittel beeinflussen unser Körperliches, ändern seinen Chemismus. Es ist nicht einfach, die Stellung der Religion innerhalb dieser Reihe anzugeben. Wir werden weiter ausholen müssen.

Die Frage nach dem Zweck des menschlichen Lebens ist ungezählte Male gestellt worden; sie hat noch nie eine befriedigende Antwort gefunden, läßt eine solche vielleicht überhaupt nicht zu. Manche Fragesteller haben hinzugefügt: wenn sich ergeben sollte, daß das Leben keinen Zweck

[6] Auf erniedrigtem Niveau sagt Wilhelm Busch in der *Frommen Helene* dasselbe: „Wer Sorgen hat, hat auch Likör“.

per provare a capire meglio la sua affermazione. La vita che ci viene imposta è troppo dura per noi, permeata com'è di dolori, delusioni e compiti impossibili da svolgere. Per affrontarla, non possiamo fare a meno di palliativi ("Senza strutture di supporto non si va avanti," ci ha detto Theodor Fontane),[d] che sono verosimilmente di tre tipi: diversivi potenti, che alleviano la nostra miseria; gratificazioni sostitutive, che la riducono; e sostanze inebrianti, che ci rendono insensibili a essa. È essenziale ricorrere ad almeno uno di questi.[6] Un esempio di diversivo è quello proposto da Voltaire a conclusione del suo *Candido*, quando consiglia di coltivare il proprio giardino; e anche l'attività scientifica rientra nel novero dei diversivi. Le gratificazioni sostitutive, come quelle che offre l'arte, sono illusioni in contrasto con la realtà, ma non per questo meno efficaci a livello psicologico, grazie al ruolo assunto dalla fantasia nella vita psichica. Le sostanze inebrianti manifestano i loro effetti sul nostro organismo, ne alterano la chimica. Fra i tipi di palliativi enunciati non è facile individuare dove si collochi la religione. Bisognerà cercare oltre.

La domanda circa lo scopo della vita umana è stata posta innumerevoli volte senza tuttavia aver trovato una risposta soddisfacente, forse perché non ne ammette alcuna. Tra chi se l'è posta, alcuni hanno argomentato che, se dovesse risultare che la vita è priva di scopo, ai loro occhi

[6] A un livello più basso, Wilhelm Busch dice la stessa cosa nella *Pia Elena*: "Chi ha dolori, ha anche liquori".

hat, dann würde es jeden Wert für sie verlieren. Aber diese Drohung ändert nichts. Es scheint vielmehr, daß man ein Recht dazu hat, die Frage abzulehnen. Ihre Voraussetzung scheint jene menschliche Überhebung, von der wir soviel andere Äußerungen bereits kennen. Von einem Zweck des Lebens der Tiere wird nicht gesprochen, wenn deren Bestimmung nicht etwa darin besteht, dem Menschen zu dienen. Allein auch das ist nicht haltbar, denn mit vielen Tieren weiß der Mensch nichts anzufangen – außer daß er sie beschreibt, klassifiziert, studiert –, und ungezählte Tierarten haben sich auch dieser Verwendung entzogen, indem sie lebten und ausstarben, ehe der Mensch sie gesehen hatte. Es ist wiederum nur die Religion, die die Frage nach einem Zweck des Lebens zu beantworten weiß. Man wird kaum irren zu entscheiden, daß die Idee eines Lebenszweckes mit dem religiösen System steht und fällt.

Wir wenden uns darum der anspruchsloseren Frage zu, was die Menschen selbst durch ihr Verhalten als Zweck und Absicht ihres Lebens erkennen lassen, was sie vom Leben fordern, in ihm erreichen wollen. Die Antwort darauf ist kaum zu verfehlen; sie streben nach dem Glück, sie wollen glücklich werden und so bleiben. Dies Streben hat zwei Seiten, ein positives und ein negatives Ziel, es will einerseits die Abwesenheit von Schmerz und Unlust, anderseits das Erleben starker Lustgefühle. Im engeren Wortsinne wird „Glück" nur auf das letztere bezogen. Entsprechend dieser Zweiteilung der Ziele entfaltet sich die Tätigkeit der Menschen nach zwei Richtungen, je nachdem

perderebbe anche il proprio valore. Ma questa minaccia non cambia nulla. Piuttosto parrebbe lecito lasciar cadere del tutto la questione, che sembra avere come presupposto quella presunzione umana di cui conosciamo già tante altre manifestazioni. Non ci si interroga mai sullo scopo della vita degli animali, a meno che si dia per assodato che non possa esisterne altro che essere al servizio degli uomini. Ma neanche questo è sostenibile: di tanti animali, infatti, l'uomo non sa che farsene – oltre che descriverli, classificarli, studiarli – e innumerevoli specie sono sfuggite perfino a quest'uso, essendo vissute ed essendosi estinte prima ancora che l'uomo potesse vederle. Anche stavolta, solo la religione può rispondere alla domanda circa lo scopo della vita. Difficilmente sbaglieremo concludendo che l'idea stessa che la vita ne abbia uno sussiste, e decade, con il sistema religioso.

Cercheremo dunque di rispondere a un quesito meno ambizioso: possiamo desumere dal comportamento stesso degli uomini qual è lo scopo della loro esistenza? Cosa pretendono dalla vita? Cosa desiderano ottenerne? È pressoché impossibile sbagliare: cercano la felicità; vogliono essere felici e rimanere tali. Questa aspirazione ha due risvolti: un obiettivo positivo e uno negativo. Mira, da una parte, a non provare dolore e dispiacere, dall'altra a provare forti sensazioni di piacere. In senso stretto, la parola "felicità" viene riferita solo al secondo aspetto. In accordo con questa dicotomia di obiettivi, a seconda che l'uomo cerchi di perseguire – in modo prevalente, se

sie das eine oder das andere dieser Ziele – vorwiegend oder selbst ausschließlich – zu verwirklichen sucht.

Es ist, wie man merkt, einfach das Programm des Lustprinzips, das den Lebenszweck setzt. Dies Prinzip beherrscht die Leistung des seelischen Apparates vom Anfang an; an seiner Zweckdienlichkeit kann kein Zweifel sein, und doch ist sein Programm im Hader mit der ganzen Welt, mit dem Makrokosmos ebensowohl wie mit dem Mikrokosmos. Es ist überhaupt nicht durchführbar, alle Einrichtungen des Alls widerstreben ihm; man möchte sagen, die Absicht, daß der Mensch „glücklich" sei, ist im Plan der „Schöpfung" nicht enthalten. Was man im strengsten Sinne Glück heißt, entspringt der eher plötzlichen Befriedigung hoch aufgestauter Bedürfnisse und ist seiner Natur nach nur als episodisches Phänomen möglich. Jede Fortdauer einer vom Lustprinzip ersehnten Situation ergibt nur ein Gefühl von lauem Behagen; wir sind so eingerichtet, daß wir nur den Kontrast intensiv genießen können, den Zustand nur sehr wenig.[7] Somit sind unsere Glücksmöglichkeiten schon durch unsere Konstitution beschränkt. Weit weniger Schwierigkeiten hat es, Unglück zu erfahren. Von drei Seiten droht das Leiden, vom eigenen Körper her, der, zu Verfall und Auflösung bestimmtsogar Schmerz und Angst als Warnungssignale nicht entbehren kann, von der Außenwelt, die mit übermächti-

[7] Goethe mahnt sogar: „Nichts ist schwerer zu ertragen als eine Reihe von schönen Tagen". Das mag immerhin eine Übertreibung sein.

non esclusivo – l'uno o l'altro, le sue azioni si dispiegano in due direzioni.

Come si può notare, è di fatto il principio di piacere a delineare lo scopo della vita. Questo principio domina sin dall'inizio il funzionamento dell'apparato psichico; non c'è alcun dubbio sulla sua efficacia, eppure ciò che esso si propone è in conflitto con il mondo intero, sia con il macrocosmo sia con il microcosmo. Tutti gli ordinamenti dell'universo gli oppongono resistenza, rendendone impossibile l'attuazione: verrebbe da desumerne che la "felicità" umana non sia contemplata nel piano della "creazione". Quella che nell'accezione più stretta si definisce felicità nasce dall'estemporaneo soddisfacimento di bisogni fortemente compressi e, per sua natura, è possibile solo come fenomeno episodico. Il perdurare di una situazione desiderata dal principio di piacere produce solo un senso di moderato benessere; siamo fatti in modo tale da riuscire a trarre intenso godimento solo dai contrasti, mentre ne traiamo ben poco da uno stato di cose.[7] Perciò le nostre possibilità di essere felici appaiono già limitate dalla nostra costituzione. Per contro è molto meno difficile sperimentare l'infelicità. La sofferenza ci minaccia su tre versanti: quello del corpo, che, destinato al decadimento e alla dissoluzione, non può eludere i segnali di avvertimento costituiti dal dolore e dall'angoscia; quello del mondo esterno, che può

[7] Goethe addirittura ammonisce: "Tutto al mondo si può sopportare | tranne una sfilza di belle giornate" [tr. it. *Motti proverbiali*, in *Tutte le poesie*, Mondadori, Milano, 1989, 1997³, vol. I, t. I, p. 825]. Questa può comunque essere un'esagerazione.

gen, unerbittlichen, zerstörenden Kräften gegen uns wüten kann, und endlich aus den Beziehungen zu anderen Menschen. Das Leiden, das aus dieser Quelle stammt, empfinden wir vielleicht schmerzlicher als jedes andere; wir sind geneigt, es als eine gewissermaßen überflüssige Zutat anzusehen, obwohl es nicht weniger schicksalsmäßig unabwendbar sein dürfte als das Leiden anderer Herkunft.

Kein Wunder, wenn unter dem Druck dieser Leidensmöglichkeiten die Menschen ihren Glücksanspruch zu ermäßigen pflegen, wie ja auch das Lustprinzip selbst sich unter dem Einfluß der Außenwelt zum bescheideneren Realitätsprinzip umbildete, wenn man sich bereits glücklich preist, dem Unglück entgangen zu sein, das Leiden überstanden zu haben, wenn ganz allgemein die Aufgabe der Leidvermeidung die der Lustgewinnung in den Hintergrund drängt. Die Überlegung lehrt, daß man die Lösung dieser Aufgabe auf sehr verschiedenen Wegen versuchen kann; alle diese Wege sind von den einzelnen Schulen der Lebensweisheit empfohlen und von den Menschen begangen worden. Uneingeschränkte Befriedigung aller Bedürfnisse drängt sich als die verlockendste Art der Lebensführung vor, aber das heißt den Genuß vor die Vorsicht setzen und straft sich nach kurzem Betrieb. Die anderen Methoden, bei denen die Vermeidung von Unlust die vorwiegende Absicht ist, scheiden sich je nach der Unlustquelle, der sie die größere Aufmerksamkeit zuwenden. Es gibt da extreme und gemäßigte Verfahren, einseitige und solche, die zugleich an mehreren Stellen angreifen. Gewoll-

infierire su di noi con forze distruttive, strapotenti e implacabili; e infine quello delle relazioni con gli altri uomini. Percepiamo la sofferenza che ha origine da quest'ultima fonte addirittura come più dolorosa di ogni altra; siamo inclini a considerarla alla stregua di un ingrediente superfluo, e al contempo non possiamo evitare che, come le altre fonti, ci rechi sofferenza.

Non sorprende che, schiacciati da simili prospettive di sofferenza, gli esseri umani tendano a rivedere al ribasso la loro pretesa di felicità, così come, sotto l'influsso del mondo esterno, lo stesso principio di piacere si è trasformato nel più modesto principio di realtà: se basta sfuggire all'infelicità o sopportare la sofferenza per sentirsi felici, in generale il compito di evitare la sofferenza mette in secondo piano quello di provare piacere. La riflessione insegna che si può cercare di portare a termine questo compito in modi molto diversi, consigliati dalle diverse scuole della saggezza del vivere e messi in pratica dagli uomini. Il soddisfacimento senza limiti di tutti i bisogni si presenta come la condotta di vita più seducente, ma adottarla significa anteporre il piacere alla prudenza, e ciò comporta il proprio castigo. Gli altri metodi, che si pongono come obiettivo primario l'evitamento del dispiacere, si distinguono in base alla fonte di sofferenza a cui prestano maggiore attenzione. Esistono metodi estremi e altri moderati, alcuni unilaterali e altri che toccano più aspetti contemporaneamente. L'isolamento

te Vereinsamung, Fernhaltung von den anderen ist der nächstliegende Schutz gegen das Leid, das einem aus menschlichen Beziehungen erwachsen kann. Man versteht: das Glück, das man auf diesem Weg erreichen kann, ist das der Ruhe. Gegen die gefürchtete Außenwelt kann man sich nicht anders als durch irgendeine Art der Abwendung verteidigen, wenn man diese Aufgabe für sich allein lösen will. Es gibt freilich einen anderen und besseren Weg, indem man als ein Mitglied der menschlichen Gemeinschaft mit Hilfe der von der Wissenschaft geleiteten Technik zum Angriff auf die Natur übergeht und sie menschlichem Willen unterwirft. Man arbeitet dann mit allen am Glück aller. Die interessantesten Methoden zur Leidverhütung sind aber die, die den eigenen Organismus zu beeinflussen versuchen. Endlich ist alles Leid nur Empfindung, es besteht nur, insofern wir es verspüren, und wir verspüren es nur infolge gewisser Einrichtungen unseres Organismus.

Die roheste, aber auch wirksamste Methode solcher Beeinflussung ist die chemische, die Intoxikation. Ich glaube nicht, daß irgendwer ihren Mechanismus durchschaut, aber es ist Tatsache, daß es körperfremde Stoffe gibt, deren Anwesenheit in Blut und Geweben uns unmittelbare Lustempfindungen verschafft, aber auch die Bedingungen unseres Empfindungslebens so verändert, daß wir zur Aufnahme von Unlustregungen untauglich werden. Beide Wirkungen erfolgen nicht nur gleichzeitig, sie scheinen auch innig miteinander verknüpft. Es muß aber auch in unserem eigenen Chemismus Stoffe geben, die ähnliches

volontario, il tenersi lontani dagli altri è la strategia di difesa più immediata contro il dolore che ci può essere arrecato dalle relazioni umane. La felicità che si persegue in questo modo è, comprensibilmente, quella della quiete. Contro il temuto mondo esterno non ci si può salvaguardare se non volgendogli le spalle. Esiste però una strada migliore: non svolgere questo compito da soli ma insieme al resto della collettività e sferrare l'attacco alla natura, sottomettendola alla volontà umana, con l'ausilio della tecnica, guidata dalla scienza. Così facendo si lavora con tutti per il bene di tutti. I metodi più interessanti per evitare la sofferenza, però, sono quelli che cercano di influire sul nostro stesso organismo. In ultima analisi, infatti, il dolore non è che una sensazione: esiste solo nella misura in cui noi lo percepiamo, e lo percepiamo esclusivamente per via di determinate disposizioni del nostro organismo.

Il sistema più rozzo, ma anche il più efficace, è quello chimico: l'intossicazione. È pressoché impossibile comprenderne a fondo il meccanismo, ma è risaputo che esistono sostanze estranee all'organismo che, se introdotte nel sangue o nei tessuti, provocano sensazioni piacevoli, e riescono ad alterare a tal punto le condizioni che governano la nostra vita sensoriale da renderci impermeabili alle sensazioni spiacevoli. I due effetti non solo si manifestano simultaneamente, ma appaiono in stretta correlazione. Anche nella nostra composizione chimica, però, devono esserci sostanze

leisten, denn wir kennen wenigstens einen krankhaften Zustand, die Manie, in dem dies rauschähnliche Verhalten zustande kommt, ohne daß ein Rauschgift eingeführt worden wäre. Überdies zeigt unser normales Seelenleben Schwankungen von erleichterter oder erschwerter Lustentbindung, mit denen eine verringerte oder vergrößerte Empfänglichkeit für Unlust parallel geht. Es ist sehr zu bedauern, daß diese toxische Seite der seelischen Vorgänge sich der wissenschaftlichen Erforschung bisher entzogen hat. Die Leistung der Rauschmittel im Kampf um das Glück und zur Fernhaltung des Elends wird so sehr als Wohltat geschätzt, daß Individuen wie Völker ihnen eine feste Stellung in ihrer Libidoökonomie eingeräumt haben. Man dankt ihnen nicht nur den unmittelbaren Lustgewinn, sondern auch ein heiß ersehntes Stück Unabhängigkeit von der Außenwelt. Man weiß doch, daß man mit Hilfe des „Sorgenbrechers" sich jederzeit dem Druck der Realität entziehen und in einer eigenen Welt mit besseren Empfindungsbedingungen Zuflucht finden kann. Es ist bekannt, daß gerade diese Eigenschaft der Rauschmittel auch ihre Gefahr und Schädlichkeit bedingt. Sie tragen unter Umständen die Schuld daran, daß große Energiebeträge, die zur Verbesserung des menschlichen Loses verwendet werden könnten, nutzlos verlorengehen.

Der komplizierte Bau unseres seelischen Apparats gestattet aber auch eine ganze Reihe anderer Beeinflussungen. Wie Triebbefriedigung Glück ist, so wird es Ursache schweren Leidens, wenn die Außenwelt uns darben läßt, die Sättigung unserer Bedürfnisse verweigert. Man kann also hof-

che hanno effetti analoghi, perché conosciamo almeno una condizione patologica, la mania, in cui si manifesta una simile ebbrezza senza che vengano assunte delle sostanze inebrianti. Inoltre la nostra normale vita psichica presenta delle oscillazioni: il piacere può essere liberato con maggiore o minore facilità, e in base a ciò si ha una minore o maggiore ricettività al dispiacere. Purtroppo questo aspetto tossico dei processi psichici è finora sfuggito all'indagine scientifica. L'apporto delle sostanze inebrianti nel raggiungimento della felicità e nell'evitamento della sofferenza è così apprezzato che sia i singoli individui sia i popoli vi hanno attribuito un posto di rilievo nella loro economia libidica. Dobbiamo a queste sostanze non solo il piacere che provocano, ma anche un grado, fortemente desiderato, di indipendenza dal mondo esterno. Si sa, per esempio, che, con l'aiuto dello "scacciapensieri",[e] ci si può sottrarre in qualsiasi momento alla pressione della realtà e trovare rifugio in un mondo con condizioni più affini alla propria sensibilità. È noto, tuttavia, che questa proprietà delle sostanze inebrianti ne costituisce allo stesso tempo il pericolo e la nocività. Sono responsabili, in certe circostanze, dell'inutile spreco di grandi energie che si sarebbero potute utilizzare per il miglioramento della condizione umana.

La complessa costituzione del nostro apparato psichico ammette però anche una serie di altri influssi. Come il soddisfacimento delle pulsioni significa felicità, così il mondo esterno diventa causa di grandi sofferenze quando ci nega la possibilità di appagare i nostri bisogni. Si può dunque

fen, durch Einwirkung auf diese Triebregungen von einem Teil des Leidens frei zu werden. Diese Art der Leidabwehr greift nicht mehr am Empfindungsapparat an, sie sucht der inneren Quellen der Bedürfnisse Herr zu werden. In extremer Weise geschieht dies, indem man die Triebe ertötet, wie die orientalische Lebensweisheit lehrt und die Yogapraxis ausführt. Gelingt es, so hat man damit freilich auch alle andere Tätigkeit aufgegeben (das Leben geopfert), auf anderem Wege wieder nur das Glück der Ruhe erworben. Den gleichen Weg verfolgt man bei ermäßigten Zielen, wenn man nur die Beherrschung des Trieblebens anstrebt. Das Herrschende sind dann die höheren psychischen Instanzen, die sich dem Realitätsprinzip unterworfen haben. Hierbei wird die Absicht der Befriedigung keineswegs aufgegeben; ein gewisser Schutz gegen Leiden wird dadurch erreicht, daß die Unbefriedigung der in Abhängigkeit gehaltenen Triebe nicht so schmerzlich empfunden wird wie die der ungehemmten. Dagegen steht aber eine unleugbare Herabsetzung der Genußmöglichkeiten. Das Glücksgefühl bei Befriedigung einer wilden, vom Ich ungebändigten Triebregung ist unvergleichlich intensiver als das bei Sättigung eines gezähmten Triebes. Die Unwiderstehlichkeit perverser Impulse, vielleicht der Anreiz des Verbotenen überhaupt, findet hierin eine ökonomische Erklärung.

Eine andere Technik der Leidabwehr bedient sich der Libidoverschiebungen, welche unser seelischer Apparat gestattet, durch die seine Funktion so viel an Geschmeidigkeit gewinnt. Die zu lösende Aufgabe ist, die Triebziele solcherart zu

sperare di liberarsi di una parte di questa sofferenza agendo proprio sui moti pulsionali. Questa forma di difesa dalla sofferenza non interviene più sul nostro apparato sensoriale, ma cerca di controllare i bisogni alla fonte. Nel caso estremo si raggiunge tale risultato sopprimendo del tutto le pulsioni, come insegna la saggezza orientale e come si fa attraverso lo yoga. Così, ovviamente, si rinuncia a tutte le altre attività (si sacrifica la vita), raggiungendo per una via diversa solo la felicità della quiete. Si segue la stessa strada, seppure con obiettivi ridotti, se si tenta solo di controllare la vita pulsionale, facendo quindi prevalere le istanze psichiche più elevate, che si sono sottomesse al principio di realtà. In questo caso l'obiettivo del soddisfacimento non viene affatto abbandonato; si ottiene comunque un certo grado di protezione dalla sofferenza perché, se le pulsioni sono tenute sotto controllo, l'insoddisfacimento viene percepito come meno doloroso di quando le pulsioni restano non inibite. Di contro però c'è un'innegabile diminuzione delle potenzialità di godimento. L'appagamento che deriva dal soddisfacimento di un moto pulsionale selvaggio, non addomesticato dall'Io, è incomparabilmente più intenso di quello che deriva dal soddisfacimento di una pulsione addomesticata. La fascinazione degli impulsi perversi, e in generale delle cose proibite, trova qui una spiegazione economica.

Un'altra tecnica di difesa dalla sofferenza è costituita dagli spostamenti della libido, consentiti dal nostro apparato psichico che ne guadagna moltissimo in flessibilità. L'obiettivo è dislocare le mete pulsionali in modo da non esporle alla fru-

verlegen, daß sie von der Versagung der Außenwelt nicht getroffen werden können. Die Sublimierung der Triebe leiht dazu ihre Hilfe. Am meisten erreicht man, wenn man den Lustgewinn aus den Quellen psychischer und intellektueller Arbeit genügend zu erhöhen versteht. Das Schicksal kann einem dann wenig anhaben. Die Befriedigung solcher Art, wie die Freude des Künstlers am Schaffen, an der Verkörperung seiner Phantasiegebilde, die des Forschers an der Lösung von Problemen und am Erkennen der Wahrheit, haben eine besondere Qualität, die wir gewiß eines Tages werden metapsychologisch charakterisieren können. Derzeit können wir nur bildweise sagen, sie erscheinen uns „feiner und höher", aber ihre Intensität ist im Vergleich mit der aus der Sättigung grober, primärer Triebregungen gedämpft; sie erschüttern nicht unsere Leiblichkeit. Die Schwäche dieser Methode liegt aber darin, daß sie nicht allgemein verwendbar, nur wenigen Menschen zugänglich ist. Sie setzt besondere, im wirksamen Ausmaß nicht gerade häufige Anlagen und Begabungen voraus. Auch diesen wenigen kann sie nicht vollkommenen Leidensschutz gewähren, sie schafft ihnen keinen für die Pfeile des Schicksals undurchdringlichen Panzer, und sie pflegt zu versagen, wenn der eigene Leib die Quelle des Leidens wird.[8]

[8] Wenn nicht besondere Veranlagung den Lebensinteressen gebieterisch die Richtung vorschreibt, kann die gemeine, jedermann zugängliche Berufsarbeit an die Stelle rücken, die ihr von dem weisen Ratschlag Voltaires angewiesen wird. Es ist nicht möglich, die Bedeutung der Arbeit für die Libidoökonomie im Rahmen einer knappen Übersicht ausreichend zu

strazione da parte del mondo esterno. In questo è di aiuto la sublimazione delle pulsioni. Si ottiene il massimo se si arriva a capire come intensificare il piacere generato dalle fonti di lavoro psichico e intellettuale, di modo che il destino possa nuocere ben poco. Una soddisfazione di questo tipo, come la gioia di un artista nel creare e dare forma alla propria immaginazione, o quella di uno scienziato nel risolvere problemi o fare scoperte, ha una qualità speciale che di certo un giorno saremo in grado di caratterizzare in termini metapsicologici. Per il momento possiamo solo dire, in senso figurato, che ci appaiono "più raffinate ed elevate", sebbene la loro intensità sia attenuata rispetto a quella derivata dal soddisfacimento di moti pulsionali rozzi e primari; non scuotono il nostro essere fisico. La debolezza di questo metodo sta però nel fatto che non tutti possono servirsene, anzi è accessibile solo a pochi, perché presuppone abilità e talenti fuori dal comune. E finanche a quei pochi non è in grado di garantire una protezione completa dalla sofferenza, non crea una corazza impenetrabile ai colpi della sorte e in genere si dimostra inefficace quando la fonte della sofferenza è il nostro stesso corpo.[8]

Se già in questa tecnica è chiara l'intenzione di rendersi indipendenti dal mondo esterno – cercando la propria soddisfazione in processi interni,

[8] In assenza di una predisposizione particolare che prescriva imperativamente la direzione agli interessi vitali, il normale lavoro professionale, alla portata di tutti, può servire ad assolvere il saggio consiglio di Voltaire. Non è possibile qui esaminare in maniera esaustiva il ruolo del lavoro nell'economia della libido. Null'altro nella condotta di vita del singolo

Wenn schon bei diesem Verfahren die Absicht deutlich wird, sich von der Außenwelt unabhängig zu machen, indem man seine Befriedigungen in inneren, psychischen Vorgängen sucht, so treten die gleichen Züge noch stärker bei dem nächsten hervor. Hier wird der Zusammenhang mit der Realität noch mehr gelockert, die Befriedigung wird aus Illusionen gewonnen, die man als solche erkennt, ohne sich durch deren Abweichung von der Wirklichkeit im Genuß stören zu lassen. Das Gebiet, aus dem diese Illusionen stammen, ist das des Phantasielebens; es wurde seinerzeit, als sich die Entwicklung des Realitätssinnes vollzog, ausdrücklich den Ansprüchen der Realitätsprüfung entzogen und blieb für die Erfüllung schwer durchsetzbarer Wünsche bestimmt. Obenan unter diesen Phantasiebefriedigungen steht der Genuß an Werken der Kunst, der auch dem nicht selbst Schöpferischen durch die Vermittlung des

würdigen. Keine andere Technik der Lebensführung bindet den einzelnen so fest an die Realität als die Betonung der Arbeit, die ihn wenigstens in ein Stück der Realität, in die menschliche Gemeinschaft sicher einfügt. Die Möglichkeit, ein starkes Ausmaß libidinöser Komponenten, narzißtische, aggressive und selbst erotische, auf die Berufsarbeit und auf die mit ihr verknüpften menschlichen Beziehungen zu verschieben, leiht ihr einen Wert, der hinter ihrer Unerläßlichkeit zur Behauptung und Rechtfertigung der Existenz in der Gesellschaft nicht zurücksteht. Besondere Befriedigung vermittelt die Berufstätigkeit, wenn sie eine frei gewählte ist, also bestehende Neigungen, fortgeführte oder konstitutionell verstärkte Triebregungen durch Sublimierung nutzbar zu machen gestattet. Und dennoch wird Arbeit als Weg zum Glück von den Menschen wenig geschätzt. Man drängt sich nicht zu ihr wie zu anderen Möglichkeiten der Befriedigung. Die große Mehrzahl der Menschen arbeitet nur notgedrungen, und aus dieser natürlichen Arbeitsscheu der Menschen leiten sich die schwierigsten sozialen Probleme ab.

psichici –, le stesse caratteristiche risultano ancora più evidenti in quella successiva. Qui il legame con la realtà è ulteriormente allentato, il soddisfacimento si ottiene da illusioni riconosciute come tali, senza che la discrepanza rispetto alla realtà interferisca nel godimento. Queste illusioni traggono origine dall'immaginazione: nel momento in cui si è sviluppato il senso della realtà, infatti, l'immaginazione è stata espressamente esentata dalle esigenze dell'esame di realtà, rimanendo votata all'appagamento di desideri difficili da realizzare. In cima alle soddisfazioni mediante l'immaginazione c'è il godimento delle opere d'arte, reso accessibile, attraverso la mediazione dell'artista, anche a chi di suo non possiede alcuna

lo lega così saldamente alla realtà quanto l'importanza attribuita al lavoro, che gli dà un posto sicuro almeno in una porzione della realtà, ovvero all'interno della comunità umana. La possibilità di trasferire una gran parte della componente libidica, narcisistica, aggressiva e addirittura erotica, sul lavoro e sulle relazioni umane a esso connesse gli conferisce un valore per nulla inferiore a quello di cui gode per il fatto di essere indispensabile al sostentamento e alla giustificazione dell'esistenza nella società. Se scelta liberamente, se cioè, attraverso la sublimazione, rende possibile l'uso di inclinazioni preesistenti, di moti pulsionali non transitori o rafforzati costituzionalmente, l'attività professionale è fonte di particolare soddisfazione. E tuttavia il lavoro come via per la felicità viene poco apprezzato dagli uomini. Non vi si punta come su altre possibilità di soddisfazione. La maggioranza delle persone lavora solo perché spinta dalla necessità, e da questa naturale avversione al lavoro derivano gravi problemi sociali.

Künstlers zugänglich gemacht wird.[9] Wer für den Einfluß der Kunst empfänglich ist, weiß ihn als Lustquelle und Lebenströstung nicht hoch genug einzuschätzen. Doch vermag die milde Narkose, in die uns die Kunst versetzt, nicht mehr als eine flüchtige Entrückung aus den Nöten des Lebens herbeizuführen und ist nicht stark genug, um reales Elend vergessen zu machen.

Energischer und gründlicher geht ein anderes Verfahren vor, das den einzigen Feind in der Realität erblickt, die die Quelle alles Leids ist, mit der sich nicht leben läßt, mit der man darum alle Beziehungen abbrechen muß, wenn man in irgendeinem Sinne glücklich sein will. Der Eremit kehrt dieser Welt den Rücken, er will nichts mit ihr zu schaffen haben. Aber man kann mehr tun, man kann sie umschaffen wollen, anstatt ihrer eine andere aufbauen, in der die unerträglichsten Züge ausgetilgt und durch andere im Sinne der eigenen Wünsche ersetzt sind. Wer in verzweifelter Empörung diesen Weg zum Glück einschlägt, wird in der Regel nichts erreichen; die Wirklichkeit ist zu stark für ihn. Er wird ein Wahnsinniger, der in der Durchsetzung seines Wahns meist keine Helfer findet. Es wird aber behauptet, daß jeder von uns sich in irgendeinem Punkte ähnlich wie der Paranoiker benimmt, eine ihm unleidliche Seite der Welt durch eine Wunschbildung korrigiert und diesen Wahn in die Realität einträgt.

[9] Vgl. *Formulierungen über die zwei Prinzipien des psychischen Geschehens*, 1911 (Ges. Werke, Bd. VIII), und *Vorlesungen zur Einführung in die Psychoanalyse*, XXIII (Ges. Werke, Bd. XI).

velleità creativa.[9] Chiunque sia sensibile all'influsso dell'arte non la apprezzerà mai abbastanza come fonte di piacere e di consolazione nella vita. Ciononostante, il lieve effetto narcotico che induce in noi non è altro che una temporanea evasione dagli affanni della vita, non così forte da farci dimenticare la nostra reale miseria.

In modo più energico e completo agisce un altro procedimento, che vede come unico nemico e fonte di tutte le sofferenze la realtà, con la quale, per essere felici, è impossibile convivere e con la quale occorre troncare ogni relazione. L'eremita si allontana dal mondo, non vuole mantenere con esso alcun contatto. Ma, andando ancora oltre, si può desiderare di ricreare il mondo, costruendone al suo posto uno epurato dagli aspetti più insopportabili e dotato di altri tratti più rispondenti ai propri desideri. Chi, in un impeto di ribellione, imbocca questa strada, di solito non ne ottiene nulla, perché la realtà è troppo forte per lui. Impazzisce e difficilmente troverà qualcuno che lo aiuti a imporre il suo delirio. Va detto, però, che per certi versi ciascuno di noi agisce da paranoico, quando, nel tentativo di correggere qualcosa del mondo che gli è intollerabile, cerca rifugio nella costruzione di un desiderio e introduce questo suo delirio nella realtà. Di particolare

[9] Vedi *Precisazioni sui due princìpi dell'accadere psichico*, 1911 (O.S.F., vol. VI) e *Introduzione alla psicoanalisi*, lezione ventitreesima, 1933 (O.S.F., vol. VIII).

Eine besondere Bedeutung beansprucht der Fall, daß eine größere Anzahl von Menschen gemeinsam den Versuch unternimmt, sich Glücksversicherung und Leidensschutz durch wahnhafte Umbildung der Wirklichkeit zu schaffen. Als solchen Massenwahn müssen wir auch die Religionen der Menschheit kennzeichnen. Den Wahn erkennt natürlich niemals, wer ihn selbst noch teilt.

Ich glaube nicht, daß diese Aufzählung der Methoden, wie die Menschen das Glück zu gewinnen und das Leiden fernzuhalten bemüht sind, vollständig ist, weiß auch, daß der Stoff andere Anordnungen zuläßt. Eines dieser Verfahren habe ich noch nicht angeführt; nicht daß ich daran vergessen hätte, sondern weil es uns noch in anderem Zusammenhange beschäftigen wird. Wie wäre es auch möglich, gerade an diese Technik der Lebenskunst zu vergessen! Sie zeichnet sich durch die merkwürdigste Vereinigung von charakteristischen Zügen aus. Sie strebt natürlich auch die Unabhängigkeit vom Schicksal – so nennen wir es am besten – an und verlegt in dieser Absicht die Befriedigung in innere seelische Vorgänge, bedient sich dabei der vorhin erwähnten Verschiebbarkeit der Libido, aber sie wendet sich nicht von der Außenwelt ab, klammert sich im Gegenteil an deren Objekte und gewinnt das Glück aus einer Gefühlsbeziehung zu ihnen. Sie gibt sich dabei auch nicht mit dem gleichsam müde resignierenden Ziel der Unlustvermeidung zufrieden, eher geht sie achtlos an diesem vorbei und hält am ursprünglichen, leidenschaftlichen Streben nach positiver Glückserfüllung fest. Vielleicht kommt sie diesem Ziele wirklich näher als jede andere Methode. Ich meine natürlich

rilievo è il caso in cui questo tentativo di riplasmare illusoriamente la realtà per procurarsi una felicità certa e una protezione contro la sofferenza viene intrapreso e condiviso da un numero consistente di persone. Tra questi deliri di massa dobbiamo classificare anche le religioni. Va da sé che il delirio non è mai riconosciuto come tale da chi ne è partecipe.

Non credo che questo elenco dei metodi attraverso cui gli uomini cercano di procurarsi la felicità e tenere lontana la sofferenza sia esaustivo, e so che la materia si presta ad altri approcci. Uno non l'ho ancora neanche menzionato, non perché me ne sia dimenticato, ma perché ce ne occuperemo in altro contesto. Non sarebbe possibile, d'altronde, trascurare proprio questa tecnica dell'arte di vivere, che si contraddistingue per la più singolare congiunzione di tratti caratteristici. Mira naturalmente anch'essa all'indipendenza dal fato – non saprei come definirlo meglio – e, a tale scopo, sposta il soddisfacimento in processi psichici interni, sfruttando la possibilità di uno spostamento della libido (di cui abbiamo già parlato), ma senza alienarsi dal mondo esterno; al contrario, si aggrappa agli oggetti che appartengono al mondo e ottiene la felicità instaurando con essi una relazione emotiva. Inoltre, non si accontenta di puntare all'evitamento del dispiacere – un obiettivo di passiva rassegnazione che viene sfiorato senza essere preso in reale considerazione –, attenendosi con fermezza all'originario e appassionato proposito di pervenire a una felicità positiva. E forse questa tecnica, più di ogni altra, arriva davvero vicino a raggiungerla. Mi riferisco, com'è ovvio, a quell'o-

jene Richtung des Lebens, welche die Liebe zum Mittelpunkt nimmt, alle Befriedigung aus dem Lieben und Geliebtwerden erwartet. Eine solche psychische Einstellung liegt uns allen nahe genug; eine der Erscheinungsformen der Liebe, die geschlechtliche Liebe, hat uns die stärkste Erfahrung einer überwältigenden Lustempfindung vermittelt und so das Vorbild für unser Glücksstreben gegeben. Was ist natürlicher, als daß wir dabei beharren, das Glück auf demselben Wege zu suchen, auf dem wir es zuerst begegnet haben. Die schwache Seite dieser Lebenstechnik liegt klar zutage; sonst wäre es auch keinem Menschen eingefallen, diesen Weg zum Glück für einen anderen zu verlassen. Niemals sind wir ungeschützter gegen das Leiden, als wenn wir lieben, niemals hilfloser unglücklich, als wenn wir das geliebte Objekt oder seine Liebe verloren haben. Aber die auf den Glückswert der Liebe gegründete Lebenstechnik ist damit nicht erledigt, es ist viel mehr darüber zu sagen.

Hier kann man den interessanten Fall anschließen, daß das Lebensglück vorwiegend im Genusse der Schönheit gesucht wird, wo immer sie sich unseren Sinnen und unserem Urteil zeigt, der Schönheit menschlicher Formen und Gesten, von Naturobjekten und Landschaften, künstlerischen und selbst wissenschaftlichen Schöpfungen. Diese ästhetische Einstellung zum Lebensziel bietet wenig Schutz gegen drohende Leiden, vermag aber für vieles zu entschädigen. Der Genuß an der Schönheit hat einen besonderen, milde berauschenden Empfindungscharakter. Ein Nutzen der Schönheit liegt

rientamento della vita che pone al centro l'amore, aspettandosi ogni soddisfazione dall'amare e dall'essere amati. Tale atteggiamento psichico è abbastanza familiare a tutti; una delle forme in cui l'amore si manifesta – l'amore sessuale – ci fa provare la più intensa esperienza di una travolgente sensazione di piacere, offrendoci così il modello di felicità a cui aspirare. Non c'è nulla di più naturale, a ben guardare, che continuare a cercare la felicità per la strada dove la si è provata per la prima volta. Il punto debole di questa tecnica di vita, tuttavia, è di facile individuazione, altrimenti a nessuno sarebbe mai venuto in mente di lasciare questa strada per imboccarne un'altra. Non c'è condizione in cui siamo più esposti e vulnerabili alla sofferenza che quando amiamo, mai sperimentiamo una disperazione più cupa di quando perdiamo l'oggetto amato o il suo amore. Eppure questo non basta a liquidare l'argomentazione relativa alla tecnica di vita basata sull'amore come mezzo per raggiungere la felicità, c'è ancora molto altro da dire in proposito.

Possiamo considerare il caso interessante in cui la felicità viene ricercata principalmente nel godimento della bellezza, dovunque si presenti ai nostri sensi e al nostro giudizio: la bellezza delle forme e dei gesti umani, degli oggetti e dei paesaggi naturali, delle creazioni artistiche e perfino di quelle scientifiche. Questo atteggiamento estetico verso lo scopo della vita offre scarsa protezione contro la minaccia della sofferenza, ma può pregevolmente compensarla. Il godimento della bellezza si caratterizza per un modo di sentire peculiare, vagamente inebriante. Non vi è al-

nicht klar zutage, ihre kulturelle Notwendigkeit ist nicht einzusehen, und doch könnte man sie in der Kultur nicht vermissen. Die Wissenschaft der Ästhetik untersucht die Bedingungen, unter denen das Schöne empfunden wird; über Natur und Herkunft der Schönheit hat sie keine Aufklärung geben können; wie gebräuchlich, wird die Ergebnislosigkeit durch einen Aufwand an volltönenden, inhaltsarmen Worten verhüllt. Leider weiß auch die Psychoanalyse über die Schönheit am wenigsten zu sagen. Einzig die Ableitung aus dem Gebiet des Sexualempfindens scheint gesichert; es wäre ein vorbildliches Beispiel einer zielgehemmten Regung. Die „Schönheit" und der „Reiz" sind ursprünglich Eigenschaften des Sexualobjekts. Es ist bemerkenswert, daß die Genitalien selbst, deren Anblick immer erregend wirkt, doch fast nie als schön beurteilt werden, dagegen scheint der Charakter der Schönheit an gewissen sekundären Geschlechtsmerkmalen zu haften.

Trotz dieser Unvollständigkeit getraue ich mich bereits einiger unsere Untersuchung abschließenden Bemerkungen. Das Programm, welches uns das Lustprinzip aufdrängt, glücklich zu werden, ist nicht zu erfüllen, doch darf man – nein, kann man – die Bemühungen, es irgendwie der Erfüllung näherzubringen, nicht aufgeben. Man kann sehr verschiedene Wege dahin einschlagen, entweder den positiven Inhalt des Ziels, den Lustgewinn, oder den negativen, die Unlustvermeidung, voranstellen. Auf keinem dieser Wege können wir alles, was wir begehren, erreichen. Das Glück in jenem ermäßigten Sinn, in dem es als möglich erkannt wird, ist ein Problem der individuellen Li-

cuna evidenza dell'utilità della bellezza, né della sua necessità per la civiltà, eppure non si potrebbe farne a meno. La scienza dell'estetica studia le condizioni che favoriscono la percezione del bello, senza riuscire però a dare alcuna spiegazione sulla sua natura e origine; come al solito, la mancanza di risultati viene celata dietro un profluvio di parole altisonanti ma povere di contenuto. Purtroppo, anche la psicoanalisi può dire poco al riguardo. Appare certo soltanto che essa derivi dalla sfera della sensibilità sessuale; sarebbe un esempio perfetto di una pulsione inibita nella meta. "Bellezza" e "attrattiva" sono in origine attributi dell'oggetto sessuale. Vale la pena sottolineare che gli stessi genitali, la cui vista è sempre fonte di eccitazione, quasi mai vengono giudicati belli, come invece si fa con alcuni caratteri sessuali secondari.

Malgrado l'incompletezza, azzarderò già alcune osservazioni a conclusione della nostra indagine. L'ambizione a essere felici, impostaci dal principio di piacere, non può essere realizzata, tuttavia non dobbiamo – anzi, non possiamo – rinunciare agli sforzi di portarla il più vicino possibile all'attuazione, in un modo o nell'altro. Si possono imboccare molte strade diverse per riuscirci, dando priorità al risvolto positivo della meta, conseguire il piacere, o a quello negativo, evitare il dispiacere. Nessuna di queste due strade, però, ci condurrà a tutto ciò che desideriamo. La felicità, nei limiti in cui è considerata possibile, è un problema dell'economia della libido individuale.

bidoökonomie. Es gibt hier keinen Rat, der für alle taugt; ein jeder muß selbst versuchen, auf welche besondere Fasson er selig werden kann. Die mannigfachsten Faktoren werden sich geltend machen, um seiner Wahl die Wege zu weisen. Es kommt darauf an, wieviel reale Befriedigung er von der Außenwelt zu erwarten hat und inwieweit er veranlaßt ist, sich von ihr unabhängig zu machen; zuletzt auch, wieviel Kraft er sich zutraut, diese nach seinen Wünschen abzuändern. Schon dabei wird außer den äußeren Verhältnissen die psychische Konstitution des Individuums entscheidend werden. Der vorwiegend erotische Mensch wird die Gefühlsbeziehungen zu anderen Personen voranstellen, der eher selbstgenügsame Narzißtische die wesentlichen Befriedigungen in seinen inneren seelischen Vorgängen suchen, der Tatenmensch von der Außenwelt nicht ablassen, an der er seine Kraft erproben kann. Für den mittleren dieser Typen wird die Art seiner Begabung und das Ausmaß der ihm möglichen Triebsublimierung dafür bestimmend werden, wohin er seine Interessen verlegen soll. Jede extreme Entscheidung wird sich dadurch strafen, daß sie das Individuum den Gefahren aussetzt, die die Unzulänglichkeit der ausschließend gewählten Lebenstechnik mit sich bringt. Wie der vorsichtige Kaufmann es vermeidet, sein ganzes Kapital an einer Stelle festzulegen, so wird vielleicht auch die Lebensweisheit raten, nicht alle Befriedigung von einer einzigen Strebung zu erwarten. Der Erfolg ist niemals sicher, er hängt vom Zusammentreffen vieler Momente ab, von keinem vielleicht mehr als von der Fähigkeit der psychischen Konstitution,

Lungi da me offrire qui consigli che valgano per tutti; ciascuno deve cercare da sé la maniera in cui può essere felice. La strada da scegliere può essere indicata da diversi fattori. Dipenderà da quanta soddisfazione reale ci si aspetta di ottenere dal mondo esterno e fino a che punto si è disposti a rendersene indipendenti, e, in ultimo, da quanta forza ciascuno sente di avere per modificarlo secondo i propri desideri. In questo, a prescindere dalle circostanze esterne, la costituzione psichica di ognuno giocherà un ruolo decisivo. L'individuo prevalentemente erotico metterà al primo posto le relazioni emotive con gli altri; il narcisista, che è incline a bastare a se stesso, cercherà le sue principali soddisfazioni nei processi psichici interni; l'uomo d'azione non rinuncerà mai al mondo esterno, dove può mettere alla prova la propria forza. Per quanto riguarda il secondo di questi tipi, la natura dei suoi talenti e la portata della sua possibile sublimazione pulsionale determineranno dove gli converrà riversare i suoi interessi. Ogni decisione estrema verrà punita, poiché espone l'individuo che abbia scelto un'unica tecnica di vita – qualora questa dovesse rivelarsi inadeguata – ai pericoli che ne conseguono. Come un commerciante cauto evita di investire tutto il suo capitale in una sola attività, così sarebbe saggio non aspettarsi tutte le soddisfazioni da un'unica fonte. Il successo non è mai sicuro, dipende dalla concomitanza di molti elementi, il più importante dei quali è forse la capacità della costituzione psichica di adattare il

ihre Funktion der Umwelt anzupassen und diese für Lustgewinn auszunützen. Wer eine besonders ungünstige Triebkonstitution mitgebracht und die zur späteren Leistung unerläßliche Umbildung und Neuordnung seiner Libidokomponenten nicht regelrecht durchgemacht hat, wird es schwer haben, aus seiner äußeren Situation Glück zu gewinnen, zumal wenn er vor schwierigere Aufgaben gestellt wird. Als letzte Lebenstechnik, die ihm wenigstens Ersatzbefriedigungen verspricht, bietet sich ihm die Flucht in die neurotische Krankheit, die er meist schon in jungen Jahren vollzieht. Wer dann in späterer Lebenszeit seine Bemühungen um das Glück vereitelt sieht, findet noch Trost im Lustgewinn der chronischen Intoxikation, oder er unternimmt den verzweifelten Auflehnungsversuch der Psychose.[10]

Die Religion beeinträchtigt dieses Spiel der Auswahl und Anpassung, indem sie ihren Weg zum Glückserwerb und Leidensschutz allen in gleicher Weise aufdrängt. Ihre Technik besteht darin, den Wert des Lebens herabzudrücken und das Bild der realen Welt wahnhaft zu entstellen, was die Einschüchterung der Intelligenz zur Voraussetzung hat. Um diesen Preis, durch gewaltsame Fixierung eines psychischen Infantilismus und Einbeziehung in einen Massenwahn gelingt

[10] Es drängt mich, wenigstens auf eine der Lücken hinzuweisen, die in obiger Darstellung geblieben sind. Eine Betrachtung der menschlichen Glücksmöglichkeiten sollte es nicht unterlassen, das relative Verhältnis des Narzißmus zur Objektlibido in Rechnung zu bringen. Man verlangt zu wissen, was es für die Libidoökonomie bedeutet, im wesentlichen auf sich selbst gestellt zu sein.

proprio funzionamento al mondo circostante e sfruttarlo per trarne piacere. Chi è dotato di una costituzione pulsionale particolarmente sfavorevole e non ha attuato l'opportuna trasformazione e riorganizzazione delle proprie componenti libidiche, indispensabili per le prestazioni future, faticherà a ottenere la felicità dalla propria condizione esterna, a maggior ragione se deve confrontarsi con compiti difficili. L'ultima tecnica di vita che può portargli almeno delle gratificazioni sostitutive è la fuga nella malattia nevrotica, che di solito compie in giovane età. Chi poi, più avanti negli anni, vede vanificati i propri sforzi per perseguire la felicità troverà consolazione nel piacere prodotto dall'intossicazione cronica, oppure intraprenderà il tentativo disperato di ribellione della psicosi.[10]

La religione pregiudica questa dinamica di scelta e adattamento, poiché impone a tutti indiscriminatamente la propria strada verso la felicità e la protezione dalla sofferenza. La sua tecnica consiste nello sminuire il valore della vita e distorcere illusoriamente l'immagine del mondo reale, il che ha come presupposto lo svilimento dell'intelligenza umana. A questo prezzo, mediante la violenta fissazione di un infantilismo psichico e l'inclusione in un delirio di massa, la

[10] Devo accennare ad almeno una delle lacune rimaste in questa esposizione. Prendendo in esame le possibilità dell'uomo di perseguire la felicità bisognerebbe tener conto del rapporto tra narcisismo e libido oggettuale, ovvero sapere cosa significhi per l'economia della libido essere essenzialmente basati su se stessi.

es der Religion, vielen Menschen die individuelle Neurose zu ersparen. Aber kaum mehr; es gibt, wie wir gesagt haben, viele Wege, die zu dem Glück führen können, wie es dem Menschen erreichbar ist, keinen, der sicher dahin leitet. Auch die Religion kann ihr Versprechen nicht halten. Wenn der Gläubige sich endlich genötigt findet, von Gottes „unerforschlichem Ratschluß" zu reden, so gesteht er damit ein, daß ihm als letzte Trostmöglichkeit und Lustquelle im Leiden nur die bedingungslose Unterwerfung übriggeblieben ist. Und wenn er zu dieser bereit ist, hätte er sich wahrscheinlich den Umweg ersparen können.

religione riesce a risparmiare a molti la nevrosi individuale. Ma non molto di più; come abbiamo già detto, esistono diverse strade che possono portare alla felicità – per quanto raggiungibile dagli uomini –, ma nessuna è priva di rischi. Nemmeno la religione può ottemperare alla sua promessa. Quando il credente chiama in causa l'"imperscrutabile intervento" di Dio, ammette implicitamente che la sua unica fonte di consolazione e piacere nella sofferenza è un'incondizionata sottomissione. E se è disposto a questo, forse avrebbe potuto risparmiarsi ogni altra strada.

# III

Unsere Untersuchung über das Glück hat uns bisher nicht viel gelehrt, was nicht allgemein bekannt ist. Auch wenn wir sie mit der Frage fortsetzen, warum es für die Menschen so schwer ist, glücklich zu werden, scheint die Aussicht, Neues zu erfahren, nicht viel größer. Wir haben die Antwort bereits gegeben, indem wir auf die drei Quellen hinwiesen, aus denen unser Leiden kommt: die Übermacht der Natur, die Hinfälligkeit unseres eigenen Körpers und die Unzulänglichkeit der Einrichtungen, welche die Beziehungen der Menschen zueinander in Familie, Staat und Gesellschaft regeln. In betreff der beiden ersten kann unser Urteil nicht lange schwanken; es zwingt uns zur Anerkennung dieser Leidensquellen und zur Ergebung ins Unvermeidliche. Wir werden die Natur nie vollkommen beherrschen, unser Organismus, selbst ein Stück dieser Natur, wird immer ein vergängliches, in Anpassung und Leistung beschränktes Gebilde bleiben. Von dieser Erkenntnis geht keine lähmende Wirkung aus; im Gegenteil, sie weist unserer Tätigkeit die Richtung. Können wir nicht alles Leiden aufheben, so

## III

Fin qui la nostra indagine sulla felicità non ci ha rivelato molto che non fosse già comunemente noto. Pur proseguendola, nel tentativo di capire perché sia così difficile per gli uomini essere felici, le prospettive di scoprire qualcosa di nuovo paiono non aumentare in maniera significativa. Alla nostra domanda abbiamo già risposto, indicando le tre fonti da cui provengono le nostre sofferenze: lo strapotere della natura, la vulnerabilità del corpo umano e l'inadeguatezza delle istituzioni che regolano le relazioni degli uomini all'interno della famiglia, dello stato e della società. In merito alle prime due fonti, il nostro giudizio non vacilla troppo: non possiamo che riconoscerle come causa di sofferenza e rassegnarci all'inevitabile. Non eserciteremo mai un pieno dominio sulla natura e sul nostro organismo, che è a sua volta parte della natura e rimane un'entità transitoria con limitate capacità di adattamento e funzionamento. Da questa consapevolezza non deriva un effetto paralizzante; al contrario, essa ci indica dove concentrare i nostri sforzi. Anche se non possiamo eliminare tutta la sofferenza, in-

doch manches, und anderes lindern, mehrtausendjährige Erfahrung hat uns davon überzeugt. Anders verhalten wir uns zur dritten, zur sozialen Leidensquelle. Diese wollen wir überhaupt nicht gelten lassen, können nicht einsehen, warum die von uns selbst geschaffenen Einrichtungen nicht vielmehr Schutz und Wohltat für uns alle sein sollten. Allerdings, wenn wir bedenken, wie schlecht uns gerade dieses Stück der Leidverhütung gelungen ist, erwacht der Verdacht, es könnte auch hier ein Stück der unbesiegbaren Natur dahinterstecken, diesmal unserer eigenen psychischen Beschaffenheit.

Auf dem Wege, uns mit dieser Möglichkeit zu beschäftigen, treffen wir auf eine Behauptung, die so erstaunlich ist, daß wir bei ihr verweilen wollen. Sie lautet, einen großen Teil der Schuld an unserem Elend trage unsere sogenannte Kultur; wir wären viel glücklicher, wenn wir sie aufgeben und in primitive Verhältnisse zurückfinden würden. Ich heiße sie erstaunlich, weil – wie immer man den Begriff Kultur bestimmen mag – es doch feststeht, daß – alles, womit wir uns gegen die Bedrohung aus den Quellen des Leidens zu schützen versuchen, eben der nämlichen Kultur zugehört.

Auf welchem Weg sind wohl so viele Menschen zu diesem Standpunkt befremdlicher Kulturfeindlichkeit gekommen? Ich meine, eine tiefe, lang bestehende Unzufriedenheit mit dem jeweiligen Kulturzustand stellte den Boden her, auf dem sich dann bei bestimmten historischen Anlässen eine Verurteilung erhob. Den letzten und den vorletzten dieser Anlässe glaube ich zu erkennen; ich bin

fatti, possiamo eliminarne una parte e alleviarne un'altra: è una convinzione, questa, che ci viene dall'esperienza di molte migliaia di anni. In merito alla terza fonte, l'origine sociale della sofferenza, il nostro atteggiamento sarà diverso. In primo luogo fatichiamo persino ad ammetterla, stentando a capire com'è possibile che le istituzioni da noi stessi create non siano in grado di darci molta più protezione e benefìci. Tuttavia, se consideriamo lo scarso successo che abbiamo riscosso proprio in quest'ambito nel prevenire la sofferenza, viene il dubbio che anche qui entri in gioco un aspetto della natura che non possiamo governare: nel caso specifico, la nostra costituzione psichica.

Interrogandoci su questa possibilità, emerge un assunto così stupefacente da richiedere un'analisi più approfondita: gran parte della colpa della nostra miseria sarebbe da attribuire alla nostra cosiddetta civiltà; se potessimo rinunciarvi e ritornare a condizioni primitive saremmo molto più felici. È una tesi sconvolgente perché (comunque si voglia definire il concetto di civiltà) è certo che tutto ciò che facciamo per proteggerci contro le minacce provenienti dalle fonti di sofferenza appartenga alla civiltà stessa.

Come sono arrivate così tante persone a sviluppare questa sconcertante ostilità nei confronti dell'incivilimento? Sono convinto che alla base ci sia una profonda e radicata insoddisfazione verso lo stato della civiltà, che in occasione di particolari eventi storici ha portato a condannarla. Non sono abbastanza istruito da poter ripercorrere a ritroso la catena dell'intera storia del

nicht gelehrt genug, um die Kette derselben weit genug in die Geschichte der menschlichen Art zurückzuverfolgen. Schon beim Sieg des Christentums über die heidnischen Religionen muß ein solcher kulturfeindlicher Faktor beteiligt gewesen sein. Der durch die christliche Lehre vollzogenen Entwertung des irdischen Lebens stand er ja sehr nahe. Die vorletzte Veranlassung ergab sich, als man im Fortschritt der Entdeckungsreisen in Berührung mit primitiven Völkern und Stämmen kam. Bei ungenügender Beobachtung und mißverständlicher Auffassung ihrer Sitten und Gebräuche schienen sie den Europäern ein einfaches, bedürfnisarmes, glückliches Leben zu führen, wie es den kulturell überlegenen Besuchern unerreichbar war. Die spätere Erfahrung hat manches Urteil dieser Art berichtigt; in vielen Fällen hatte man irrtümlich ein Maß von Lebenserleichterung, das der Großmut der Natur und der Bequemlichkeit in der Befriedigung der großen Bedürfnisse zu danken war, der Abwesenheit von verwickelten kulturellen Anforderungen zugeschrieben. Die letzte Veranlassung ist uns besonders vertraut; sie trat auf, als man den Mechanismus der Neurosen kennenlernte, die das bißchen Glück des Kulturmenschen zu untergraben drohen. Man fand, daß der Mensch neurotisch wird, weil er das Maß von Versagung nicht ertragen kann, das ihm die Gesellschaft im Dienste ihrer kulturellen Ideale auferlegt, und man schloß daraus, daß es eine Rückkehr zu Glücksmöglichkeiten bedeutete, wenn diese Anforderungen aufgehoben oder sehr herabgesetzt würden.

Es kommt noch ein Moment der Enttäuschung

genere umano, ma credo di poter individuare l'ultimo e il penultimo di questi eventi. Già nella vittoria del cristianesimo sulle religioni pagane può essere implicita una certa ostilità verso la civiltà, che possiamo rinvenire nella completa svalutazione della vita terrena propria della dottrina cristiana. Il penultimo evento si è verificato quando, nel corso dei viaggi di esplorazione, siamo entrati in contatto con popoli e razze primitive. A un'osservazione superficiale dei loro usi e costumi, non sufficiente a comprenderli, agli europei è sembrato che conducessero un'esistenza semplice e felice, fatta di pochi bisogni, un tipo di vita inaccessibile ai visitatori, dotati di cultura e di un grado di civilizzazione superiori. L'esperienza successiva ha corretto molti di quei giudizi; in svariati casi si era erroneamente attribuito all'assenza delle complesse esigenze imposte dalla civiltà un senso più lieve della vita che invece era dovuto alla ricchezza della natura e alla facilità con cui quegli esseri umani potevano soddisfare i loro bisogni principali. L'ultimo evento ci è piuttosto familiare: si è verificato quando si è scoperto il meccanismo delle nevrosi, che minacciano di minare quel minimo di felicità raggiunta dagli uomini civilizzati. Si è appurato che l'uomo diventa nevrotico perché è incapace di sopportare la quantità di frustrazioni che la società gli impone per servire i suoi ideali civili, e da ciò si è dedotto che se tali pretese fossero eliminate, o significativamente ridimensionate, la felicità tornerebbe a essere possibile.

A questo si aggiunge ancora un elemento di

dazu. In den letzten Generationen haben die Menschen außerordentliche Fortschritte in den Naturwissenschaften und in ihrer technischen Anwendung gemacht, ihre Herrschaft über die Natur in einer früher unvorstellbaren Weise befestigt. Die Einzelheiten dieser Fortschritte sind allgemein bekannt, es erübrigt sich, sie aufzuzählen. Die Menschen sind stolz auf diese Errungenschaften und haben ein Recht dazu. Aber sie glauben bemerkt zu haben, daß diese neu gewonnene Verfügung über Raum und Zeit, diese Unterwerfung der Naturkräfte, die Erfüllung jahrtausendealter Sehnsucht, das Maß von Lustbefriedigung, das sie vom Leben erwarten, nicht erhöht, sie nach ihren Empfindungen nicht glücklicher gemacht hat. Man sollte sich begnügen, aus dieser Feststellung den Schluß zu ziehen, die Macht über die Natur sei nicht die einzige Bedingung des Menschenglücks, wie sie ja auch nicht das einzige Ziel der Kulturbestrebungen ist, und nicht die Wertlosigkeit der technischen Fortschritte für unsere Glücksökonomie daraus ableiten. Man möchte einwenden, ist es denn nicht ein positiver Lustgewinn, ein unzweideutiger Zuwachs an Glücksgefühl, wenn ich beliebig oft die Stimme des Kindes hören kann, das Hunderte von Kilometern entfernt von mir lebt, wenn ich die kürzeste Zeit nach der Landung des Freundes erfahren kann, daß er die lange, beschwerliche Reise gut bestanden hat? Bedeutet es nichts, daß es der Medizin gelungen ist, die Sterblichkeit der kleinen Kinder, die Infektionsgefahr der gebärenden Frauen so außerordentlich herabzusetzen, ja die mittlere Lebensdauer des Kulturmenschen um eine beträchtliche Anzahl von

delusione. Nel corso delle ultime generazioni gli uomini hanno compiuto progressi straordinari nelle scienze naturali e nelle loro applicazioni tecniche, consolidando il dominio sulla natura in un modo prima impensabile. I dettagli di questi progressi sono noti a tutti, dunque sarebbe superfluo enumerarli. Gli uomini sono orgogliosi, e a buon diritto, dei loro risultati. Ma al tempo stesso hanno maturato l'impressione che il potere da poco conquistato sullo spazio e sul tempo, il soggiogamento delle forze della natura – che realizza un desiderio vecchio di millenni –, non abbia aumentato la quantità di piacere e soddisfazione che si aspettano dalla vita, e dunque non li abbia resi più felici. Da questo dovremmo poter trarre la conclusione non che il progresso tecnico sia privo di valore per l'economia della nostra felicità, quanto piuttosto che il dominio sulla natura non è l'unica condizione per la felicità umana, così come non è l'unico traguardo dell'incivilimento. Ci si potrebbe infatti chiedere: non c'è un effettivo guadagno di piacere, un indubbio aumento del senso di felicità, se posso sentire tutte le volte che voglio la voce di mio figlio che vive a centinaia di chilometri di distanza o se posso sapere in breve tempo che un amico è sbarcato, superando senza inconvenienti un viaggio lungo e pericoloso? Non significa nulla che la medicina sia riuscita a ridurre in maniera significativa la mortalità infantile, il rischio di infezioni nelle partorienti e a prolungare di molti anni la durata media della vita degli uomini nella società civile?

Jahren zu verlängern? Und solcher Wohltaten, die wir dem vielgeschmähten Zeitalter der wissenschaftlichen und technischen Fortschritte verdanken, können wir noch eine große Reihe anführen – aber da läßt sich die Stimme der pessimistischen Kritik vernehmen und mahnt, die meisten dieser Befriedigungen folgten dem Muster jenes „billigen Vergnügens", das in einer gewissen Anekdote angepriesen wird. Man verschafft sich diesen Genuß, indem man in kalter Winternacht ein Bein nackt aus der Decke herausstreckt und es dann wieder einzieht. Gäbe es keine Eisenbahn, die die Entfernungen überwindet, so hätte das Kind die Vaterstadt nie verlassen, man brauchte kein Telephon, um seine Stimme zu hören. Wäre nicht die Schiffahrt über den Ozean eingerichtet, so hätte der Freund nicht die Seereise unternommen, ich brauchte den Telegraphen nicht, um meine Sorge um ihn zu beschwichtigen. Was nützt uns die Einschränkung der Kindersterblichkeit, wenn gerade sie uns die äußerste Zurückhaltung in der Kinderzeugung aufnötigt, so daß wir im ganzen doch nicht mehr Kinder aufziehen als in den Zeiten vor der Herrschaft der Hygiene, dabei aber unser Sexualleben in der Ehe unter schwierige Bedingungen gebracht und wahrscheinlich der wohltätigen, natürlichen Auslese entgegengearbeitet haben? Und was soll uns endlich ein langes Leben, wenn es beschwerlich, arm an Freuden und so leidvoll ist, daß wir den Tod nur als Erlöser bewillkomnen können?

Es scheint festzustehen, daß wir uns in unserer heutigen Kultur nicht wohl fühlen, aber es ist sehr schwer, sich ein Urteil darüber zu bilden, ob

E potremmo aggiungere ancora un lungo elenco di benefici che dobbiamo alla tanto disprezzata era del progresso scientifico e tecnico. Eppure, qui ci ammonisce la voce della critica pessimistica, adducendo che gran parte di queste soddisfazioni ricalca un modello di "godimento a buon mercato", ovvero assimilabile al piacere che si prova, in una fredda notte invernale, stendendo una gamba nuda fuori dalle coperte e poi ritirandola sotto. Se non ci fosse la ferrovia che supera le distanze, il figlio non avrebbe mai lasciato la città natale e non ci sarebbe bisogno del telefono per sentire la sua voce. Se non fossero stati introdotti i viaggi transoceanici, l'amico non sarebbe partito per la traversata e io non avrei avuto bisogno del telegrafo per essere rassicurato della sua incolumità. A che serve ridurre la mortalità infantile se questo ci impone di essere più cauti nella procreazione, comportando che, nel complesso, alleviamo meno bambini che nei tempi antecedenti il trionfo dell'igiene, condizionando la vita sessuale nel matrimonio e, probabilmente, avversando gli effetti benefici della selezione naturale? Infine, a che giova vivere più a lungo se la vita diventa più difficile, priva di gioia e così piena di dolore da farci salutare la morte come una liberazione?

Sembra chiaro che nell'attuale civiltà non ci sentiamo a nostro agio, ma è arduo determinare se e in che misura gli uomini di epoche precedenti

und inwieweit die Menschen früherer Zeiten sich glücklicher gefühlt haben und welchen Anteil ihre Kulturbedingungen daran hatten. Wir werden immer die Neigung haben, das Elend objektiv zu erfassen, d. h. uns mit unseren Ansprüchen und Empfänglichkeiten in jene Bedingungen zu versetzen, um dann zu prüfen, welche Anlässe zu Glücks- und Unglücksempfindungen wir in ihnen fänden. Diese Art der Betrachtung, die objektiv erscheint, weil sie von den Variationen der subjektiven Empfindlichkeit absieht, ist natürlich die subjektivste, die möglich ist, indem sie an die Stelle aller anderen unbekannten seelischen Verfassungen die eigene einsetzt. Das Glückist aber etwas durchaus Subjectives. Wir mögen noch so sehr vor gewissen Situationen zurückschrecken, der des antiken Galeerensklaven, des Bauern im 30jährigen Krieg, des Opfers der heiligen Inquisition, des Juden, der den Pogrom erwartet, es ist uns doch unmöglich, uns in diese Personen einzufühlen, die Veränderungen zu erraten, die ursprüngliche Stumpfheit, allmähliche Abstumpfung, Einstellung der Erwartungen, gröbere und feinere Weisen der Narkotisierung in der Empfänglichkeit für Lust- und Unlustempfindungen herbeigeführt haben. Im Falle äußerster Leidmöglichkeit werden auch bestimmte seelische Schutzvorrichtungen in Tätigkeit versetzt. Es scheint mir unfruchtbar, diese Seite des Problems weiter zu verfolgen.

Es ist Zeit, daß wir uns um das Wesen dieser Kultur kümmern, deren Glückswert in Zweifel gezogen wird. Wir werden keine Formel fordern, die dieses Wesen in wenigen Worten ausdrückt, noch ehe wir etwas aus der Untersuchung erfahren ha-

si siano sentiti felici e quanto in questo abbia inciso il loro stato di incivilimento. Saremo sempre inclini a considerare in maniera oggettiva la loro miseria, cioè a metterci nelle loro condizioni con i nostri desideri e le nostre sensibilità, per stabilire quali occasioni di felicità o infelicità potremmo trovarvi. Questo tipo di osservazione, che sembra obiettiva perché prescinde dalle variazioni della sensibilità soggettiva, è in verità la più soggettiva possibile, poiché mette i propri stati psichici al posto di tutti gli altri, per quanto sconosciuti. La felicità, però, è qualcosa di essenzialmente soggettivo. A prescindere da quanto ci facciano inorridire determinate situazioni – quella dello schiavo su un'antica galea, del contadino durante la guerra dei Trent'anni, della vittima della Santa Inquisizione, di un ebreo in attesa di un *pogrom* –, ci è impossibile metterci davvero nei panni di quelle persone, intuire i cambiamenti che l'ottusità originaria, un graduale processo di abbrutimento, la cessazione di ogni aspettativa e metodi più rozzi o più raffinati di ottundimento hanno prodotto sulla loro ricettività alle sensazioni di piacere e dispiacere. Inoltre, in caso di estrema sofferenza entrano in azione anche particolari dispositivi psichici di protezione. Mi pare sterile approfondire oltre questo aspetto del problema.

È tempo di occuparci dell'essenza di questa civiltà, di cui viene messo in dubbio il valore allo scopo di raggiungere la felicità. Non cercheremo una formula che esprima questa sua essenza in poche parole senza prima averla esaminata con la dovuta attenzione. Sarà sufficiente dunque ri-

ben. Es genügt uns also zu wiederholen,[11] daß das Wort „Kultur" die ganze Summe der Leistungen und Einrichtungen bezeichnet, in denen sich unser Leben von dem unserer tierischen Ahnen entfernt und die zwei Zwecken dienen: dem Schutz des Menschen gegen die Natur und der Regelung der Beziehungen der Menschen untereinander. Um mehr zu verstehen, werden wir die Züge der Kultur im einzelnen zusammensuchen, wie sie sich in menschlichen Gemeinschaften zeigen. Wir lassen uns dabei ohne Bedenken vom Sprachgebrauch, oder wie man auch sagt: Sprachgefühl, leiten im Vertrauen darauf, daß wir so inneren Einsichten gerecht werden, die sich dem Ausdruck in abstrakten Worten noch widersetzen.

Der Eingang ist leicht: Als kulturell anerkennen wir alle Tätigkeiten und Werte, die dem Menschen nützen, indem sie ihm die Erde dienstbar machen, ihn gegen die Gewalt der Naturkräfte schützen u. dgl. Über diese Seite des Kulturellen besteht ja am wenigsten Zweifel. Um weit genug zurückzugehen, die ersten kulturellen Taten waren der Gebrauch von Werkzeugen, die Zähmung des Feuers, der Bau von Wohnstätten. Unter ihnen ragt die Zähmung des Feuers als eine ganz außerordentliche, vorbildlose Leistung hervor,[12]

[11] Siehe: *Die Zukunft einer Illusion*, 1927. (Ges. Werke, Bd. XIV.)

[12] Psychoanalytisches Material, unvollständig, nicht sicher deutbar, läßt doch wenigstens eine – phantastisch klingende – Vermutung über den Ursprung dieser menschlichen Großtat zu. Als wäre der Urmensch gewohnt gewesen, wenn er dem Feuer begegnete, eine infantile Lust an ihm zu befriedigen, indem er es durch seinen Harnstrahl auslöschte. An der ursprünglichen phallischen Auffassung der züngelnden, sich in die Höhe reckenden Flamme kann nach vorhandenen Sagen kein Zweifel

petere[11] che la parola "civiltà" designa la somma di tutte le opere e istituzioni che distinguono la nostra vita da quella dei nostri antenati animali e che servono a due scopi: proteggere gli uomini dalla natura e regolare le relazioni fra gli uomini stessi. Per capire meglio, analizzeremo le diverse caratteristiche della civiltà, come esse si presentano nelle comunità umane. Nel farlo ci lasceremo guidare senza timore dall'uso della lingua o, come si dice, dal senso della lingua, nella convinzione che in questo modo renderemo giustizia a intime intuizioni che ancora oppongono resistenza all'essere formulate in parole astratte.

Il primo passo è facile: riconosciamo come civili tutte le attività e le risorse che sono utili all'uomo per mettere la terra al suo servizio, porlo al riparo dalla violenza delle forze naturali e così via. Su questo aspetto della civiltà non ci sono grossi dubbi. Andando molto indietro nel tempo, le prime forme di incivilimento sono state l'uso di utensili, l'addomesticamento del fuoco, la costruzione di abitazioni. Fra queste, l'addomesticamento del fuoco spicca come una conquista straordinaria e senza pari,[12] mentre le altre hanno

[11] Vedi *L'avvenire di un'illusione*, 1927 (O.S.F., vol. X).

[12] Il materiale psicoanalitico, per quanto incompleto e non suscettibile di interpretazione chiara, ammette comunque una congettura (che pure suona fantasiosa) sull'origine di questa impresa umana. Parrebbe che, quando si imbatteva nel fuoco, l'uomo primitivo fosse portato a soddisfare un piacere infantile, spegnendolo con il getto dell'urina. Stando alle leggende che ci sono pervenute, non vi è alcun dubbio sull'originaria concezione fallica delle lingue di fuoco che salgono verso l'alto.

mit den anderen schlug der Mensch Wege ein, die er seither immer weiter verfolgt hat, zu denen die Anregung leicht zu erraten ist. Mit all seinen Werkzeugen vervollkommnet der Mensch seine Organe – die motorischen wie die sensorischen – oder räumt die Schranken für ihre Leistung weg. Die Motoren stellen ihm riesige Kräfte zur Verfügung, die er wie seine Muskeln in beliebige Richtungen schicken kann, das Schiff und das Flugzeug machen, daß weder Wasser noch Luft seine Fortbewegung hindern können. Mit der Brille korrigiert er die Mängel der Linse in seinem Auge, mit dem Fernrohr schaut er in entfernte Weiten, mit dem Mikroskop überwindet er die Grenzen der Sichtbarkeit, die durch den Bau seiner Netzhaut abgesteckt werden. In der photographischen Kamera hat er ein Instrument geschaffen, das die flüchtigen Seheindrücke festhält, was ihm die Grammophonplatte für die ebenso vergänglichen Schalleindrücke leisten muß, beides im Grunde Materialisationen des ihm gegebenen Vermögens der Erinnerung, seines Gedächtnisses. Mit Hil-

sein. Das Feuerlöschen durch Urinieren – auf das noch die späten Riesenkinder Gulliver in Liliput und Rabelais' Gargantua zurückgreifen – war also wie ein sexueller Akt mit einem Mann, ein Genuß der männlichen Potenz im homosexuellen Wettkampf. Wer zuerst auf diese Lust verzichtete, das Feuer verschonte, konnte es mit sich forttragen und in seinen Dienst zwingen. Dadurch daß er das Feuer seiner eigenen sexuellen Erregung dämpfte, hatte er die Naturkraft des Feuers gezähmt. Diese große kulturelle Eroberung wäre also der Lohn für einen Triebverzicht. Und weiter, als hätte man das Weib zur Hüterin des auf dem häuslichen Herd gefangengehaltenen Feuers bestellt, weil ihr anatomischer Bau es ihr verbietet, einer solchen Lustversuchung nachzugeben. Es ist auch bemerkenswert, wie regelmäßig die analytischen Erfahrungen den Zusammenhang von Ehrgeiz, Feuer und Harnerotik bezeugen.

aperto strade che da allora in avanti l'uomo ha seguito, spinto da qualcosa che non è difficile immaginare. Attraverso gli utensili l'uomo ha perfezionato i propri organi, motòri e sensoriali, o ha superato i limiti delle sue prestazioni. I motori gli mettono a disposizione forze enormi, che può dirigere ovunque voglia come fa con i suoi muscoli, usando le navi e gli aerei per fare in modo che né l'acqua né l'aria possano ostacolare i suoi movimenti. Con gli occhiali corregge i difetti della vista, con il telescopio scruta lo spazio lontano, con il microscopio supera i limiti degli occhi dovuti alla struttura della retina. Con la macchina fotografica ha creato uno strumento che cattura le fugaci impressioni visive, come il disco del grammofono fa con quelle uditive, altrettanto fugaci; entrambi sono di fatto un modo per potenziare la

Spegnere il fuoco urinandoci sopra – gesto che verrà in seguito attribuito ai giganti, come Gulliver a Lilliput e il Gargantua di Rabelais – era come un atto sessuale con un uomo, un godimento della potenza maschile nella contesa omosessuale. Chi ha rinunciato per primo a questo desiderio e ha risparmiato il fuoco, ha potuto portarlo con sé e sottometterlo al proprio servizio. Smorzando il fuoco del proprio eccitamento sessuale, ha addomesticato la forza naturale del fuoco. Questa grande conquista della civiltà è stata dunque la ricompensa per una rinuncia pulsionale. Inoltre, si direbbe che la donna fosse stata messa a guardia del fuoco tenuto prigioniero nel focolare domestico perché la sua conformazione anatomica le impediva di cedere alla tentazione di quel desiderio. È degno di nota, infine, come l'esperienza analitica testimoni la regolare connessione fra ambizione, fuoco ed erotismo urinario.

fe des Telephons hört er aus Entfernungen, die selbst das Märchen als unerreichbar respektieren würde; die Schrift ist ursprünglich die Sprache des Abwesenden, das Wohnhaus ein Ersatz für den Mutterleib, die erste, wahrscheinlich noch immer ersehnte Behausung, in der man sicher war und sich so wohl fühlte.

Es klingt nicht nur wie ein Märchen, es ist direkt die Erfüllung aller – nein, der meisten – Märchenwünsche, was der Mensch durch seine Wissenschaft und Technik auf dieser Erde hergestellt hat, in der er zuerst als ein schwaches Tierwesen auftrat und in die jedes Individuum seiner Art wiederum als hilfloser Säugling – *oh inch of nature*! – eintreten muß. All diesen Besitz darf er als Kulturerwerb ansprechen. Er hatte sich seit langen Zeiten eine Idealvorstellung von Allmacht und Allwissenheit gebildet, die er in seinen Göttern verkörperte. Ihnen schrieb er alles zu, was seinen Wünschen unerreichbar schien – oder ihm verboten war. Man darf also sagen, diese Götter waren Kulturideale. Nun hat er sich der Erreichung dieses Ideals sehr angenähert, ist beinahe selbst ein Gott geworden. Freilich nur so, wie man nach allgemein menschlichem Urteil Ideale zu erreichen pflegt. Nicht vollkommen, in einigen Stücken gar nicht, in anderen nur so halbwegs. Der Mensch ist sozusagen eine Art Prothesengott geworden, recht großartig, wenn er alle seine Hilfsorgane anlegt, aber sie sind nicht mit ihm verwachsen und machen ihm gelegentlich noch viel zu schaffen. Er hat übrigens ein Recht, sich damit zu trösten, daß diese Entwicklung nicht gerade mit dem Jahr 1930 A. D. abgeschlossen sein

memoria. Con l'aiuto del telefono può sentire da distanze che persino nelle favole sarebbero incolmabili; la scrittura è, in origine, la voce di chi è assente, la casa un sostituto del grembo materno, probabilmente tuttora la sospirata dimora in cui l'uomo era al sicuro e si sentiva bene.

Ciò suona fiabesco, eppure è l'adempimento di tutti (o quasi) i desideri delle favole: cose che l'uomo ha realizzato attraverso la scienza e la tecnica su questa terra, dove ha fatto la sua comparsa inizialmente come debole organismo animale e sulla quale ogni individuo della specie fa ancora il proprio ingresso da indifeso lattante (*oh inch of nature!*).[f] Tutte queste cose che possiede può vantarle come conquiste della civiltà. Per molto tempo l'uomo si era creato una rappresentazione ideale dell'onnipotenza e dell'onniscienza, incarnata negli dèi, ai quali ha attribuito tutto ciò che sembrava fuori dalla portata dei suoi desideri o che gli era proibito. Si può quindi arrivare a dire che gli dèi stessi fossero di fatto degli ideali di civiltà. Ora che l'uomo si è molto avvicinato al raggiungimento di questi ideali, è quasi diventato un dio a sua volta. Com'è ovvio, possiamo affermare che li abbia raggiunti solo in base al nostro giudizio generale, per forza di cose umano, cioè non perfettamente, in certe cose per nulla e in altre solo a metà. L'uomo è, per così dire, una sorta di dio protesi, davvero grandioso quando indossa tutti i suoi organi ausiliari, che però non si sono sviluppati con lui e a volte lo mettono in difficoltà. Gli è tuttavia di consolazione il pensiero che il suo progresso non si arresterà di certo con l'anno 1930. I tempi futuri porteranno grandi passi

wird. Ferne Zeiten werden neue, wahrscheinlich unvorstellbar große Fortschritte auf diesem Gebiete der Kultur mit sich bringen, die Gottähnlichkeit noch weiter steigern. Im Interesse unserer Untersuchung wollen wir aber auch nicht daran vergessen, daß der heutige Mensch sich in seiner Gottähnlichkeit nicht glücklich fühlt.

Wir anerkennen also die Kulturhöhe eines Landes, wenn wir finden, daß alles in ihm gepflegt und zweckmäßig besorgt wird, was der Ausnützung der Erde durch den Menschen und dem Schutz desselben vor den Naturkräften dienlich, also kurz zusammengefaßt: ihm nützlich ist. In einem solchen Land seien Flüsse, die mit Überschwemmungen drohen, in ihrem Lauf reguliert, ihr Wasser durch Kanäle hingeleitet, wo es entbehrt wird. Der Erdboden werde sorgfältig bearbeitet und mit den Gewächsen beschickt, die er zu tragen geeignet ist, die mineralischen Schätze der Tiefe emsig zutage gefördert und zu den verlangten Werkzeugen und Geräten verarbeitet. Die Verkehrsmittel seien reichlich, rasch und zuverlässig, die wilden und gefährlichen Tiere seien ausgerottet, die Zucht der zu Haustieren gezähmten sei in Blüte. Wir haben aber an die Kultur noch andere Anforderungen zu stellen und hoffen bemerkenswerterweise sie in denselben Ländern verwirklicht zu finden. Als wollten wir unseren zuerst erhobenen Anspruch verleugnen, begrüßen wir es auch als kulturell, wenn wir sehen, daß sich die Sorgfalt der Menschen auch Dingen zuwendet, die ganz und gar nicht nützlich sind, eher unnütz erscheinen, z. B. wenn die in einer Stadt als Spielplätze und Luftreservoirs notwendigen

in avanti in questo campo della civiltà, forse ancora inimmaginabili, che lo faranno somigliare sempre di più a Dio. Nell'interesse della nostra indagine, però, non dobbiamo dimenticare che, pur somigliando a Dio, l'uomo di oggi non si sente felice.

Riconosciamo l'alto grado di civiltà di un paese se riteniamo che vi si presti attenzione e si provveda a tutto ciò che serve all'uomo per sfruttare la terra e proteggersi dalle forze della natura, cioè, in breve, a ciò che gli è utile. In quel paese il corso dei fiumi che minacciano di esondare sarà regolato, e le acque convogliate, mediante canali, nei luoghi dove scarseggia. Il terreno sarà coltivato con cura, con le piante che gli sono più congeniali; i tesori minerali del sottosuolo saranno regolarmente estratti e lavorati per produrre gli utensili e gli apparecchi desiderati. I mezzi di trasporto saranno numerosi, veloci e affidabili, gli animali selvatici e pericolosi saranno sterminati e prospererà l'allevamento di quelli domestici. Ma dobbiamo pretendere altro ancora dalla civiltà, e si spera di trovarlo in quei paesi. Quasi a rinnegare quanto detto finora, è da considerarsi proprio della civiltà anche il fatto che gli uomini si preoccupino di cose che paiono prive di utilità, per esempio che gli spazi verdi di una città, necessari come campi di gioco e serbatoi d'aria

Gartenflächen auch Blumenbeete tragen oder wenn die Fenster der Wohnungen mit Blumentöpfen geschmückt sind. Wir merken bald, das Unnütze, dessen Schätzung wir von der Kultur erwarten, ist die Schönheit; wir fordern, daß der Kulturmensch die Schönheit verehre, wo sie ihm in der Natur begegnet, und sie herstelle an Gegenständen, soweit seiner Hände Arbeit es vermag. Weit entfernt, daß unsere Ansprüche an die Kultur damit erschöpft wären. Wir verlangen noch die Zeichen von Reinlichkeit und Ordnung zu sehen. Wir denken nicht hoch von der Kultur einer englischen Landstadt zur Zeit Shakespeares, wenn wir lesen, daß ein hoher Misthaufen vor der Türe seines väterlichen Hauses in Stratford lagerte; wir sind ungehalten und schelten es „barbarisch", was der Gegensatz zu kulturell ist, wenn wir die Wege des Wiener Waldes mit weggeworfenen Papieren bestreut finden. Unsauberkeit jeder Art scheint uns mit Kultur unvereinbar; auch auf den menschlichen Körper dehnen wir die Forderung der Reinlichkeit aus, hören mit Erstaunen, welch üblen Geruch die Person des Roi Soleil zu verbreiten pflegte, und schütteln den Kopf, wenn uns auf Isola Bella die winzige Waschschüssel gezeigt wird, deren sich Napoleon bei seiner Morgentoilette bediente. Ja, wir sind nicht überrascht, wenn jemand den Gebrauch von Seife direkt als Kulturmesser aufstellt. Ähnlich ist es mit der Ordnung, die ebenso wie die Reinlichkeit sich ganz auf Menschenwerk bezieht. Aber während wir Reinlichkeit in der Natur nicht erwarten dürfen, ist die Ordnung vielmehr der Natur abgelauscht; die Beobachtung der großen astronomischen Re-

pura, ospitino anche aiuole fiorite, o che le finestre delle abitazioni siano ornate di vasi di fiori. Notiamo subito che le cose inutili che ci aspettiamo vengano apprezzate dalla civiltà sono manifestazioni della bellezza; e pretendiamo che l'uomo civilizzato la onori ovunque la trovi in natura e la crei, pur con i limiti del lavoro manuale, negli oggetti che produce. Ma siamo ancora lontani dall'aver esaurito le nostre richieste alla civiltà. Vogliamo vedere anche i segni della pulizia e dell'ordine. Non giudichiamo molto alto il livello culturale di una cittadina inglese ai tempi di Shakespeare, quando leggiamo che di fronte alla casa di suo padre a Stratford si trovava un alto cumulo di letame; ci indigniamo e gridiamo alla "barbarie" (che è il contrario della "civiltà") se vediamo i sentieri del Wiener Wald pieni di cartacce. La sporcizia, di qualsiasi tipo, ci sembra incompatibile con l'incivilimento; anche il corpo umano deve essere pulito: apprendiamo con stupore che il Re Sole pare emanasse un odore sgradevole e scuotiamo il capo quando, in visita all'Isola Bella,[g] ci viene mostrato il minuscolo catino che Napoleone usava per la sua toeletta mattutina. Non ci sorprende, a ben guardare, se qualcuno propone l'uso del sapone come metro di giudizio della civiltà. Lo stesso vale per l'ordine che, al pari della pulizia, si riferisce esclusivamente alle opere dell'uomo. Ma mentre non possiamo aspettarci l'igiene nella natura, l'ordine invece è imitato da essa; l'osservazione delle grandi regolarità

gelmäßigkeiten hat dem Menschen nicht nur das Vorbild, sondern die ersten Anhaltspunkte für die Einführung der Ordnung in sein Leben gegeben. Die Ordnung ist eine Art Wiederholungszwang, die durch einmalige Einrichtung entscheidet, wann, wo und wie etwas getan werden soll, so daß man in jedem gleichen Falle Zögern und Schwanken erspart. Die Wohltat der Ordnung ist ganz unleugbar, sie ermöglicht dem Menschen die beste Ausnützung von Raum und Zeit, während sie seine psychischen Kräfte schont. Man hätte ein Recht zu erwarten, daß sie sich von Anfang an und zwanglos im menschlichen Tun durchsetzt, und darf erstaunen, daß dies nicht der Fall ist, daß der Mensch vielmehr einen natürlichen Hang zur Nachlässigkeit, Unregelmäßigkeit und Unzuverlässigkeit in seiner Arbeit an den Tag legt und erst mühselig zur Nachahmung der himmlischen Vorbilder erzogen werden muß.

Schönheit, Reinlichkeit und Ordnung nehmen offenbar eine besondere Stellung unter den Kulturanforderungen ein. Niemand wird behaupten, daß sie ebenso lebenswichtig seien wie die Beherrschung der Naturkräfte und andere Momente, die wir noch kennenlernen sollen, und doch wird niemand gern sie als Nebensächlichkeiten zurückstellen wollen. Daß die Kultur nicht allein auf Nutzen bedacht ist, zeigt schon das Beispiel der Schönheit, die wir unter den Interessen der Kultur nicht vermissen wollen. Der Nutzen der Ordnung ist ganz offenbar; bei der Reinlichkeit haben wir zu bedenken, daß sie auch von der Hygiene gefordert wird, und können vermuten, daß dieser Zusammenhang den Menschen auch vor

astronomiche ha dato all'uomo non solo il modello, bensì anche le basi da cui partire per introdurre l'ordine nella propria vita. Si tratta di una sorta di coazione a ripetere che, attraverso una disposizione presa una volta per tutte, determina quando, dove e come debba essere fatta una certa cosa, in modo che in ogni circostanza simile siano evitate esitazioni e indecisioni. I benefici dell'ordine sono innegabili: consente all'uomo di sfruttare al meglio lo spazio e il tempo, preservando le forze psichiche. Pretendiamo che sia rispettato sempre e senza costrizione nell'attività umana e ci stupisce che non sia così, che l'uomo invece mostri nel suo lavoro un'innata tendenza alla trascuratezza, all'irregolarità e all'inaffidabilità e che sia necessario un faticoso addestramento perché segua l'esempio dei modelli celesti.

Bellezza, pulizia e ordine occupano, con ogni evidenza, un posto particolare fra le esigenze della civiltà. Nessuno sosterrà che siano vitali quanto il dominio sulle forze della natura e altri aspetti che dobbiamo ancora sondare, tuttavia è impossibile relegarli sullo sfondo come questioni di scarsa importanza. Che la civiltà non riguardi solo ciò che è utile è dimostrato già nell'esempio della bellezza, che non vogliamo certo escludere dagli obiettivi dell'incivilimento. L'utilità dell'ordine è innegabile; quanto alla pulizia, ricordiamo che è presupposto irrinunciabile dell'igiene, e possiamo presumere che tale correlazione fosse già nota agli uomini anche prima dell'avvento

der Zeit einer wissenschaftlichen Krankheitsverhütung nicht ganz fremd war. Aber der Nutzen erklärt uns das Streben nicht ganz; es muß noch etwas anderes im Spiele sein.

Durch keinen anderen Zug vermeinen wir aber die Kultur besser zu kennzeichnen als durch die Schätzung und Pflege der höheren psychischen Tätigkeiten, der intellektuellen, wissenschaftlichen und künstlerischen Leistungen, der führenden Rolle, welche den Ideen im Leben der Menschen eingeräumt wird. Unter diesen Ideen stehen obenan die religiösen Systeme, auf deren verwickelten Aufbau ich an anderer Stelle Licht zu werfen versuchte; neben ihnen die philosophischen Spekulationen und endlich, was man die Idealbildungen der Menschen heißen kann, ihre Vorstellungen von einer möglichen Vollkommenheit der einzelnen Person, des Volkes, der ganzen Menschheit und die Anforderungen, die sie auf Grund solcher Vorstellungen erheben. Daß diese Schöpfungen nicht unabhängig von einander sind, vielmehr innig untereinander verwoben, erschwert sowohl ihre Darstellung wie ihre psychologische Ableitung. Wenn wir ganz allgemein annehmen, die Triebfeder aller menschlichen Tätigkeiten sei das Streben nach den beiden zusammenfließenden Zielen, Nutzen und Lustgewinn, so müssen wir dasselbe auch für die hier angeführten kulturellen Äußerungen gelten lassen, obwohl es nur für die wissenschaftliche und künstlerische Tätigkeit leicht ersichtlich ist. Man kann aber nicht bezweifeln, daß auch die anderen starken Bedürfnissen der Menschen entsprechen, vielleicht solchen, die nur bei einer Minderzahl

della profilassi scientifica. Ma l'utilità non spiega completamente gli sforzi tesi a ottenerli; deve esserci in gioco anche qualcos'altro.

Riteniamo però che nessun tratto possa caratterizzare meglio la civiltà quanto l'apprezzamento e l'incoraggiamento delle attività psichiche più elevate, delle prestazioni intellettuali, scientifiche e artistiche, e del ruolo primario attribuito alle idee nella vita dell'uomo. Tra queste idee si collocano innanzi alle altre i sistemi religiosi, sulla cui complessa struttura ho cercato di far luce in altra sede; poi vengono le speculazioni filosofiche e infine quelli che possiamo chiamare gli ideali dell'uomo, ossia le rappresentazioni di una possibile perfezione del singolo individuo, dei popoli, dell'umanità intera, e le pretese che egli avanza sulla base di tali rappresentazioni. Non essendo queste creazioni indipendenti l'una dall'altra, ma strettamente interconnesse, è difficile sia descriverle sia individuarne la derivazione psicologica. Se assumiamo che, in generale, la molla di tutte le attività umane sia mirare alle due mete convergenti dell'utilità e del profitto, dobbiamo supporre che ciò valga anche per le manifestazioni della civiltà appena menzionate, sebbene ciò risulti evidente solo nell'attività scientifica e in quella artistica. Non si può tuttavia dubitare che anche le altre attività corrispondano a intensi bisogni degli uomini, forse sviluppatisi solo in una

entwickelt sind. Auch darf man sich nicht durch Werturteile über einzelne dieser religiösen, philosophischen Systeme und dieser Ideale beirren lassen; ob man die höchste Leistung des Menschengeistes in ihnen sucht oder ob man sie als Verirrungen beklagt, man muß anerkennen, daß ihr Vorhandensein, besonders ihre Vorherrschaft, einen Hochstand der Kultur bedeutet.

Als letzten, gewiß nicht unwichtigsten Charakterzug einer Kultur haben wir zu würdigen, in welcher Weise die Beziehungen der Menschen zueinander, die sozialen Beziehungen, geregelt sind, die den Menschen als Nachbarn, als Hilfskraft, als Sexualobjekt eines anderen, als Mitglied einer Familie, eines Staates betreffen. Es wird hier besonders schwer, sich von bestimmten Idealforderungen frei zu halten und das, was überhaupt kulturell ist, zu erfassen. Vielleicht beginnt man mit der Erklärung, das kulturelle Element sei mit dem ersten Versuch, diese sozialen Beziehungen zu regeln, gegeben. Unterbliebe ein solcher Versuch, so wären diese Beziehungen der Willkür des einzelnen unterworfen, d. h. der physisch Stärkere würde sie im Sinne seiner Interessen und Triebregungen entscheiden. Daran änderte sich nichts, wenn dieser Stärkere seinerseits einen einzelnen noch Stärkeren fände. Das menschliche Zusammenleben wird erst ermöglicht, wenn sich eine Mehrheit zusammenfindet, die stärker ist als jeder einzelne und gegen jeden einzelnen zusammenhält. Die Macht dieser Gemeinschaft stellt sich nun als „Recht“ der Macht des einzelnen, die als „rohe Gewalt“ verurteilt wird, entgegen. Diese Ersetzung der Macht des einzelnen durch die der Gemeinschaft ist der ent-

minoranza di essi. Non bisogna neanche lasciarsi fuorviare da giudizi di valore sui singoli sistemi religiosi e filosofici e sui singoli ideali. Sia che riteniamo di trovare in essi le espressioni più alte dello spirito umano sia che li giudichiamo aberrazioni, va riconosciuto che la loro esistenza, e ancor più la loro preminenza, implica un elevato grado di civiltà.

Come ultimo, ma non certo meno importante, tratto caratteristico di una civiltà, va considerato in che modo siano regolati i rapporti fra gli uomini, le relazioni sociali che riguardano l'altro in quanto vicino, fonte di sostegno, oggetto sessuale, membro di una famiglia e di uno stato. Qui diventa particolarmente difficile affrancarsi da certe esigenze ideali e individuare ciò che è tipico della civiltà. Forse possiamo iniziare chiarendo che il tentativo stesso di regolare le relazioni sociali è un tratto di civiltà. Se questo tentativo non fosse stato fatto, i rapporti umani sarebbero soggetti all'arbitrio di ciascuno: in buona sostanza il più forte fisicamente li determinerebbe in conformità ai propri interessi e moti pulsionali. Nulla cambierebbe se quest'uomo forte trovasse a sua volta qualcuno più forte di lui. La coesistenza umana diventa possibile solo se si perviene a una maggioranza più forte di ogni singolo individuo e in grado di rimanere coesa contro ciascun singolo. Il potere di questa comunità si contrappone in quanto "diritto" al potere del singolo, che viene condannato come "forza bruta". La sostituzione del potere del singolo con quello di una

scheidende kulturelle Schritt. Ihr Wesen besteht darin, daß sich die Mitglieder der Gemeinschaft in ihren Befriedigungsmöglichkeiten beschränken, während der einzelne keine solche Schranke kannte. Die nächste kulturelle Anforderung ist also die der Gerechtigkeit, d. h. die Versicherung, daß die einmal gegebene Rechtsordnung nicht wieder zu Gunsten eines einzelnen durchbrochen werde. Über den ethischen Wert eines solchen Rechts wird hiermit nicht entschieden. Der weitere Weg der kulturellen Entwicklung scheint dahin zu streben, daß dieses Recht nicht mehr der Willensausdruck einer kleinen Gemeinschaft – Kaste, Bevölkerungsschichte, Volksstammes – sei, welche sich zu anderen und vielleicht umfassenderen solchen Massen wieder wie ein gewalttätiges Individuum verhält. Das Endergebnis soll ein Recht sein, zu dem alle – wenigstens alle Gemeinschaftsfähigen – durch ihre Triebopfer beigetragen haben und das keinen – wiederum mit der gleichen Ausnahme – zum Opfer der rohen Gewalt werden läßt.

Die individuelle Freiheit ist kein Kulturgut. Sie war am größten vor jeder Kultur, allerdings damals meist ohne Wert, weil das Individuum kaum imstande war, sie zu verteidigen. Durch die Kulturentwicklung erfährt sie Einschränkungen, und die Gerechtigkeit fordert, daß keinem diese Einschränkungen erspart werden. Was sich in einer menschlichen Gemeinschaft als Freiheitsdrang rührt, kann Auflehnung gegen eine bestehende Ungerechtigkeit sein und so einer weiteren Entwicklung der Kultur günstig werden, mit der Kultur verträglich bleiben. Es kann aber auch dem Rest der ursprünglichen, von der Kultur un-

comunità costituisce il passo decisivo verso la civiltà. La sua essenza sta nel fatto che i membri della comunità limitano le proprie possibilità di soddisfacimento, a differenza del singolo che invece non conosceva restrizioni in tal senso. Da ciò consegue la successiva esigenza della civiltà, che è quella della giustizia, ovvero la garanzia che il sistema stabilito non venga infranto a favore di un singolo. Questo non determina il valore etico di tale diritto. L'ulteriore percorso dello sviluppo civile sembra volto a far sì che questo diritto non sia più l'espressione della volontà di una comunità ristretta – casta, classe o etnia –, che a sua volta tenti di soverchiare, alla maniera di un individuo violento, altri gruppi di persone, magari anche più numerosi. L'esito finale deve essere un diritto a cui tutti – perlomeno quelli che sono idonei a far parte della comunità – abbiano contribuito con il sacrificio delle proprie pulsioni e che non lasci nessuno – di nuovo, con la stessa eccezione – in balìa della forza bruta.

La libertà individuale non è un dono della civiltà. Era massima prima di ogni forma di incivilimento, anche se quasi priva di valore, perché l'individuo era praticamente incapace di difenderla. Con lo sviluppo della civiltà essa subisce delle limitazioni, e la giustizia impone che queste non vengano risparmiate a nessuno. Quello che in una comunità umana si manifesta come un desiderio di libertà può essere la ribellione contro un'ingiustizia e, in virtù di questo, lungi dal rivelarsi incompatibile con la civiltà, può contribuire a una sua ulteriore evoluzione. Potrebbe però anche nascere da ciò che resta della perso-

gebändigten Persönlichkeit entstammen und so Grundlage der Kulturfeindseligkeit werden. Der Freiheitsdrang richtet sich also gegen bestimmte Formen und Ansprüche der Kultur oder gegen Kultur überhaupt. Es scheint nicht, daß man den Menschen durch irgendwelche Beeinflussung dazu bringen kann, seine Natur in die eines Termiten umzuwandeln, er wird wohl immer seinen Anspruch auf individuelle Freiheit gegen den Willen der Masse verteidigen. Ein gut Teil des Ringens der Menschheit staut sich um die eine Aufgabe, einen zweckmäßigen, d. h. beglückenden Ausgleich zwischen diesen individuellen und den kulturellen Massenansprüchen zu finden, es ist eines ihrer Schicksalsprobleme, ob dieser Ausgleich durch eine bestimmte Gestaltung der Kultur erreichbar oder ob der Konflikt unversöhnlich ist.

Indem wir uns vom gemeinen Empfinden sagen ließen, welche Züge im Leben der Menschen kulturell zu nennen sind, haben wir einen deutlichen Eindruck vom Gesamtbild der Kultur bekommen, freilich zunächst nichts erfahren, was nicht allgemein bekannt ist. Dabei haben wir uns gehütet, dem Vorurteil beizustimmen, Kultur sei gleichbedeutend mit Vervollkommnung, sei der Weg zur Vollkommenheit, die dem Menschen vorgezeichnet ist. Nun aber drängt sich uns eine Auffassung auf, die vielleicht anderswohin führt. Die Kulturentwicklung erscheint uns als ein eigenartiger Prozeß, der über die Menschheit abläuft, an dem uns manches wie vertraut anmutet. Diesen Prozeß können wir durch die Veränderungen charakterisieren, die er mit den bekannten menschlichen Triebanlagen vornimmt, deren Befriedigung

nalità originaria, non domata dall'incivilimento, e quindi osteggiarlo. Il desiderio di libertà si rivolge anche contro determinate forme e richieste della civiltà o contro la civiltà in sé. Non sembra possibile, esercitando qualsivoglia influsso, mutare la natura dell'uomo in quella di una termite; egli difenderà sempre la sua brama di libertà individuale contro la volontà del gruppo. Gran parte delle lotte dell'umanità si sviluppa intorno al compito di trovare un compromesso vantaggioso, che cioè dia felicità, fra queste esigenze individuali e quelle comuni della società civile: uno dei problemi relativi al destino dell'umanità è se questo compromesso possa essere trovato dando alla civiltà una particolare forma o se il conflitto sia inconciliabile.

Lasciandoci guidare dal senso comune nell'individuare gli aspetti della vita umana che sono da ritenersi civili, ci siamo fatti un'idea chiara del quadro generale della civiltà, ma fin qui non abbiamo scoperto nulla che non fosse già noto. Al tempo stesso siamo stati molto attenti a non indulgere nel pregiudizio che civiltà sia sinonimo di perfezione, o la via tracciata per l'uomo verso la perfezione. Ora però ci si apre uno spiraglio che potrebbe condurci in una direzione diversa. L'incivilimento ci appare come un processo peculiare a cui l'umanità è sottoposta, e in cui molte cose ci sono familiari. Possiamo contraddistinguere questo processo attraverso le modificazioni che esso produce nelle disposizioni pulsionali dell'uomo che conosciamo, il cui soddisfacimento

doch die ökonomische Aufgabe unseres Lebens ist. Einige dieser Triebe werden in solcher Weise aufgezehrt, daß an ihrer Stelle etwas auftritt, was wir beim Einzelindividuum als Charaktereigenschaft beschreiben. Das merkwürdigste Beispiel dieses Vorganges haben wir an der Analerotik des jugendlichen Menschen gefunden. Sein ursprüngliches Interesse an der Exkretionsfunktion, ihren Organen und Produkten wandelt sich im Lauf des Wachstums in die Gruppe von Eigenschaften um, die uns als Sparsamkeit, Sinn für Ordnung und Reinlichkeit bekannt sind, die, an und für sich wertvoll und willkommen, sich zu auffälliger Vorherrschaft steigern können und dann das ergeben, was man den Analcharakter heißt. Wie das zugeht, wissen wir nicht, an der Richtigkeit dieser Auffassung ist kein Zweifel.[13] Nun haben wir gefunden, daß Ordnung und Reinlichkeit wesentliche Kulturansprüche sind, obgleich ihre Lebensnotwendigkeit nicht gerade einleuchtet, ebensowenig wie ihre Eignung als Genußquellen. An dieser Stelle mußte sich uns die Ähnlichkeit des Kulturprozesses mit der Libidoentwicklung des einzelnen zuerst aufdrängen. Andere Triebe werden dazu veranlaßt, die Bedingungen ihrer Befriedigung zu verschieben, auf andere Wege zu verlegen, was in den meisten Fällen mit der uns wohlbekannten *Sublimierung* (der Triebziele) zusammenfällt, in anderen sich noch von ihr sondern läßt. Die Triebsublimierung ist ein besonders hervorstechender

[13] S. *Charakter und Analerotik*, 1908 (Ges. Werke, Bd. VII), und zahlreiche weitere Beiträge von E. Jones u.a.

è il compito economico della nostra vita. Alcune di queste pulsioni vengono erose al punto che al loro posto emerge qualcosa che, in un singolo individuo, definiremmo una peculiarità caratteriale. L'esempio più notevole di tale processo risiede nell'erotismo anale dei bambini. Il loro interesse per la funzione escretoria, per i suoi organi e i suoi prodotti, si trasforma, nel corso della crescita, in quelle caratteristiche che conosciamo come parsimonia, senso dell'ordine e pulizia, che, pur essendo in sé positive e accolte con favore, si possono intensificare fino a diventare nettamente predominanti e produrre quello che viene definito il carattere anale. Non sappiamo come ciò accada, ma non vi è dubbio sulla correttezza di questa interpretazione.[13] Ora, abbiamo visto come l'ordine e la pulizia siano requisiti essenziali della civiltà, benché la loro necessità per la vita non sia propriamente ovvia, come non lo è la loro idoneità a diventare fonti di piacere. A questo punto non dovrebbe sfuggire l'analogia esistente fra il processo di civilizzazione e lo sviluppo della libido del singolo. Altre pulsioni sono indotte a spostare le condizioni del loro soddisfacimento, a dirottarle su altre strade, processo che, nella maggior parte dei casi, coincide con la *sublimazione* (delle mete pulsionali) che ci è ben nota, ma in altri se ne può discostare. La sublimazione delle pulsioni è un tratto particolarmente

[13] Vedi il mio *Carattere ed erotismo anale*, 1908 (O.S.F., vol. V), e numerosi altri contributi di Ernest Jones e altri.

Zug der Kulturentwicklung, sie macht es möglich, daß höhere psychische Tätigkeiten, wissenschaftliche, künstlerische, ideologische, eine so bedeutsame Rolle im Kulturleben spielen. Wenn man dem ersten Eindruck nachgibt, ist man versucht zu sagen, die Sublimierung sei überhaupt ein von der Kultur erzwungenes Triebschicksal. Aber man tut besser, sich das noch länger zu überlegen. Drittens endlich, und das scheint das Wichtigste, ist es unmöglich zu übersehen, in welchem Ausmaß die Kultur auf Triebverzicht aufgebaut ist, wie sehr sie gerade die Nichtbefriedigung (Unterdrückung, Verdrängung oder sonst etwas?) von mächtigen Trieben zur Voraussetzung hat. Diese „Kulturversagung" beherrscht das große Gebiet der sozialen Beziehungen der Menschen; wir wissen bereits, sie ist die Ursache der Feindseligkeit, gegen die alle Kulturen zu kämpfen haben. Sie wird auch an unsere wissenschaftliche Arbeit schwere Anforderungen stellen, wir haben da viel Aufklärung zu geben. Es ist nicht leicht zu verstehen, wie man es möglich macht, einem Trieb die Befriedigung zu entziehen. Es ist gar nicht so ungefährlich; wenn man es nicht ökonomisch kompensiert, kann man sich auf ernste Störungen gefaßt machen.

Wenn wir aber wissen wollen, welchen Wert unsere Auffassung der Kulturentwicklung als eines besonderen Prozesses, vergleichbar der normalen Reifung des Individuums, beanspruchen kann, müssen wir offenbar ein anderes Problem in Angriff nehmen, uns die Frage stellen, welchen Einflüssen die Kulturentwicklung ihren Ursprung dankt, wie sie entstanden ist und wodurch ihr Lauf bestimmt wurde.

distintivo dell'incivilimento; rende possibile che le attività psichiche più elevate – quelle scientifiche, artistiche, ideologiche – rivestano un ruolo così importante nella vita civile. A prestar fede alla prima impressione, si sarebbe tentati di dire che la sublimazione sia un destino imposto alle pulsioni dalla civiltà. Ma è meglio soffermarsi a rifletterci. Infine, e questa pare essere la cosa più importante, è impossibile trascurare fino a che punto la civiltà sia costruita sulla rinuncia pulsionale, in quale misura presupponga il non soddisfacimento (per repressione, rimozione o qualche altro mezzo?) di pulsioni potenti. Questa "frustrazione civile" domina il vasto campo delle relazioni sociali fra gli uomini; sappiamo già che è la causa dell'ostilità contro cui tutte le civiltà devono lottare. Pone richieste difficili anche al nostro lavoro scientifico, perché molto rimane ancora da chiarire. Non è facile comprendere come sia possibile privare una pulsione del proprio soddisfacimento. La cosa non è affatto esente da pericoli: se non viene compensata economicamente, di certo comporterà disturbi seri.

Se però vogliamo sapere quale valore si può attribuire alla nostra interpretazione dell'incivilimento come processo particolare, paragonabile alla normale maturazione dell'individuo, ovviamente bisogna prendere in considerazione un'altra questione, domandarci quali siano gli influssi a cui l'incivilimento deve la sua origine, come è sorto e cosa ne ha determinato il corso.

# IV

Diese Aufgabe scheint übergroß, man darf seine Verzagtheit eingestehen. Hier das wenige, was ich erraten konnte.

Nachdem der Urmensch entdeckt hatte, daß es – wörtlich so verstanden – in seiner Hand lag, sein Los auf der Erde durch Arbeit zu verbessern, konnte es ihm nicht gleichgültig sein, ob ein anderer mit oder gegen ihn arbeitete. Der andere gewann für ihn den Wert des Mitarbeiters, mit dem zusammen zu leben nützlich war. Noch vorher, in seiner affenähnlichen Vorzeit, hatte er die Gewohnheit angenommen, Familien zu bilden; die Mitglieder der Familie waren wahrscheinlich seine ersten Helfer. Vermutlich hing die Gründung der Familie damit zusammen, daß das Bedürfnis genitaler Befriedigung nicht mehr wie ein Gast auftrat, der plötzlich bei einem erscheint und nach seiner Abreise lange nichts mehr von sich hören läßt, sondern sich als Dauermieter beim einzelnen niederließ. Damit bekam das Männchen ein Motiv, das Weib oder allgemeiner: die Sexualobjekte bei sich zu behalten; die Weibchen, die sich von ihren hilflosen Jungen

## IV

Il compito sembra titanico, quasi scoraggiante. Ecco il poco che sono riuscito a congetturare.

Dopo che l'uomo delle origini scoprì di essere in grado di migliorare la sua sorte sulla terra con le proprie mani – letteralmente – attraverso il lavoro, non poté più essergli indifferente se un altro lavorava con o contro di lui. L'altro acquisì il valore di un collaboratore, insieme al quale era utile vivere. Ancora prima, nella preistoria, quando l'uomo era simile alle scimmie, aveva preso l'abitudine di formare una famiglia, e verosimilmente i membri che la componevano furono i suoi primi aiutanti. È lecito presumere che la fondazione della famiglia fosse collegata al fatto che il bisogno della soddisfazione genitale non si comportasse più come un ospite che arriva all'improvviso e dopo essersene andato non si fa sentire per lungo tempo, ma come un inquilino che prende dimora stabilmente. Per questo il maschio fu motivato a tenere presso di sé la femmina, o in generale l'oggetto sessuale; la donna, che non voleva separarsi dai suoi piccoli inermi, doveva, nel

nicht trennen wollten, mußten auch in deren Interesse beim stärkeren Männchen bleiben.[14] In dieser

[14] Die organische Periodizität des Sexualvorgangs ist zwar erhalten gelieben, aber ihr Einfluß auf die psychische Sexualerregung hat sich eher ins Gegenteil verkehrt. Diese Veränderung hängt am ehesten zusammen mit dem Zurücktreten der Geruchsreize, durch welche der Menstruationsvorgang auf die männliche Psyche einwirkte. Deren Rolle wurde von Gesichtserregungen übernommen, die im Gegensatz zu den intermittierenden Geruchsreizen eine permanente Wirkung unterhalten konnten. Das Tabu der Menstruation entstammt dieser „organischen Verdrängung" als Abwehr einer überwundenen Entwicklungsphase; alle anderen Motivierungen sind wahrscheinlich sekundärer Natur. (Vgl. C. D. Daly, *Hindumythologie und Kastrationskomplex*, Imago XIII, 1927). Dieser Vorgang wiederholt sich auf anderem Niveau, wenn die Götter einer überholten Kulturperiode zu Dämonen werden. Das Zurücktreten der Geruchsreize scheint aber selbst Folge der Abwendung des Menschen von der Erde, des Entschlusses zum aufrechten Gang, der nun die bisher gedeckten Genitalien sichtbar und schutzbedürftig macht und so das Schämen hervorruft. Am Beginne des verhängnisvollen Kulturprozesses stünde also die Aufrichtung des Menschen. Die Verkettung läuft von hier aus über die Entwertung der Geruchsreize und die Isolierung der Periode zum Übergewicht der Gesichtsreize, Sichtbarwerden der Genitalien, weiter zur Kontinuität der Sexualerregung, Gründung der Familie und damit zur Schwelle der menschlichen Kultur. Dies ist nur eine theoretische Spekulation, aber wichtig genug, um eine exakte Nachprüfung an den Lebensverhältnissen der dem Menschen nahestehenden Tiere zu verdienen.

Auch in dem Kulturstreben nach Reinlichkeit, das in hygienischen Rücksichten eine nachträgliche Rechtfertigung findet, aber sich bereits vor dieser Einsicht geäußert hat, ist ein soziales Moment unverkennbar. Der Antrieb zur Reinlichkeit entspringt dem Drang nach Beseitigung der Exkremente, die der Sinneswahrnehmung unangenehm geworden sind. Wir wissen, daß es in der Kinderstube anders ist. Die Exkremente erregen beim Kinde keinen Abscheu, erscheinen ihm als losgelöster Teil seines Körpers wertvoll. Die Erziehung dringt hier besonders energisch auf die Beschleunigung des bevorstehenden Entwicklungsganges, der die Exkremente wertlos, ekelhaft, abscheulich und verwerflich machen soll. Eine solche Umwertung wäre kaum möglich, wenn diese dem Körper entzogenen Stoffe nicht durch ihre starken Gerüche verurteilt wären, an dem Schicksal teilzunehmen, das nach der Aufrichtung des Menschen vom Boden den Geruchsreizen vorbehalten ist. Die Analerotik erliegt also zunächst der „organischen Verdrängung", die den Weg zur Kultur gebahnt

loro interesse, rimanere con il maschio, che era più forte.[14] In questa famiglia primitiva manca

[14] La periodicità organica del processo sessuale si è innegabilmente conservata, ma il suo influsso sull'eccitamento sessuale psichico si è trasformato nel suo contrario. Questo cambiamento è correlato soprattutto alla riduzione degli stimoli olfattivi attraverso i quali il processo della mestruazione agiva sulla psiche maschile. Al loro posto subentrarono gli eccitamenti visivi, che, a differenza degli intermittenti stimoli olfattivi, potevano esercitare un effetto permanente. Il tabù della mestruazione nasce da questa "rimozione organica" come difesa contro una fase evolutiva superata; tutte le altre motivazioni sono probabilmente di natura secondaria (cfr. C.D. Daly, *Hindumythologie und Kastrationskomplex*, in "Imago", vol. XIII, 1927). Questo processo si ripete a un altro livello quando gli dèi di un periodo di civiltà superato si trasformano in demoni. La diminuzione degli stimoli olfattivi, poi, sembra una conseguenza dell'aver assunto un'andatura eretta: alzandosi sugli arti inferiori i genitali, fino a quel momento nascosti, diventarono visibili e bisognosi di protezione, e questo generò la vergogna. All'inizio del fatale processo di incivilimento ci sarebbe dunque la posizione eretta dell'uomo. La catena degli eventi, dopo essere passata attraverso la svalutazione degli stimoli olfattivi e l'isolamento del periodo mestruale, procedette fino ad attribuire preponderanza agli stimoli visivi, alla visibilità dei genitali e, da lì, alla continuità dell'eccitamento sessuale, alla fondazione della famiglia e così alla soglia della civiltà umana. Questa è solo una speculazione teorica, ma abbastanza importante da meritare un raffronto con le condizioni di vita degli animali più vicini all'uomo.

Anche nella tendenza della civiltà alla pulizia – che trova una giustificazione posteriore in considerazioni legate all'igiene, ma che si era già manifestata prima che si sviluppassero le conoscenze in proposito – è inconfondibile la presenza di un fattore sociale. L'impulso alla pulizia ha origine dalla necessità di eliminare gli escrementi, divenuti sgraditi alla percezione sensoriale. Sappiamo che nell'infanzia le cose sono diverse. Gli escrementi non suscitano disgusto nei bambini, ai quali sembrano parti preziose che si sono staccate dal loro corpo. Qui l'educazione insiste con particolare forza ad affrettare la successiva tappa dello sviluppo, che rende gli escrementi privi di valore, disgustosi, nauseabondi e riprovevoli. Un simile rovesciamento dei valori sarebbe quasi impossibile se le sostanze espulse dal corpo non fossero condannate per il loro odore pungente a condividere il destino toccato agli stimoli olfattivi dopo l'assunzione della posizione eretta. L'erotismo anale, perciò, soccombe prima di tutto alla "rimozione organica" che ha spianato la strada alla civiltà. L'esistenza del

primitiven Familie vermissen wir noch einen wesentlichen Zug der Kultur; die Willkür des Oberhauptes und Vaters war unbeschränkt. In *Totem und Tabu* habe ich versucht, den Weg aufzuzeigen, der von dieser Familie zur nächsten Stufe des Zusammenlebens in Form der Brüderbünde führte. Bei der Überwältigung des Vaters hatten die Söhne die Erfahrung gemacht, daß eine Vereinigung stärker sein kann als der einzelne. Die totemistische Kultur ruht auf den Einschränkungen, die sie zur Aufrechthaltung des neuen Zustandes einander auferlegen mußten. Die Tabuvorschriften waren das erste „Recht". Das Zusammenleben der Menschen war also zweifach begründet durch den Zwang zur Arbeit, den die äußere Not schuf, und durch die Macht der Liebe, die von seiten des Mannes das Sexualobjekt im Weibe, von seiten des Weibes das von ihr abgelöste Teilstück des Kindes nicht entbehren wollte. Eros und Ananke sind auch die Eltern der menschlichen Kultur geworden. Der erste Kulturerfolg war, daß nun auch eine größere Anzahl von Menschen in Gemeinschaft bleiben konnten. Und da beide großen Mächte

hat. Der soziale Faktor, der die weitere Umwandlung der Analerotik besorgt, bezeugt sich durch die Tatsache, daß trotz aller Entwicklungsfortschritte dem Menschen der Geruch der eigenen Exkremente kaum anstößig ist, immer nur der der Ausscheidungen des anderen. Der Unreinliche, d. h. der, der seine Exkremente nicht verbirgt, beleidigt also den anderen, zeigt keine Rücksicht für ihn, und dasselbe besagen ja auch die kräftigsten, gebräuchlichsten Beschimpfungen. Es wäre auch unverständlich, daß der Mensch den Namen seines treuesten Freundes in der Tierwelt als Schimpfwort verwendet, wenn der Hund nicht durch zwei Eigenschaften die Verachtung des Menschen auf sich zöge, daß er ein Geruchstier ist, das sich vor Exkrementen nicht scheut, und daß er sich seiner sexuellen Funktionen nicht schämt.

ancora un tratto essenziale della civiltà: l'arbitrio del padre e capo supremo era illimitato. In *Totem e tabù* ho cercato di mostrare il cammino che portò da questa famiglia allo stadio successivo della vita in comune, nella forma di alleanza tra fratelli. Sopraffacendo il padre, i figli avevano sperimentato che l'unione può essere più forte dei singoli. La civiltà totemica si basa sulle restrizioni che i fratelli hanno dovuto imporsi a vicenda per mantenere il nuovo stato di cose. Le prescrizioni dei tabù furono il primo "diritto". La vita in comune ebbe quindi un duplice fondamento: la costrizione al lavoro, creata dalla necessità esterna, e il potere dell'amore, in virtù del quale il maschio non voleva rinunciare all'oggetto sessuale, cioè alla femmina, e lei non era disposta a rinunciare alla parte che da lei si era separata, cioè il figlio. Eros e Ananke [amore e necessità] sono diventati dunque i progenitori della civiltà umana. La prima conseguenza dell'incivilimento è stata che un numero abbastanza grande di persone fu in grado di vivere insieme in una comunità. Dal momento che quelle due grandi forze agivano congiunta-

fattore sociale, responsabile dell'ulteriore trasformazione dell'erotismo anale, è attestata dal fatto che, nonostante tutti i progressi evolutivi, l'uomo non trova particolarmente ripugnante l'odore dei propri escrementi, ma solo quello degli escrementi altrui. Quindi una persona che non è pulita, che cioè non nasconde i propri escrementi, offende gli altri, non mostra per loro alcuna considerazione, come è confermato dagli insulti più forti e di uso comune. Sarebbe inconcepibile, inoltre, che l'uomo usasse come insulto il nome del suo più fedele amico nel mondo animale, il cane, se questa creatura non si fosse attirata il suo disprezzo per due caratteristiche: l'essere un animale il cui senso predominante è l'olfatto, ma che non prova disgusto per gli escrementi, e il non avere vergogna delle proprie funzioni sessuali.

dabei zusammenwirkten, könnte man erwarten, daß sich die weitere Entwicklung glatt vollziehen würde, zu immer besserer Beherrschung der Außenwelt wie zur weiteren Ausdehnung der von der Gemeinschaft umfaßten Menschenzahl. Man versteht auch nicht leicht, wie diese Kultur auf ihre Teilnehmer anders als beglückend wirken kann.

Ehe wir noch untersuchen, woher eine Störung kommen kann, lassen wir uns durch die Anerkennung der Liebe als einer Grundlage der Kultur ablenken, um eine Lücke in einer früheren Erörterung auszufüllen. Wir sagten, die Erfahrung, daß die geschlechtliche (genitale) Liebe dem Menschen die stärksten Befriedigungserlebnisse gewähre, ihm eigentlich das Vorbild für alles Glück gebe, müßte es nahegelegt haben, die Glücksbefriedigung im Leben auch weiterhin auf dem Gebiet der geschlechtlichen Beziehungen zu suchen, die genitale Erotik in den Mittelpunkt des Lebens zu stellen. Wir setzten fort, daß man sich auf diesem Wege in bedenklichster Weise von einem Stück der Außenwelt, nämlich vom gewählten Liebesobjekt, abhängig mache und dem stärksten Leiden aussetze, wenn man von diesem verschmäht werde oder es durch Untreue oder Tod verliere. Die Weisen aller Zeiten haben darum nachdrücklichst von diesem Lebensweg abgeraten; er hat dennoch für eine große Anzahl von Menschenkindern seine Anziehung nicht verloren.

Einer geringen Minderzahl wird es durch ihre Konstitution ermöglicht, das Glück doch auf dem Wege der Liebe zu finden, wobei aber weitgehende seelische Abänderungen der Liebesfunktion uner-

mente, si può presumere che si sia compiuto agevolmente lo sviluppo successivo della civiltà verso un controllo sempre migliore sul mondo esterno e verso un ulteriore allargamento del numero delle persone comprese nella comunità. Non è facile comprendere come questa civiltà possa agire su chi ne fa parte se non per renderli felici.

Prima di proseguire nella ricerca di una possibile causa del disturbo, mi sia concessa una digressione, per colmare una lacuna lasciata in una discussione precedente, ritornando al riconoscimento dell'amore come uno dei fondamenti della civiltà. Abbiamo detto che la scoperta che l'amore sessuale (genitale) gli procurava l'esperienza più intensa di soddisfacimento, assurgendo per lui a modello di felicità, deve avere indotto l'uomo a credere che la felicità nella vita andasse ulteriormente cercata nell'ambito delle relazioni sessuali, mettendo l'erotismo genitale al centro della propria esistenza. Così facendo, l'uomo ha sviluppato una pericolosa dipendenza da una parte del mondo esterno, ovvero l'oggetto d'amore prescelto, e si è esposto alle peggiori sofferenze, nel caso ne fosse respinto o lo perdesse per infedeltà o morte. I saggi di ogni tempo, pertanto, ci hanno sempre messo in guardia contro questo modo di vivere, che tuttavia per un grandissimo numero di uomini e donne non ha perso la sua attrattiva.

A una piccola minoranza di persone, per come sono fatte, risulta comunque possibile trovare la felicità sulla strada dell'amore, ma perché ciò avvenga sono necessarie vaste modificazioni psichiche della funzione amorosa. Queste persone si

läßlich sind. Diese Personen machen sich von der Zustimmung des Objekts unabhängig, indem sie den Hauptwert vom Geliebtwerden auf das eigene Lieben verschieben, sie schützen sich gegen dessen Verlust, indem sie ihre Liebe nicht auf einzelne Objekte, sondern in gleichem Maße auf alle Menschen richten, und sie vermeiden die Schwankungen und Enttäuschungen der genitalen Liebe dadurch, daß sie von deren Sexualziel ablenken, den Trieb in eine *zielgehemmte* Regung verwandeln. Was sie auf diese Art bei sich zustande bringen, der Zustand eines gleichschwebenden, unbeirrbaren, zärtlichen Empfindens, hat mit dem stürmisch bewegten, genitalen Liebesleben, von dem es doch abgeleitet ist, nicht mehr viel äußere Ähnlichkeit. Der heilige Franciscus von Assisi mag es in dieser Ausnützung der Liebe für das innere Glücksgefühl am weitesten gebracht haben; was wir als eine der Techniken der Erfüllung des Lustprinzips erkennen, ist auch vielfach in Beziehung zur Religion gebracht worden, mit der es in jenen entlegenen Regionen zusammenhängen mag, wo die Unterscheidung des Ichs von den Objekten und dieser voneinander vernachlässigt wird. Eine ethische Betrachtung, deren tiefere Motivierung uns noch offenbar werden wird, will in dieser Bereitschaft zur allgemeinen Menschen- und Weltliebe die höchste Einstellung sehen, zu der sich der Mensch erheben kann. Wir möchten schon hier unsere zwei hauptsächlichen Bedenken nicht zurückhalten. Eine Liebe, die nicht auswählt, scheint uns einen Teil ihres eigenen Wertes einzubüßen, indem sie an dem Objekt ein Unrecht tut. Und weiter: Es sind nicht alle Menschen liebenswert.

rendono indipendenti dal consenso del loro oggetto, attribuendo più valore all'amare che all'essere amati; si proteggono dalla perdita rivolgendo il loro amore non a singoli oggetti ma a tutti gli uomini in ugual misura; ed evitano le incertezze e le delusioni dell'amore genitale deviandolo dai suoi obiettivi sessuali e trasformando la pulsione in un moto *inibito nella meta*. Lo stato che raggiungono, un sentire sospeso, inalterabile, delicato, esternamente somiglia poco all'agitazione tempestosa dell'amore genitale, dal quale pure deriva. Forse san Francesco d'Assisi è colui che ha portato al massimo questo impiego dell'amore per raggiungere il sentimento interiore di felicità; quella che abbiamo individuato è una delle tecniche per soddisfare il principio di piacere, ma spesso è stata messa in relazione con la religione, con la quale può essere collegata in quelle remote regioni in cui la distinzione fra l'Io e gli oggetti, e degli oggetti fra loro, viene trascurata. Secondo un giudizio etico, la cui motivazione profonda ci sarà presto chiara, la disponibilità a un amore universale, che comprenda l'umanità e il mondo, è il grado più elevato a cui l'uomo possa aspirare. Vorrei fin da ora esporre le mie due obiezioni principali. Un amore che non sceglie mi sembra rinunciare a una parte del proprio valore, poiché fa un'ingiustizia al suo oggetto, e, in secondo luogo, non tutti gli uomini sono degni di amore.

Jene Liebe, welche die Familie gründete, bleibt in ihrer ursprünglichen Ausprägung, in der sie auf direkte sexuelle Befriedigung nicht verzichtet, sowie in ihrer Modifikation als zielgehemmte Zärtlichkeit in der Kultur weiter wirksam. In beiden Formen setzt sie ihre Funktion fort, eine größere Anzahl von Menschen aneinander zu binden und in intensiverer Art, als es dem Interesse der Arbeitsgemeinschaft gelingt. Die Nachlässigkeit der Sprache in der Anwendung des Wortes „Liebe“ findet eine genetische Rechtfertigung. Liebe nennt man die Beziehung zwischen Mann und Weib, die auf Grund ihrer genitalen Bedürfnisse eine Familie gegründet haben, Liebe aber auch die positiven Gefühle zwischen Eltern und Kindern, zwischen den Geschwistern in der Familie, obwohl wir diese Beziehung als zielgehemmte Liebe, als Zärtlichkeit, beschreiben müssen. Die zielgehemmte Liebe war eben ursprünglich vollsinnliche Liebe und ist es im Unbewußten des Menschen noch immer. Beide, vollsinnliche und zielgehemmte Liebe, greifen über die Familie hinaus und stellen neue Bindungen an bisher Fremde her. Die genitale Liebe führt zu neuen Familienbildungen, die zielgehemmte zu „Freundschaften“, welche kulturell wichtig werden, weil sie manchen Beschränkungen der genitalen Liebe, z. B. deren Ausschließlichkeit, entgehen. Aber das Verhältnis der Liebe zur Kultur verliert im Verlaufe der Entwicklung seine Eindeutigkeit. Einerseits widersetzt sich die Liebe den Interessen der Kultur, andererseits bedroht die Kultur die Liebe mit empfindlichen Einschränkungen.

Diese Entzweiung scheint unvermeidlich; ihr

L'amore che ha fondato la famiglia continua a operare nella civiltà sia nella sua forma originaria, in cui non rinuncia al soddisfacimento sessuale diretto, sia nella forma modificata, come tenerezza inibita nella meta. In entrambe le forme esercita la sua funzione di legare fra loro un numero considerevole di persone, con un'intensità maggiore di quella che deriva dall'interesse del lavoro in comune. L'imprecisione linguistica nell'uso della parola "amore" trova una giustificazione genetica. Si definisce amore sia la relazione fra uomo e donna, che, sulla base dei loro bisogni genitali, hanno formato una famiglia, sia i sentimenti positivi fra genitori e figli, fratelli e sorelle, sebbene queste relazioni andrebbero definite come amore inibito nella meta o tenerezza. L'amore inibito nella meta era in origine pienamente sensuale e lo è ancora nell'inconscio dell'uomo. Entrambi, l'amore pienamente sensuale e quello inibito nella meta, vanno al di là della cerchia della famiglia e generano nuovi legami con persone in precedenza estranee. L'amore genitale porta a nuovi legami famigliari, quello inibito nella meta ad "amicizie", che sono importanti per la civiltà perché sfuggono ad alcune limitazioni dell'amore genitale, per esempio l'esclusività. La correlazione dell'amore con la civiltà, però, nel corso dell'evoluzione perde la sua univocità. Da un lato l'amore si oppone agli interessi della civiltà, dall'altro la civiltà minaccia l'amore con gravi restrizioni.

Questo conflitto sembra insanabile, e la sua

Grund ist nicht sofort zu erkennen. Sie äußert sich zunächst als ein Konflikt zwischen der Familie und der größeren Gemeinschaft, der der einzelne angehört. Wir haben bereits erraten, daß es eine der Hauptbestrebungen der Kultur ist, die Menschen zu großen Einheiten zusammenzuballen. Die Familie will aber das Individuum nicht freigeben. Je inniger der Zusammenhalt der Familienmitglieder ist, desto mehr sind sie oft geneigt, sich von anderen abzuschließen, desto schwieriger wird ihnen der Eintritt in den größeren Lebenskreis. Die phylogenetisch ältere, in der Kindheit allein bestehende Weise des Zusammenlebens wehrt sich, von der später erworbenen kulturellen abgelöst zu werden. Die Ablösung von der Familie wird für jeden Jugendlichen zu einer Aufgabe, bei deren Lösung ihn die Gesellschaft oft durch Pubertäts- und Aufnahmsriten unterstützt. Man gewinnt den Eindruck, dies seien Schwierigkeiten, die jeder psychischen, ja im Grunde auch jeder organischen Entwicklung anhängen.

Ferner treten bald die Frauen in einen Gegensatz zur Kulturströmung und entfalten ihren verzögernden und zurückhaltenden Einfluß, dieselben, die anfangs durch die Forderungen ihrer Liebe das Fundament der Kultur gelegt haben. Die Frauen vertreten die Interessen der Familie und des Sexuallebens; die Kulturarbeit ist immer mehr Sache der Männer geworden, stellt ihnen immer schwierigere Aufgaben, nötigt sie zu Triebsublimierungen, denen die Frauen wenig gewachsen sind. Da der Mensch nicht über unbegrenzte Quantitäten psychischer Energie verfügt, muß er seine Aufgaben durch zweckmäßige

causa non è immediatamente rintracciabile. Si manifesta in principio come un conflitto fra la famiglia e la comunità più ampia a cui il singolo appartiene. Abbiamo già notato che uno degli intenti principali della civiltà è quello di raccogliere gli uomini in grandi unità. La famiglia, al contrario, non vuole lasciare libero l'individuo. Più stretto è il rapporto fra i membri, più tendono a isolarsi dagli altri, rendendo difficile per loro entrare in una cerchia più ampia. La forma di vita in comune filogeneticamente più antica, che è l'unica esistente nell'infanzia, si rifiuta di essere dissolta dalla forma civile che si sviluppa più tardi. Per ogni giovane il distacco dalla famiglia diventa un compito nel cui adempimento è spesso aiutato dalla società con i riti della pubertà e dell'iniziazione. Si ha l'impressione che queste siano difficoltà inerenti a ogni sviluppo psichico, e, in sostanza, anche a ogni sviluppo organico.

Le donne, inoltre, entrano presto in contrasto con la corrente della civiltà ed esercitano il loro influsso ritardandola e trattenendola; inizialmente sono state le donne stesse, con le pretese del loro amore, a porre il fondamento della civiltà. Rappresentano gli interessi della famiglia e della vita sessuale; il lavoro, nel corso dell'evoluzione della civiltà, è diventato appannaggio dei maschi, un compito sempre più difficile che richiede una sublimazione pulsionale a cui le donne sono poco avvezze. Poiché l'uomo non ha a disposizione quantità illimitate di energia psichica, deve assolvere ai suoi compiti mediante

Verteilung der Libido erledigen. Was er für kulturelle Zwecke verbraucht, entzieht er großenteils den Frauen und dem Sexualleben: das beständige Zusammensein mit Männern, seine Abhängigkeit von den Beziehungen zu ihnen entfremden ihn sogar seinen Aufgaben als Ehemann und Vater. So sieht sich die Frau durch die Ansprüche der Kultur in den Hintergrund gedrängt und tritt zu ihr in ein feindliches Verhältnis.

Von seiten der Kultur ist die Tendenz zur Einschränkung des Sexuallebens nicht minder deutlich als die andere zur Ausdehnung des Kulturkreises. Schon die erste Kulturphase, die des Totemismus, bringt das Verbot der inzestuösen Objektwahl mit sich, vielleicht die einschneidendste Verstümmelung, die das menschliche Liebesleben im Laufe der Zeiten erfahren hat. Durch Tabu, Gesetz und Sitte werden weitere Einschränkungen hergestellt, die sowohl die Männer als die Frauen betreffen. Nicht alle Kulturen gehen darin gleich weit; die wirtschaftliche Struktur der Gesellschaft beeinflußt auch das Maß der restlichen Sexualfreiheit. Wir wissen schon, daß die Kultur dabei dem Zwang der ökonomischen Notwendigkeit folgt, da sie der Sexualität einen großen Betrag der psychischen Energie entziehen muß, die sie selbst verbraucht. Dabei benimmt sich die Kultur gegen die Sexualität wie ein Volksstamm oder eine Schichte der Bevölkerung, die eine andere ihrer Ausbeutung unterworfen hat. Die Angst vor dem Aufstand der Unterdrückten treibt zu strengen Vorsichtsmaßregeln. Einen Höhepunkt solcher Entwicklung zeigt unsere westeuropäische Kultur. Es ist psychologisch durchaus be-

un'opportuna distribuzione della libido. In gran parte sottrae alle donne e alla vita sessuale ciò di cui ha bisogno per scopi civili: la sua continua associazione con altri uomini e la dipendenza dalle relazioni con loro lo allontanano persino dai suoi doveri di marito e padre. Così le esigenze della civiltà finiscono per relegare la donna sullo sfondo, e lei adotta un atteggiamento ostile nei suoi confronti.

Da parte della civiltà, la tendenza a limitare la vita sessuale non è meno evidente della spinta ad allargare la propria cerchia. Già la prima fase della civiltà, quella del totemismo, porta con sé la proibizione della scelta incestuosa dell'oggetto, forse la mutilazione più drastica che la vita erotica dell'uomo abbia subìto nel corso delle epoche. Ulteriori restrizioni vengono imposte dai tabù, dalle leggi e dai costumi che riguardano tanto gli uomini quanto le donne. Non tutte le civiltà prevedono le stesse limitazioni; sulla quantità di libertà sessuale concessa influisce anche la struttura economica della società. Sappiamo già che in queste cose la civiltà obbedisce alle costrizioni dettate dalla necessità economica, poiché deve sottrarre alla sessualità una grande quantità dell'energia psichica di cui ha bisogno. In questo senso la civiltà agisce nei confronti della sessualità come una stirpe o uno strato della popolazione che ne abbia assoggettato un altro per sfruttarlo. Il timore di una rivolta di chi è stato assoggettato porta a misure cautelative più rigide. La nostra civiltà europea occidentale ha raggiunto la vetta di questo sviluppo. Senza dubbio è psicologicamente

rechtigt, daß sie damit einsetzt, die Äußerungen des kindlichen Sexuallebens zu verpönen, denn die Eindämmung der sexuellen Gelüste der Erwachsenen hat keine Aussicht, wenn ihr nicht in der Kindheit vorgearbeitet wurde. Nur läßt es sich auf keine Art rechtfertigen, daß die Kulturgesellschaft so weit gegangen ist, diese leicht nachweisbaren, ja auffälligen Phänomene auch zu leugnen. Die Objektwahl des geschlechtsreifen Individuums wird auf das gegenteilige Geschlecht eingeengt, die meisten außergenitalen Befriedigungen als Perversionen untersagt. Die in diesen Verboten kundgegebene Forderung eines für Alle gleichartigen Sexuallebens setzt sich über die Ungleichheiten in der angeborenen und erworbenen Sexualkonstitution der Menschen hinaus, schneidet eine ziemliche Anzahl von ihnen vom Sexualgenuß ab und wird so die Quelle schwerer Ungerechtigkeit. Der Erfolg dieser einschränkenden Maßregeln könnte nun sein, daß bei denen, die normal, die nicht konstitutionell daran verhindert sind, alles Sexualinteresse ohne Einbuße in die offen gelassenen Kanäle einströmt. Aber was von der Ächtung frei bleibt, die heterosexuelle, genitale Liebe wird durch die Beschränkungen der Legitimität und der Einehe weiter beeinträchtigt. Die heutige Kultur gibt deutlich zu erkennen, daß sie sexuelle Beziehungen nur auf Grund einer einmaligen, unauflösbaren Bindung eines Mannes an ein Weib gestatten will, daß sie die Sexualität als selbständige Lustquelle nicht mag und sie nur als bisher unersetzte Quelle für die Vermehrung der Menschen zu dulden, gesinnt ist.

giustificato che essa proibisca fin dall'inizio le manifestazioni della vita sessuale nei bambini: sarebbe ben più arduo domare i desideri sessuali degli adulti se non si preparasse il terreno nell'infanzia. Non è invece giustificabile che una società civile arrivi a rinnegare questi fenomeni, che non solo sono facilmente dimostrabili ma addirittura vistosi. La scelta dell'oggetto da parte dell'individuo sessualmente maturo viene ristretta al sesso opposto, e la maggior parte dei soddisfacimenti extragenitali è additata come perversione e proibita. La pretesa, evidente in questi divieti, di una vita sessuale identica per tutti non tiene conto delle differenze nella costituzione sessuale innata e acquisita degli esseri umani, priva un numero significativo di essi del godimento sessuale e diventa fonte di una grave ingiustizia. Il risultato di queste misure restrittive potrebbe essere che le persone normali, non impedite costituzionalmente, convoglino ogni interesse sessuale nei canali lasciati aperti. Ma quello che non è proibito, ovvero l'amore genitale eterosessuale, viene a sua volta limitato dalle barriere della legittimità e della monogamia. La civiltà di oggi lascia chiaramente intendere che permetterà relazioni sessuali solo sulla base di un legame unico e inscindibile fra un uomo e una donna, che non approva la sessualità come fonte di piacere fine a se stessa ed è disposta a tollerarla solo come mezzo, fin qui insostituibile, per la perpetuazione della specie umana.

Das ist natürlich ein Extrem. Es ist bekannt, daß es sich als undurchführbar, selbst für kürzere Zeiten, erwiesen hat. Nur die Schwächlinge haben sich einem so weitgehenden Einbruch in ihre Sexualfreiheit gefügt, stärkere Naturen nur unter einer kompensierenden Bedingung, von der später die Rede sein kann. Die Kulturgesellschaft hat sich genötigt gesehen, viele Überschreitungen stillschweigend zuzulassen, die sie nach ihren Satzungen hätte verfolgen müssen. Doch darf man nicht nach der anderen Seite irregehen und annehmen, eine solche kulturelle Einstellung sei überhaupt harmlos, weil sie nicht alle ihre Absichten erreiche. Das Sexualleben des Kulturmenschen ist doch schwer geschädigt, es macht mitunter den Eindruck einer in Rückbildung befindlichen Funktion, wie unser Gebiß und unsere Kopfhaare als Organe zu sein scheinen. Man hat wahrscheinlich ein Recht anzunehmen, daß seine Bedeutung als Quelle von Glücksempfindungen, also in der Erfüllung unseres Lebenszweckes, empfindlich nachgelassen hat.[15] Manchmal glaubt man zu erkennen, es sei nicht allein der Druck der Kultur, sondern etwas am Wesen der Funktion selbst versage uns die volle Befriedigung und dränge uns auf andere Wege. Es mag ein Irrtum sein, es ist schwer zu entscheiden.[16]

[15] Unter den Dichtungen des feinsinnigen Engländers J. Galsworthy, der sich heute allgemeiner Anerkennung erfreut, schätzte ich früh eine kleine Geschichte, betitelt: *The Appletree*. Sie zeigt in eindringlicher Weise, wie im Leben des heutigen Kulturmenschen für die einfache, natürliche Liebe zweier Menschenkinder kein Raum mehr ist.

[16] Folgende Bemerkungen, um die oben ausgesprochene Vermutung

Questo è ovviamente un estremo, che si è dimostrato irrealizzabile, perfino per brevi periodi di tempo. Solo i deboli si sono assoggettati a un'ingerenza così estesa nella loro libertà sessuale, le nature più forti l'hanno accettata unicamente in condizioni compensative, di cui parleremo più avanti. La società civile si è vista costretta a lasciar passare sotto silenzio molte trasgressioni che, stando alle sue regole, avrebbe dovuto perseguire. Non bisogna tuttavia ingannarsi nel senso opposto e ritenere che, poiché non raggiunge tutti i suoi obiettivi, un simile atteggiamento sia innocuo. La vita sessuale degli uomini civili ne è comunque fortemente danneggiata, dando l'impressione di essere una funzione in via di involuzione, così come sembra avvenire per organi come i denti e i capelli. Si è forse nel giusto a ritenere che la sua importanza come fonte di sentimenti di felicità, quindi per l'adempimento dello scopo della nostra vita, sia sensibilmente diminuita.[15] A volte si ha la sensazione che non sia solo la pressione della civiltà, bensì qualcosa nella natura della funzione sessuale stessa a impedirci il pieno soddisfacimento e spingerci su altre strade. Potrebbe essere un errore, è difficile stabilirlo.[16]

[15] Fra le opere del fine narratore inglese John Galsworthy, che oggi gode di un riconoscimento generale, ho apprezzato da tempo un breve racconto, che si intitola *L'albero delle mele*. Mostra in modo convincente che nella vita degli odierni uomini civilizzati non vi è più posto per l'amore semplice, naturale fra due esseri umani.

[16] Alcune annotazioni a sostegno della congettura esposta nel testo.

zu stützen: Auch der Mensch ist ein Tierwesen von unzweideutig bisexueller Anlage. Das Individuum entspricht einer Verschmelzung zweier symmetrischer Hälften, von denen nach Ansicht mancher Forscher die eine rein männlich, die andere weiblich ist. Ebensowohl ist es möglich, daß jede Hälfte ursprünglich hermaphroditisch war. Die Geschlechtlichkeit ist eine biologische Tatsache, die, obwohl von außerordentlicher Bedeutung für das Seelenleben, psychologisch schwer zu erfassen ist. Wir sind gewohnt zu sagen: jeder Mensch zeige sowohl männliche als weibliche Triebregungen, Bedürfnisse, Eigenschaften, aber den Charakter des Männlichen und Weiblichen kann zwar die Anatomie, aber nicht die Psychologie aufzeigen. Für sie verblaßt der geschlechtliche Gegensatz zu dem von Aktivität und Passivität, wobei wir allzu unbedenklich die Aktivität mit der Männlichkeit, die Passivität mit der Weiblichkeit zusammenfallen lassen, was sich in der Tierreihe keineswegs ausnahmslos bestätigt. Die Lehre von der Bisexualität liegt noch sehr im dunkeln, und daß sie noch keine Verknüpfung mit der Trieblehre gefunden hat, müssen wir in der Psychoanalyse als schwere Störung verspüren. Wie dem auch sein mag, wenn wir als tatsächlich annehmen, daß der einzelne in seinem Sexualleben männliche wie weibliche Wünsche befriedigen will, sind wir für die Möglichkeit vorbereitet, daß diese Ansprüche nicht durch das nämliche Objekt erfüllt werden und daß sie einander stören, wenn es nicht gelingt, sie auseinanderzuhalten und jede Regung in eine besondere, ihr angemessene Bahn zu leiten. Eine andere Schwierigkeit ergibt sich daraus, daß der erotischen Beziehung außer der ihr eigenen sadistischen Komponente so häufig ein Betrag von direkter Aggressionsneigung beigesellt ist. Das Liebesobjekt wird diesen Komplikationen nicht immer soviel Verständnis und Toleranz entgegenbringen wie jene Bäuerin, die sich beklagt, daß ihr Mann sie nicht mehr liebt, weil er sie seit einer Woche nicht mehr geprügelt hat.

Am tiefsten reicht aber die Vermutung, die an die Ausführungen in der Anmerkung S. 64 f. anknüpft, daß mit der Aufrichtung des Menschen und der Entwertung des Geruchssinnes die gesamte Sexualität, nicht nur die Analerotik, ein Opfer der organischen Verdrängung zu werden drohte, so daß seither die sexuelle Funktion von einem weiter nicht zu begründenden Widerstreben begleitet wird, das eine volle Befriedigung verhindert und vom Sexualziel wegdrängt zu Sublimierungen und Libidoverschiebungen. Ich weiß, daß Bleuler (*Der Sexualwiderstand*. Jahrbuch für psychoanalyt. und psychopathol. Forschungen, Bd. V, 1913) einmal auf das Vorhandensein einer solchen ursprünglichen abweisenden Einstellung zum Sexualleben hingewiesen hat. An der Tatsache des *„Inter urinas et faeces nascimur"* nehmen alle Neurotiker und viele außer ihnen Anstoß. Die Genitalien erzeugen auch starke Geruchsempfindungen, die vielen Menschen unerträglich sind und ihnen den Sexualverkehr verleiden. So ergäbe sich als tiefste Wurzel der mit der Kultur fortschreitenden Sexualverdrängung die organische Abwehr der mit dem aufrechten Gang gewonnenen neuen Lebensform gegen die frühere animalische Existenz, ein Resultat wissenschaftlicher Erforschung, das sich in merkwürdiger Weise

Anche l'uomo è un organismo animale di indubbia tendenza bisessuale. L'individuo corrisponde a una fusione di due unità simmetriche, di cui, secondo l'opinione di alcuni ricercatori, l'una è puramente maschile, l'altra femminile. È ugualmente possibile che ogni metà fosse in origine ermafrodita. La sessualità è un fatto biologico che, benché di straordinaria importanza per la vita psichica, è difficile da afferrare psicologicamente. Siamo abituati a dire che ogni essere umano rivela moti pulsionali, bisogni, proprietà tanto maschili quanto femminili, ma, mentre l'anatomia può mostrare l'elemento caratteristico del maschile e del femminile, la psicologia non può farlo. Per essa il contrasto dei sessi sfuma in quello di attività e passività, dove noi facciamo coincidere con fin troppa facilità l'attività con la mascolinità e la passività con la femminilità, cosa che nel regno animale non trova affatto conferma senza eccezione. La dottrina della bisessualità presenta ancora molti lati oscuri, e il fatto che ancora non si sia trovato un nesso tra essa e la dottrina delle pulsioni costituisce, per la psicoanalisi, un grave impedimento. Comunque stiano le cose, se ammettiamo come dato di fatto che ogni individuo nella sua vita sessuale vuole soddisfare desideri sia maschili sia femminili, non possiamo escludere l'eventualità che queste richieste non siano soddisfatte dallo stesso oggetto e che si disturbino a vicenda, a meno che non riescano a tenersi separate e a guidare ogni impulso su un binario particolare a esso adatto. Un'altra difficoltà sorge perché alla relazione erotica, oltre la componente sadica che le è propria, molto spesso si associa un contributo di aggressività diretta. L'oggetto d'amore non sempre dimostrerà di capire e tollerare queste complicazioni, come le capiva la contadina che si lamentava che il marito non l'amava più perché non la bastonava da una settimana.

La congettura più acuta, però, è quella che si collega alle osservazioni svolte nella prima nota di questo paragrafo: con la posizione eretta e la svalutazione del senso dell'olfatto, l'intera sessualità, non solo l'erotismo anale, ha rischiato di cadere vittima della rimozione organica, e così da allora alla funzione sessuale si accompagna una ripugnanza, ancora più inspiegabile, che impedisce un soddisfacimento completo e distoglie dalla meta sessuale a favore di sublimazioni e spostamenti libidici. So che [Eugen] Bleuler – *Der Sexualwiderstand*, in "Jahrbuch für psychoanalytische und psychopathologische Forschungen", vol. 5, p. 442 (1913) – una volta ha accennato all'esistenza di un simile atteggiamento originario di repulsione per la vita sessuale. Tutti i nevrotici, e molti altri, si scandalizzano del fatto che *"inter urinas et faeces nascimur"*. Anche i genitali producono un odore forte, che a molti risulta insopportabile e diminuisce il piacere dell'amplesso sessuale. Risulterebbe così che la profonda radice della rimozione sessuale – rimozione che va di pari passo con la civiltà – è la difesa organica della nuova forma di vita acquisita con l'andatura eretta rispetto all'esistenza animale precedente: questo risultato della ricerca scientifica collima con banali pregiudizi che spesso si sentono. Nondime-

mit oft laut gewordenen banalen Vorurteilen deckt. Immerhin sind dies derzeit nur ungesicherte, von der Wissenschaft nicht erhärtete Möglichkeiten. Wir wollen auch nicht vergessen, daß trotz der unleugbaren Entwertung der Geruchsreize es selbst in Europa Völker gibt, die die starken, uns so widrigen Genitalgerüche als Reizmittel der Sexualität hochschätzen und auf sie nicht verzichten wollen. (Siehe die folkloristischen Erhebungen auf die „Umfrage" von Iwan Bloch „Über den Geruchssinn in der vita sexualis" in verschiedenen Jahrgängen der „Anthropophyteia" von Friedrich S. Krauß.)

no queste al momento sono solo possibilità, prive di alcuna corroborazione scientifica. Non dobbiamo nemmeno dimenticare che, nonostante l'innegabile svalutazione degli stimoli olfattivi, esistono anche in Europa popoli che apprezzano quei forti odori genitali che per noi sono tanto sgradevoli e li considerano stimoli della sessualità di cui non vorrebbero fare a meno. (Si vedano i folkloristici dati raccolti da Iwan Bloch nella sua "inchiesta" *Über den Geruchssinn in der vita sexualis* in varie annate della rivista di Friedrich S. Krauss, "Anthropophyteia".)

# V

Die psychoanalytische Arbeit hat uns gelehrt, daß gerade diese Versagungen des Sexuallebens von den sogenannten Neurotikern nicht vertragen werden. Sie schaffen sich in ihren Symptomen Ersatzbefriedigungen, die aber entweder an sich Leiden schaffen oder Leidensquelle werden, indem sie ihnen Schwierigkeiten mit Umwelt und Gesellschaft bereiten. Das letztere ist leicht verständlich, das andere gibt uns ein neues Rätsel auf. Die Kultur verlangt aber noch andere Opfer als an Sexualbefriedigung.

Wir haben die Schwierigkeit der Kulturentwicklung als eine allgemeine Entwicklungsschwierigkeit aufgefaßt, indem wir sie auf die Trägheit der Libido zurückführten, auf deren Abneigung, eine alte Position gegen eine neue zu verlassen. Wir sagen ungefähr dasselbe, wenn wir den Gegensatz zwischen Kultur und Sexualität davon ableiten, daß die sexuelle Liebe ein Verhältnis zwischen zwei Personen ist, bei dem ein Dritter nur überflüssig oder störend sein kann, während die Kultur auf Beziehungen unter einer größeren Menschenanzahl ruht. Auf der Höhe eines Liebes-

# V

Il lavoro psicoanalitico ci ha dimostrato che i cosiddetti nevrotici non sono in grado di sopportare le frustrazioni della vita sessuale. Essi si procurano, con i loro sintomi, soddisfacimenti sostitutivi, i quali tuttavia producono sofferenza o di per sé o perché sono d'intralcio nelle relazioni con l'ambiente e la società. Quest'ultima cosa non è difficile da comprendere, l'altra invece ci pone un nuovo problema. Il sacrificio del soddisfacimento sessuale, tuttavia, non è l'unico che la civiltà esige.

Abbiamo trattato la difficoltà dell'evoluzione della civiltà come una difficoltà evolutiva generale, riconducendola all'inerzia della libido, alla sua avversione a lasciare una vecchia posizione per una nuova. Diciamo all'incirca la stessa cosa quando sosteniamo che la contrapposizione fra civiltà e sessualità deriva dal fatto che l'amore sessuale è una relazione fra due persone, in cui una terza può essere superflua o di disturbo, mentre la civiltà si basa su relazioni fra un numero più cospicuo di individui. Al culmine di una relazione amorosa non sussiste alcun interesse

verhältnisses bleibt kein Interesse für die Umwelt übrig; das Liebespaar genügt sich selbst, braucht auch nicht das gemeinsame Kind, um glücklich zu sein. In keinem anderen Falle verrät der Eros so deutlich den Kern seines Wesens, die Absicht, aus mehreren eines zu machen, aber wenn er dies, wie es sprichwörtlich geworden ist, in der Verliebtheit zweier Menschen zueinander erreicht hat, will er darüber nicht hinausgehen.

Wir können uns bisher sehr gut vorstellen, daß eine Kulturgemeinschaft aus solchen Doppelindividuen bestünde, die, in sich libidinös gesättigt, durch das Band der Arbeits- und Interessengemeinschaft miteinander verknüpft sind. In diesem Falle brauchte die Kultur der Sexualität keine Energie zu entziehen. Aber dieser wünschenswerte Zustand besteht nicht und hat niemals bestanden; die Wirklichkeit zeigt uns, daß die Kultur sich nicht mit den ihr bisher zugestandenen Bindungen begnügt, daß sie die Mitglieder der Gemeinschaft auch libidinös aneinander binden will, daß sie sich aller Mittel hiezu bedient, jeden Weg begünstigt, starke Identifizierungen unter ihnen herzustellen, im größten Ausmaße zielgehemmte Libido aufbietet, um die Gemeinschaftsbande durch Freundschaftsbeziehungen zu kräftigen. Zur Erfüllung dieser Absichten wird die Einschränkung des Sexuallebens unvermeidlich. Uns fehlt aber die Einsicht in die Notwendigkeit, welche die Kultur auf diesen Weg drängt und ihre Gegnerschaft zur Sexualität begründet. Es muß sich um einen von uns noch nicht entdeckten störenden Faktor handeln.

Eine der sogenannten Idealforderungen der Kulturgesellschaft kann uns hier die Spur zeigen.

per il mondo circostante; la coppia di amanti basta a se stessa, per essere felice non ha bisogno nemmeno del figlio che ha generato. In nessun altro caso l'Eros mostra altrettanto chiaramente l'essenza del suo essere, l'intento di fare di molti uno, ma, come sappiamo, quando ha raggiunto il suo scopo attraverso l'innamoramento di due esseri umani, si rifiuta di andare oltre.

Fin qui, potremmo dunque immaginarci che una comunità civile consista di tali individui doppi, i quali, libidicamente soddisfatti in se stessi, siano connessi tra loro attraverso la comunanza di lavoro e di interessi. In questo caso la civiltà non avrebbe bisogno di sottrarre energia alla sessualità. Ma questo desiderabile stato di cose non esiste, né è mai esistito; la realtà ci mostra che la civiltà non si accontenta dei legami che finora le sono stati concessi: vuole anche legare libidicamente fra loro i membri della comunità e per farlo si serve di qualunque mezzo, favorisce ogni strada per stabilire fra di essi forti identificazioni, chiama a raccolta grandissime quantità di libido inibita nella meta, in modo da creare legami comunitari mediante relazioni d'amicizia. Per realizzare tali intenti la restrizione della vita sessuale è inevitabile. Non riusciamo tuttavia a comprendere fino in fondo quale necessità porti la civiltà su questa strada, causando il suo antagonismo con la sessualità. Deve trattarsi di un fattore molesto che non abbiamo ancora scoperto.

Uno di quelli che ho definito presupposti ideali della società civile può fornirci un indizio. È

Sie lautet: Du sollst den Nächsten lieben wie dich selbst; sie ist weltberühmt, gewiß älter als das Christentum, das sie als seinen stolzesten Anspruch vorweist, aber sicherlich nicht sehr alt; in historischen Zeiten war sie den Menschen noch fremd. Wir wollen uns naiv zu ihr einstellen, als hörten wir von ihr zum ersten Male Dann können wir ein Gefühl von Überraschung und Befremden nicht unterdrücken. Warum sollen wir das? Was soll es uns helfen? Vor allem aber, wie bringen wir das zustande? Wie wird es uns möglich? Meine Liebe ist etwas mir Wertvolles, das ich nicht ohne Rechenschaft verwerfen darf. Sie legt mir Pflichten auf, die ich mit Opfern zu erfüllen bereit sein muß. Wenn ich einen anderen liebe, muß er es auf irgendeine Art verdienen. (Ich sehe von dem Nutzen, den er mir bringen kann, sowie von seiner möglichen Bedeutung als Sexualobjekt für mich ab; diese beiden Arten der Beziehung kommen für die Vorschrift der Nächstenliebe nicht in Betracht.) Er verdient es, wenn er mir in wichtigen Stücken so ähnlich ist, daß ich in ihm mich selbst lieben kann; er verdient es, wenn er soviel vollkommener ist als ich, daß ich mein Ideal von meiner eigenen Person in ihm lieben kann; ich muß ihn lieben, wenn er der Sohn meines Freundes ist, denn der Schmerz des Freundes, wenn ihm ein Leid zustößt, wäre auch mein Schmerz, ich müßte ihn teilen. Aber wenn er mir fremd ist und mich durch keinen eigenen Wert, keine bereits erworbene Bedeutung für mein Gefühlsleben anziehen kann, wird es mir schwer, ihn zu lieben. Ich tue sogar Unrecht damit, denn meine Liebe wird von allen den Meinen als Bevorzugung ge-

quello che dice: amerai il prossimo tuo come te stesso. È noto a tutto il mondo, è senz'altro più antico del cristianesimo, che se lo intesta come il suo più grande precetto, ma sicuramente non è molto antico; anche in tempi storici era ancora sconosciuto all'uomo. Se adottassimo nei suoi confronti un atteggiamento ingenuo, fingendo di averlo sentito per la prima volta, non potremmo nascondere un senso di sorpresa e disappunto. Perché dovremmo farlo? In che modo ne trarremmo beneficio? Ma, soprattutto, come possiamo metterlo in pratica? Il mio amore è per me una cosa preziosa, e non dovrei buttarlo via senza una buona ragione. Mi impone degli obblighi, per adempiere i quali devo essere disposto a fare dei sacrifici. Se amo un altro, questi deve in qualche modo meritarselo. (Prescindo dai vantaggi che l'altro mi può portare, così come dal suo potenziale valore come mio oggetto sessuale; entrambi questi tipi di relazioni esulano dal precetto dell'amore verso il prossimo.) Lo merita se è simile a me in alcuni aspetti importanti, al punto che in lui io possa amare me stesso; oppure se è tanto più perfetto di me, così che in lui io possa amare l'ideale di persona che vorrei essere; devo amarlo se è figlio di un mio amico, poiché il dolore dell'amico, se al figlio accadesse qualcosa di male, sarebbe anche il mio dolore, un dolore condiviso. Ma se mi è estraneo e non mi può attrarre per il suo valore, o per quello che ha già acquisito nella mia vita emotiva, mi sarà difficile amarlo. Se lo amassi potrei addirittura commettere un'ingiustizia, perché il mio amore è apprezzato dalle persone a me care come un segno di preferenza;

schätzt; es ist ein Unrecht an ihnen, wenn ich den Fremden ihnen gleichstelle. Wenn ich ihn aber lieben soll, mit jener Weltliebe, bloß weil er auch ein Wesen dieser Erde ist wie das Insekt, der Regenwurm, die Ringelnatter, dann wird, fürchte ich, ein geringer Betrag Liebe auf ihn entfallen, unmöglich so viel, als ich nach dem Urteil der Vernunft berechtigt bin, für mich selbst zurückzubehalten. Wozu eine so feierlich auftretende Vorschrift, wenn ihre Erfüllung sich nicht als vernünftig empfehlen kann?

Wenn ich näher zusehe, finde ich noch mehr Schwierigkeiten. Dieser Fremde ist nicht nur im allgemeinen nicht liebenswert, ich muß ehrlich bekennen, er hat mehr Anspruch auf meine Feindseligkeit, sogar auf meinen Haß. Er scheint nicht die mindeste Liebe für mich zu haben, bezeigt mir nicht die geringste Rücksicht. Wenn es ihm einen Nutzen bringt, hat er kein Bedenken, mich zu schädigen, fragt sich dabei auch nicht, ob die Höhe seines Nutzens der Größe des Schadens, den er mir zufügt, entspricht. Ja, er braucht nicht einmal einen Nutzen davon zu haben; wenn er nur irgendeine Lust damit befriedigen kann, macht er sich nichts daraus, mich zu verspotten, zu beleidigen, zu verleumden, seine Macht an mir zu zeigen, und je sicherer er sich fühlt, je hilfloser ich bin, desto sicherer darf ich dies Benehmen gegen mich von ihm erwarten. Wenn er sich anders verhält, wenn er mir als Fremdem Rücksicht und Schonung erweist, bin ich ohnedies, ohne jene Vorschrift, bereit, es ihm in ähnlicher Weise zu vergelten. Ja, wenn jenes großartige Gebot lauten würde: Liebe deinen Nächsten wie dein Nächster

farei un torto a loro, se li mettessi alla pari di un estraneo. Ma se devo amarlo in virtù di quell'amore universale, semplicemente perché anche lui è un abitante di questa terra, come un insetto, un lombrico, o una biscia, allora temo che gli toccherà una parte piccolissima del mio amore, sicuramente inferiore a quella che, in base al giudizio della mia ragione, sono legittimato a provare per me stesso. A che serve un precetto enunciato tanto solennemente, se il suo adempimento non appare razionale?

A un esame più attento, individuo ulteriori difficoltà. Questo estraneo non solo non è degno del mio amore in generale, ma in tutta onestà devo ammettere che anzi merita la mia ostilità, se non il mio odio. Sembra non nutrire per me il minimo amore, non mi mostra alcuna considerazione. Se gli comporta un qualche vantaggio, non ha remore a farmi del male, senza nemmeno chiedersi se il beneficio che ne ricava sia commisurato al male che procura a me. Anzi, non è nemmeno indispensabile che ne tragga un vantaggio: a patto che soddisfi un suo qualsiasi desiderio non gli importa nulla di prendermi in giro, insultarmi, calunniarmi e dimostrarmi la sua forza, e più lui si sente sicuro e io impotente, tanto più mi aspetto che mi tratti in questo modo. Se si comportasse in maniera diversa, se mi mostrasse considerazione e riguardo, sarei pronto a ricambiarlo in ogni caso, e a prescindere da quel precetto. Se quel comandamento grandioso dicesse: ama il prossimo tuo come il prossimo tuo ama te,

dich liebt, dann würde ich nicht widersprechen. Es gibt ein zweites Gebot, das mir noch unfaßbarer scheint und ein noch heftigeres Sträuben in mir entfesselt. Es heißt: Liebe deine Feinde. Wenn ich's recht überlege, habe ich unrecht, es als eine noch stärkere Zumutung abzuweisen. Es ist im Grunde dasselbe.[17]

Ich glaube nun von einer würdevollen Stimme die Mahnung zu hören: Eben darum, weil der Nächste nicht liebenswert und eher dein Feind ist, sollst du ihn lieben wie dich selbst. Ich verstehe dann, das ist ein ähnlicher Fall wie das *Credo quia absurdum*.

Es ist nun sehr wahrscheinlich, daß der Nächste, wenn er aufgefordert wird, mich so zu lieben wie sich selbst, genauso antworten wird wie ich und mich mit den nämlichen Begründungen abweisen wird. Ich hoffe, nicht mit demselben objektiven Recht, aber dasselbe wird auch er meinen. Immerhin gibt es Unterschiede im Verhalten der Menschen, die die Ethik mit Hinwegsetzung über deren Bedingtheit also „gut" und „böse" klassifiziert. Solange diese unleugbaren

[17] Ein großer Dichter darf sich gestatten, schwer verpönte psychologische Wahrheiten wenigstens scherzend zum Ausdruck zu bringen. So gesteht H. Heine: „Ich habe die friedlichste Gesinnung. Meine Wünsche sind: eine bescheidene Hütte, ein Strohdach, aber ein gutes Bett, gutes Essen, Milch und Butter, sehr frisch, vor dem Fenster Blumen, vor der Tür einige schöne Bäume, und wenn der liebe Gott mich ganz glücklich machen will, läßt er mich die Freude erleben, daß an diesen Bäumen etwa sechs bis sieben meiner Feinde aufgehängt werden. Mit gerührtem Herzen werde ich ihnen vor ihrem Tode alle Unbill verzeihen, die sie mir im Leben zugefügt – ja, man muß seinen Feinden verzeihen, aber nicht früher, als bis sie gehenkt werden." (Heine, *Gedanken und Einfälle*.)

non avrei nulla da obiettare. C'è poi un secondo comandamento, che mi risulta ancora più ineffabile e suscita in me un'opposizione ancora più violenta. Ama il tuo nemico. Ma se ci rifletto meglio, non ho ragione di considerarla un'imposizione ancora più incomprensibile. In fondo i due comandamenti sono la stessa cosa.[17]

Mi pare già di sentire il monito: "Proprio perché il tuo prossimo non è degno di amore e addirittura è tuo nemico devi amarlo come te stesso". Capisco allora che questo è un caso simile a quello del *Credo quia absurdum*.

Ora è molto probabile che il mio prossimo, quando viene esortato ad amarmi come se stesso, risponda esattamente come ho fatto io e mi respinga per gli stessi motivi. Spero non fornisca le medesime giustificazioni oggettive, ma la penserà come me. Esistono sempre delle differenze nel comportamento degli uomini, che l'etica, non considerando il fatto che siano condizionate, classifica come "bene" e "male". Finché queste

[17] Un grande poeta può permettersi, almeno scherzando, di esprimere verità psicologiche severamente proibite. Così ammette Heinrich Heine: "Io ho il carattere più pacifico di questo mondo. I miei desideri sono: una modesta capanna con un tetto di paglia, ma un buon letto, buon mangiare, latte e burro molto fresco; dinanzi alla finestra fiori, dinanzi alla porta qualche bell'albero; e se il buon Dio mi volesse rendere del tutto felice, dovrebbe farmi gustare la gioia di vedere a questi alberi appiccati sei o sette dei miei nemici. Commosso nel cuore, allora, dinanzi alla loro morte, loro perdonerei tutte le ingiustizie che mi hanno fatto in vita. Già, si deve perdonare ai propri nemici, ma non prima che si siano impiccati" (*Pensieri e ghiribizzi*) [R. Carabba Editore, Lanciano 1919, 2010, pp. 63-64].

Unterschiede nicht aufgehoben sind, bedeutet die Befolgung der hohen ethischen Forderungen eine Schädigung der Kulturabsichten, indem sie direkte Prämien für das Bösesein aufstellt. Man kann hier die Erinnerung an einen Vorgang nicht abweisen, der sich in der französischen Kammer zutrug, als über die Todesstrafe verhandelt wurde; ein Redner hatte sich leidenschaftlich für ihre Abschaffung eingesetzt und erntete stürmischen Beifall, bis eine Stimme aus dem Saale die Worte dazwischenrief: *„Que messieurs les assassins commencent!“*

Das gern verleugnete Stück Wirklichkeit hinter alledem ist, daß der Mensch nicht ein sanftes, liebebedürftiges Wesen ist, das sich höchstens, wenn angegriffen, auch zu verteidigen vermag, sondern daß er zu seinen Triebbegabungen auch einen mächtigen Anteil von Aggressionsneigung rechnen darf. Infolgedessen ist ihm der Nächste nicht nur möglicher Helfer und Sexualobjekt, sondern auch eine Versuchung, seine Aggression an ihm zu befriedigen, seine Arbeitskraft ohne Entschädigung auszunützen, ihn ohne seine Einwilligung sexuell zu gebrauchen, sich in den Besitz seiner Habe zu setzen, ihn zu demütigen, ihm Schmerzen zu bereiten, zu martern und zu töten. *Homo homini lupus*; wer hat nach allen Erfahrungen des Lebens und der Geschichte den Mut, diesen Satz zu bestreiten? Diese grausame Aggression wartet in der Regel eine Provokation ab oder stellt sich in den Dienst einer anderen Absicht, deren Ziel auch mit milderen Mitteln zu erreichen wäre. Unter ihr günstigen Umständen, wenn die seelischen Gegenkräfte, die sie sonst

innegabili differenze non saranno eliminate, l'obbedienza alle elevate pretese etiche danneggia gli obiettivi della civiltà, poiché prevede dei premi per l'essere malvagi. Viene subito in mente quel che è successo alla Camera francese, mentre era in corso il dibattito sulla pena capitale; un deputato si era espresso con fervore in favore dell'abolizione e stava ricevendo un fragoroso applauso, quando nella sala qualcuno ha urlato: "*Que messieurs les assassins commencent!*".[h]

La parte di verità, spesso negata, dietro tutto questo, è che l'uomo non è un essere mite, bisognoso d'amore, capace, al massimo, di difendersi quando viene attaccato: fra le sue caratteristiche pulsionali, al contrario, va annoverata anche una forte inclinazione all'aggressività. Di conseguenza, per lui il prossimo non è solo un potenziale aiuto o un oggetto sessuale, ma anche qualcuno che lo tenta a sfogare su di lui la propria aggressività, a sfruttare la sua capacità lavorativa senza riconoscergli un compenso, ad abusare sessualmente di lui senza il suo consenso, a impossessarsi di ciò che gli appartiene, a umiliarlo, a provocargli dolore, a torturarlo e ucciderlo. *Homo homini lupus*[i]: chi, davanti a tutte le esperienze della vita e della storia ha il coraggio di contestare tale affermazione? Questa crudele aggressività di regola aspetta una provocazione o viene messa al servizio di qualche altro scopo che si sarebbe potuto raggiungere anche con mezzi più moderati. In circostanze che le sono favorevoli, quando vengono meno le forze psichiche contrarie che sono

hemmen, weggefallen sind, äußert sie sich auch spontan, enthüllt den Menschen als wilde Bestie, der die Schonung der eigenen Art fremd ist. Wer die Greuel der Völkerwanderung, der Einbrüche der Hunnen, der sogenannten Mongolen unter Dschengis Khan und Timurlenk, der Eroberung Jerusalems durch die frommen Kreuzfahrer, ja, selbst noch die Schrecken des letzten Weltkrieges in seine Erinnerung ruft, wird sich vor der Tatsächlichkeit dieser Auffassung demütig beugen müssen.

Die Existenz dieser Aggressionsneigung, die wir bei uns selbst verspüren können, beim anderen mit Recht voraussetzen, ist das Moment, das unser Verhältnis zum Nächsten stört und die Kultur zu ihrem Aufwand nötigt. Infolge dieser primären Feindseligkeit der Menschen gegeneinander ist die Kulturgesellschaft beständig vom Zerfall bedroht. Das Interesse der Arbeitsgemeinschaft würde sie nicht zusammenhalten, triebhafte Leidenschaften sind stärker als vernünftige Interessen. Die Kultur muß alles aufbieten, um den Aggressionstrieben der Menschen Schranken zu setzen, ihre Äußerungen durch psychische Reaktionsbildungen niederzuhalten. Daher also das Aufgebot von Methoden, die die Menschen zu Identifizierungen und zielgehemmten Liebesbeziehungen antreiben sollen, daher die Einschränkung des Sexuallebens und daher auch das Idealgebot, den Nächsten so zu lieben wie sich selbst, das sich wirklich dadurch rechtfertigt, daß nichts anderes der ursprünglichen menschlichen Natur so sehr zuwiderläuft. Durch alle ihre Mühen hat diese Kulturbestrebung bisher nicht sehr viel er-

solite frenarla, si manifesta anche spontaneamente e rivela come l'uomo sia una bestia selvaggia, priva di rispetto per la propria specie. Se si richiamano alla mente le atrocità commesse durante le migrazioni dei popoli, le invasioni degli Unni, o dei cosiddetti Mongoli sotto Gengis Khan e Tamerlano, o la conquista di Gerusalemme da parte dei pii Crociati, o ancora gli orrori della recente Guerra mondiale, chiunque dovrà rassegnarsi a riconoscere la verità di quanto appena esposto.

L'esistenza di questa inclinazione all'aggressività, che possiamo individuare anche in noi stessi e presupporre a ragione negli altri, è il fattore che guasta le nostre relazioni con il prossimo e obbliga la civiltà a un grande dispendio di energie. A causa di questa ostilità primigenia degli uomini l'uno contro l'altro, la società civilizzata è sotto costante minaccia di disintegrarsi. L'interesse del lavoro in comune non basterebbe a tenerla insieme: le passioni pulsionali sono più forti degli interessi razionali. La civiltà deve fare di tutto per porre dei limiti alle pulsioni aggressive dell'uomo e contenerne le manifestazioni mediante la formazione di reazioni psichiche. Da qui derivano l'uso di metodi mirati a provocare negli uomini identificazioni e relazioni d'amore inibite nella meta, le restrizioni alla vita sessuale e anche il comandamento ideale di amare il prossimo come se stessi, la cui giustificazione risiede proprio nel fatto che nient'altro è più in contrasto con la natura originaria dell'uomo. Malgrado l'impegno profuso, questo sforzo della civiltà finora non ha ottenuto

reicht. Die gröbsten Ausschreitungen der brutalen Gewalt hofft sie zu verhüten, indem sie sich selbst das Recht beilegt, an den Verbrechern Gewalt zu üben, aber die vorsichtigeren und feineren Äußerungen der menschlichen Aggression vermag das Gesetz nicht zu erfassen. Jeder von uns kommt dahin, die Erwartungen, die er in der Jugend an seine Mitmenschen geknüpft, als Illusionen fallenzulassen, und kann erfahren, wie sehr ihm das Leben durch deren Übelwollen erschwert und schmerzhaft gemacht wird. Dabei wäre es ein Unrecht, der Kultur vorzuwerfen, daß sie Streit und Wettkampf aus den menschlichen Betätigungen ausschließen will. Diese sind sicherlich unentbehrlich, aber Gegnerschaft ist nicht notwendig Feindschaft, wird nur zum Anlaß für sie mißbraucht.

Die Kommunisten glauben den Weg zur Erlösung vom Übel gefunden zu haben. Der Mensch ist eindeutig gut, seinem Nächsten wohlgesinnt, aber die Einrichtung des privaten Eigentums hat seine Natur verdorben. Besitz an privaten Gütern gibt dem einen die Macht und damit die Versuchung, den Nächsten zu mißhandeln; der vom Besitz Ausgeschlossene muß sich in Feindseligkeit gegen den Unterdrücker auflehnen. Wenn man das Privateigentum aufhebt, alle Güter gemeinsam macht und alle Menschen an deren Genuß teilnehmen läßt, werden Übelwollen und Feindseligkeit unter den Menschen verschwinden. Da alle Bedürfnisse befriedigt sind, wird keiner Grund haben, in dem anderen seinen Feind zu sehen; der notwendigen Arbeit werden sich alle bereitwillig unterziehen. Ich habe nichts mit

grandi risultati. La civiltà spera di prevenire gli eccessi più rozzi della forza bruta, riservando a se stessa il diritto di esercitare la violenza contro i trasgressori, ma la legge non è riuscita a fare nulla contro le manifestazioni più discrete e sottili dell'aggressività umana. Arriva il momento in cui ciascuno di noi deve abbandonare come illusioni le aspettative che in gioventù aveva riposto nei suoi simili, e in cui capisce quanta difficoltà e quanto dolore causi alla sua vita la loro malevolenza. Al contempo sarebbe ingiusto accusare la civiltà di tentare di eliminare dispute e contese dalle attività umane. Sono sicuramente indispensabili, ma l'antagonismo non è per forza inimicizia, viene solo sfruttato come pretesto per quest'ultima.

I comunisti credono di aver trovato la strada per liberarci dal male. L'uomo è indubitabilmente buono e ben disposto verso il suo prossimo, ma l'istituzione della proprietà privata ha corrotto la sua natura. Il possesso di beni dà ad alcuni il potere e, con esso, la tentazione di maltrattare gli altri; chi è escluso dal possesso per ostilità non può che rivoltarsi contro il suo oppressore. Abolendo la proprietà privata, rendendo comuni tutti i beni e consentendo a chiunque di beneficiarne, malevolenza e ostilità scomparirebbero fra gli esseri umani. Essendo soddisfatti tutti i bisogni, nessuno avrebbe motivo di vedere nell'altro un nemico; ciascuno svolgerebbe di buon grado il lavoro necessario. Non entro nel merito della

der wirtschaftlichen Kritik des kommunistischen Systems zu tun, ich kann nicht untersuchen, ob die Abschaffung des privaten Eigentums zweckdienlich und vorteilhaft ist.[18] Aber seine psychologische Voraussetzung vermag ich als haltlose Illusion zu erkennen. Mit der Aufhebung des Privateigentums entzieht man der menschlichen Aggressionslust eines ihrer Werkzeuge, gewiß ein starkes und gewiß nicht das stärkste. An den Unterschieden von Macht und Einfluß, welche die Aggression für ihre Absichten mißbraucht, daran hat man nichts geändert, auch an ihrem Wesen nicht. Sie ist nicht durch das Eigentum geschaffen worden, herrschte fast uneingeschränkt in Urzeiten, als das Eigentum noch sehr armselig war, zeigt sich bereits in der Kinderstube, kaum daß das Eigentum seine anale Urform aufgegeben hat, bildet den Bodensatz aller zärtlichen und Liebesbeziehungen unter den Menschen, vielleicht mit alleiniger Ausnahme der einer Mutter zu ihrem männlichen Kind. Räumt man das persönliche Anrecht auf dingliche Güter weg, so bleibt noch das Vorrecht aus sexuellen Beziehungen, das die

[18] Wer in seinen eigenen jungen Jahren das Elend der Armut verkostet, die Gleichgiltigkeit und den Hochmut der Besitzenden erfahren hat, sollte vor dem Verdacht geschützt sein, daß er kein Verständnis und kein Wohlwollen für die Bestrebungen hat, die Besitzungleichheit der Menschen und was sich aus ihr ableitet, zu bekämpfen. Freilich, wenn sich dieser Kampf auf die abstrakte Gerechtigkeitsforderung der Gleichheit aller Menschen berufen will, liegt der Einwand zu nahe, daß die Natur durch die höchst ungleichmäßige körperliche Ausstattung und geistige Begabung der einzelnen Ungerechtigkeiten eingesetzt hat, gegen die es keine Abhilfe gibt.

critica economica del sistema comunista, non spetta a me stabilire se l'abolizione della proprietà privata sia opportuna e proficua.[18] Sono in grado però di riconoscere che il suo presupposto psicologico è un'illusione priva di fondamento. Abolendo la proprietà privata priveremmo l'aggressività umana di uno dei suoi strumenti, di certo uno strumento potente, ma non il più potente. Rimarrebbero intatte le differenze di potere e il prestigio, che l'aggressività usa a proprio vantaggio, quindi la sua essenza non muterebbe. L'aggressività non è stata generata dalla proprietà, regnava quasi senza limiti in epoche antichissime, quando la proprietà quasi non esisteva. Si mostra già nel comportamento dei bambini, quando la proprietà ha appena abbandonato la sua forma anale originaria, sta alla base di ogni relazione affettiva e amorosa fra gli esseri umani, forse con l'esclusiva eccezione di quella tra la madre e il figlio maschio. Se decade il diritto individuale ai beni materiali, rimane ancora il privilegio derivante dalle relazioni sessuali, che diventa la fonte dell'invidia più

[18] Chiunque in giovane età abbia provato la miseria della povertà, l'indifferenza e l'arroganza dei possidenti, dovrebbe essere immune dal sospetto di non comprendere e contrastare i tentativi di combattere la sperequazione della ricchezza fra gli uomini e tutto ciò che ne deriva. Certo, se si cerca di ricondurre questa lotta a una questione astratta, proclamandola in nome della giustizia, dell'uguaglianza di tutti gli uomini, si solleverà subito l'obiezione che la natura, dotando i singoli di caratteristiche e capacità mentali estremamente diverse, ha introdotto ingiustizie contro le quali non esiste alcun rimedio.

Quelle der stärksten Mißgunst und der heftigsten Feindseligkeit unter den sonst gleichgestellten Menschen werden muß. Hebt man auch dieses auf durch die völlige Befreiung des Sexuallebens, beseitigt also die Familie, die Keimzelle der Kultur, so läßt sich zwar nicht vorhersehen, welche neuen Wege die Kulturentwicklung einschlagen kann, aber eines darf man erwarten, daß der unzerstörbare Zug der menschlichen Natur ihr auch dorthin folgen wird.

Es wird den Menschen offenbar nicht leicht, auf die Befriedigung dieser ihrer Aggressionsneigung zu verzichten; sie fühlen sich nicht wohl dabei. Der Vorteil eines kleineren Kulturkreises, daß er dem Trieb einen Ausweg an der Befeindung der Außenstehenden gestattet, ist nicht geringzuschätzen. Es ist immer möglich, eine größere Menge von Menschen in Liebe aneinander zu binden, wenn nur andere für die Äußerung der Aggression übrigbleiben. Ich habe mich einmal mit dem Phänomen beschäftigt, daß gerade benachbarte und einander auch sonst nahestehende Gemeinschaften sich gegenseitig befehden und verspotten, so Spanier und Portugiesen, Nord- und Süddeutsche, Engländer und Schotten usw. Ich gab ihm den Namen „Narzißmus der kleinen Differenzen", der nicht viel zur Erklärung beiträgt. Man erkennt nun darin eine bequeme und relativ harmlose Befriedigung der Aggressionsneigung, durch die den Mitgliedern der Gemeinschaft das Zusammenhalten erleichtert wird. Das überallhin versprengte Volk der Juden hat sich in dieser Weise anerkennenswerte Verdienste um die Kulturen

forte e dell'ostilità più violenta fra uomini che in altri ambiti sono alla pari. Se anche eliminassimo questo fattore, giungendo a una totale liberazione della vita sessuale e abolendo quindi la famiglia, che è la cellula germinale della civiltà, pur non potendo immaginare quali nuove strade imboccherebbe l'evoluzione della civiltà, è del tutto verosimile che questo tratto indelebile della natura umana si manifesterebbe anche lì.

Evidentemente non è facile per gli uomini rinunciare al soddisfacimento della loro tendenza all'aggressività; non si sentirebbero bene senza. Non è da sottovalutare il vantaggio dell'esistenza, all'interno della società civile, di gruppi più circoscritti che consentono di sfogare questo impulso convogliando l'ostilità verso chi è al di fuori del proprio. Anche riunendo un numero consistente di uomini legati da sentimenti d'amore, l'importante è che ne resti al di fuori un numero sufficiente verso cui i primi possano manifestare avversione. Una volta mi sono dedicato al fenomeno per il quale comunità limitrofe, e in certi aspetti anche affini fra loro, sono costantemente ostili e si scherniscono a vicenda: succede tra spagnoli e portoghesi, tra tedeschi del Nord e del Sud, tra inglesi e scozzesi e così via. Ho dato a questo fenomeno la definizione di "narcisismo delle piccole differenze", che tuttavia non contribuisce molto a spiegarlo. Ora capiamo che si tratta di un modo facile e relativamente innocuo per soddisfare la tendenza all'aggressività, che facilita la coesione tra i membri della medesima comunità. Da questo punto di vista il popolo ebraico, che è sparpagliato in ogni dove, ha reso un grandissimo servizio alle civiltà dei popoli che

seiner Wirtsvölker erworben; leider haben alle Judengemetzel des Mittelalters nicht ausgereicht, dieses Zeitalter friedlicher und sicherer für seine christlichen Genossen zu gestalten. Nachdem der Apostel Paulus die allgemeine Menschenliebe zum Fundament seiner christlichen Gemeinde gemacht hatte, war die äußerste Intoleranz des Christentums gegen die draußen Verbliebenen eine unvermeidliche Folge geworden; den Römern, die ihr staatliches Gemeinwesen nicht auf die Liebe begründet hatten, war religiöse Unduldsamkeit fremd gewesen, obwohl die Religion bei ihnen Sache des Staates und der Staat von Religion durchtränkt war. Es war auch kein unverständlicher Zufall, daß der Traum einer germanischen Weltherrschaft zu seiner Ergänzung den Antisemitismus aufrief, und man erkennt es als begreiflich, daß der Versuch, eine neue kommunistische Kultur in Rußland aufzurichten, in der Verfolgung der Bourgeois seine psychologische Unterstützung findet. Man fragt sich nur besorgt, was die Sowjets anfangen werden, nachdem sie ihre Bourgeois ausgerottet haben.

Wenn die Kultur nicht allein der Sexualität, sondern auch der Aggressionsneigung des Menschen so große Opfer auferlegt, so verstehen wir es besser, daß es dem Menschen schwer wird, sich in ihr beglückt zu finden. Der Urmensch hatte es in der Tat darin besser, da er keine Triebeinschränkungen kannte. Zum Ausgleich war seine Sicherheit, solches Glück lange zu genießen, eine sehr geringe. Der Kulturmensch hat für ein Stück Glücksmöglichkeit ein Stück Sicherheit eingetauscht. Wir wollen aber nicht vergessen, daß in

l'hanno ospitato; purtroppo, tutti i massacri degli ebrei nel Medioevo non sono stati sufficienti a rendere quel periodo più pacifico e più sicuro per i loro compagni cristiani. Dopo che l'apostolo Paolo ebbe posto l'amore universale fra gli uomini a fondamento della sua comunità cristiana, l'estrema intolleranza dei cristiani nei confronti di chi non aveva abbracciato il loro credo fu una conseguenza inevitabile; i Romani, che per contro non avevano fondato la coesione tra gli appartenenti al loro popolo sull'amore, sono rimasti estranei all'intolleranza religiosa, anche se per loro la religione era una questione di stato e lo stato era permeato dalla religione. Non è un caso che il sogno germanico di predominio sul mondo richiedesse per il suo completamento l'antisemitismo, e si comprende come il tentativo di istituire una nuova civiltà comunista in Russia abbia trovato il suo sostegno psicologico nella persecuzione della borghesia. Viene solo da chiedersi, non senza una certa preoccupazione, cosa faranno i sovietici dopo che avranno sterminato la loro borghesia.

Se la civiltà impone enormi sacrifici non solo alla sessualità, ma anche all'umana tendenza all'aggressività, possiamo capire perché sia difficile trovarvi la felicità. L'uomo primitivo, a ben guardare, stava meglio, perché non aveva limiti alle sue pulsioni. In compenso la sicurezza di poter godere a lungo di tale felicità era piuttosto scarsa. L'uomo civilizzato ha ceduto una parte della sua possibilità di essere felice per un margine più ampio di sicurezza. Non dobbiamo peraltro dimenticare che nella famiglia primigenia

der Urfamilie nur das Oberhaupt sich solcher Triebfreiheit erfreute; die anderen lebten in sklavischer Unterdrückung. Der Gegensatz zwischen einer die Vorteile der Kultur genießenden Minderheit und einer dieser Vorteile beraubten Mehrzahl war also in jener Urzeit der Kultur aufs Äußerste getrieben. Über den heute lebenden Primitiven haben wir durch sorgfältigere Erkundung erfahren, daß sein Triebleben keineswegs ob seiner Freiheit beneidet werden darf; es unterliegt Einschränkungen von anderer Art, aber vielleicht von größerer Strenge als das des modernen Kulturmenschen.

Wenn wir gegen unseren jetzigen Kulturzustand mit Recht einwenden, wie unzureichend er unsere Forderungen an eine beglückende Lebensordnung erfüllt, wieviel Leid er gewähren läßt, das wahrscheinlich zu vermeiden wäre, wenn wir mit schonungsloser Kritik die Wurzeln seiner Unvollkommenheit aufzudecken streben, üben wir gewiß unser gutes Recht und zeigen uns nicht als Kulturfeinde. Wir dürfen erwarten, allmählich solche Abänderungen unserer Kultur durchzusetzen, die unsere Bedürfnisse besser befriedigen und jener Kritik entgehen. Aber vielleicht machen wir uns auch mit der Idee vertraut, daß es Schwierigkeiten gibt, die dem Wesen der Kultur anhaften und die keinem Reformversuch weichen werden. Außer den Aufgaben der Triebeinschränkung, auf die wir vorbereitet sind, drängt sich uns die Gefahr eines Zustandes auf, den man „das psychologische Elend der Masse" benennen kann. Diese Gefahr droht am ehesten, wo die gesellschaftliche Bindung hauptsächlich durch Identifizierung der Teilnehmer unterein-

solo il capo godeva di libertà pulsionale; gli altri vivevano sottomessi come schiavi. Il contrasto tra una minoranza che beneficiava dei vantaggi della civiltà e una maggioranza che ne era deprivata era dunque portato all'estremo anche agli esordi della civiltà. Quanto ai primitivi che vivono ancora oggi, abbiamo scoperto da accurate ricerche che la loro vita pulsionale non è affatto da invidiare per la sua libertà: essa infatti soggiace a restrizioni diverse, ma forse ancora più rigide di quelle del moderno uomo civilizzato.

Quando giustamente protestiamo contro l'attuale condizione della nostra civiltà, imputandole di non soddisfare in modo adeguato le nostre richieste di un assetto di vita che ci renda felici, di consentire l'esistenza di tanta sofferenza che probabilmente si potrebbe evitare, quando con una critica irriguardosa cerchiamo di mettere a nudo le radici della sua imperfezione, esercitiamo un nostro diritto, e non per questo ci dimostriamo nemici della civiltà. Possiamo aspettarci di realizzare nella nostra civiltà cambiamenti tali da soddisfare meglio i nostri bisogni, sfuggendo così a quella critica. Forse però possiamo anche familiarizzare con l'idea che esistono difficoltà legate alla natura stessa della civiltà e che non possono essere risolte da alcun tentativo di riforma. Oltre agli obblighi derivati dalle restrizioni delle pulsioni, a cui siamo preparati, incombe su di noi il pericolo di una condizione che potremmo definire "miseria psicologica della massa". Questo pericolo ci minaccia soprattutto laddove il legame della società si costituisce principalmente attraverso l'identificazione reciproca

ander hergestellt wird, während Führerindividualitäten nicht zu jener Bedeutung kommen, die ihnen bei der Massenbildung zufallen sollte.[19] Der gegenwärtige Kulturzustand Amerikas gäbe eine gute Gelegenheit, diesen befürchteten Kulturschaden zu studieren. Aber ich vermeide die Versuchung, in die Kritik der Kultur Amerikas einzugehen; ich will nicht den Eindruck hervorrufen, als wollte ich mich selbst amerikanischer Methoden bedienen.

[19] Siehe: *Massenpsychologie und Ich-Analyse*, 1921 (Ges. Werke, Bd. XIII).

dei suoi membri, mentre le individualità con le caratteristiche del capo non acquistano il significato che dovrebbero avere per incidere sulla formazione della massa.[19] Lo stato attuale della civiltà in America può darci un buono spunto per studiare i temuti mali della civiltà. Non cederò tuttavia alla tentazione di addentrarmi nella critica della civiltà americana; non voglio dare l'impressione di volermi servire a mia volta di metodi americani.

[19] Vedi *Psicologia delle masse e analisi dell'Io*, 1921 (O.S.F., vol. IX).

# VI

Ich habe bei keiner Arbeit so stark die Empfindung gehabt wie diesmal, daß ich allgemein Bekanntes darstelle, Papier und Tinte, in weiterer Folge Setzerarbeit und Druckerschwärze aufbiete, um eigentlich selbstverständliche Dinge zu erzählen. Darum greife ich es gerne auf, wenn sich der Anschein ergibt, daß die Anerkennung eines besonderen, selbständigen Aggressionstriebes eine Abänderung der psychoanalytischen Trieblehre bedeutet.

Es wird sich zeigen, daß dem nicht so ist, daß es sich bloß darum handelt, eine Wendung, die längst vollzogen worden ist, schärfer zu fassen und in ihre Konsequenzen zu verfolgen. Von allen langsam entwickelten Stücken der analytischen Theorie hat sich die Trieblehre am mühseligsten vorwärts getastet. Und sie war doch dem Ganzen so unentbehrlich, daß irgend etwas an ihre Stelle gerückt werden mußte. In der vollen Ratlosigkeit der Anfänge gab mir der Satz des Dichterphilosophen Schiller den ersten Anhalt, daß „Hunger und Liebe“ das Getriebe der Welt zusammenhalten. Der Hunger konnte als Vertreter jener Triebe gel-

# VI

In nessun altro dei miei lavori, come in questo, ho avuto una sensazione così forte di trattare un tema universalmente noto, di usare carta e inchiostro, e in seguito servirmi del compositore e dello stampatore, per raccontare cose in effetti autoevidenti. Per questo, se dovesse risultare che il riconoscimento di una particolare pulsione aggressiva indipendente introduce una modifica della teoria psicoanalitica delle pulsioni, sarei felice di cogliere l'occasione.

Vedremo, però, che non è così, che è soltanto questione di mettere meglio a fuoco una svolta che è già stata compiuta da lungo tempo e trarne le conseguenze. Di tutte le parti della teoria analitica che si sono man mano sviluppate, la dottrina delle pulsioni è quella che è progredita con maggiore difficoltà. Tuttavia, era così indispensabile al quadro d'insieme che alcuni pezzi andavano messi al loro posto. Nell'assoluta perplessità degli inizi, il primo spunto mi è venuto dalla frase del filosofo e poeta Schiller, secondo il quale sono "fame e amore" a tenere insieme i meccanismi del mondo. La fame poteva essere intesa come rappresentante di

ten, die das Einzelwesen erhalten wollen, die Liebe strebt nach Objekten; ihre Hauptfunktion, von der Natur in jeder Weise begünstigt, ist die Erhaltung der Art. So traten zuerst Ichtriebe und Objekttriebe einander gegenüber. Für die Energie der letzteren, und ausschließlich für sie, führte ich den Namen Libido ein; somit lief der Gegensatz zwischen den Ichtrieben und den aufs Objekt gerichteten „libidinösen" Trieben der Liebe im weitesten Sinne. Einer von diesen Objekttrieben, der sadistische, tat sich zwar dadurch hervor, daß sein Ziel so gar nicht liebevoll war, auch schloß er sich offenbar in manchen Stücken den Ichtrieben an, konnte seine nahe Verwandtschaft mit Bemächtigungstrieben ohne libidinöse Absicht nicht verbergen, aber man kam über diese Unstimmigkeit hinweg; der Sadismus gehörte doch offenbar zum Sexualleben, das grausame Spiel konnte das zärtliche ersetzen. Die Neurose erschien als der Ausgang eines Kampfes zwischen dem Interesse der Selbstbewahrung und den Anforderungen der Libido, ein Kampf, in dem das Ich gesiegt hatte, aber um den Preis schwerer Leiden und Verzichte.

Jeder Analytiker wird zugeben, daß dies auch heute nicht wie ein längst überwundener Irrtum klingt. Doch wurde eine Abänderung unerläßlich, als unsere Forschung vom Verdrängten zum Verdrängenden, von den Objekttrieben zum Ich fortschritt. Entscheidend wurde hier die Einführung des Begriffes Narzißmus, d. h. die Einsicht, daß das Ich selbst mit Libido besetzt ist, sogar deren ursprüngliche Heimstätte sei und gewissermaßen auch ihr Hauptquartier bleibe. Diese narzißtische Libido wendet sich den Objekten zu, wird so zur

quelle pulsioni che mirano a preservare l'individuo, mentre l'amore è rivolto agli oggetti; la sua funzione principale, favorita in tutti i modi dalla natura, è la conservazione della specie. Così da principio si sono contrapposte le pulsioni dell'Io e quelle oggettuali. Per l'energia di queste ultime, ed esclusivamente per essa, ho introdotto il termine "libido"; quindi la contrapposizione è fra le pulsioni dell'Io e quelle "libidiche" dell'amore nel senso più ampio, rivolte all'oggetto. A dire il vero, una di queste pulsioni oggettuali, quella sadica, spiccava fra le altre, essendo il suo obiettivo nient'affatto legato all'amore, senza contare che, per certi aspetti, era assimilabile alle pulsioni dell'Io e non poteva nascondere la sua stretta affinità alle pulsioni di impossessamento senza alcuna finalità libidica; ma queste discrepanze sono state superate: il sadismo apparteneva chiaramente alla vita sessuale, dove il gioco della crudeltà poteva sostituire quello della tenerezza. La nevrosi appariva come l'esito di una lotta fra l'interesse dell'autoconservazione e le pretese della libido, lotta che l'Io aveva vinto, ma al prezzo di gravi sofferenze e rinunce.

Ogni analista ammetterà che ancora oggi questa concezione non si presenta come un errore ormai superato da tempo. Tuttavia, quando la nostra ricerca è passata da ciò che viene represso a ciò che reprime, dalle pulsioni oggettuali all'Io, si è resa necessaria una modifica. Il passo decisivo è stato introdurre il concetto di narcisismo, cioè l'idea che l'Io stesso è investito di libido, forse ne è addirittura la dimora originaria e in certa misura ne rimane il quartier generale. Questa libido narcisistica si rivolge agli oggetti, diventando libido

Objektlibido und kann sich in narzißtische Libido zurückverwandeln. Der Begriff Narzißmus machte es möglich, die traumatische Neurose sowie viele den Psychosen nahestehenden Affektionen und diese selbst analytisch zu erfassen. Die Deutung der Übertragungsneurosen als Versuche des Ichs, sich der Sexualität zu erwehren, brauchte nicht verlassen zu werden, aber der Begriff der Libido geriet in Gefahr. Da auch die Ichtriebe libidinös waren, schien es eine Weile unvermeidlich, Libido mit Triebenergie überhaupt zusammenfallen zu lassen, wie C.G. Jung schon früher gewollt hatte. Doch blieb etwas zurück wie eine noch nicht zu begründende Gewißheit, daß die Triebe nicht alle von gleicher Art sein können. Den nächsten Schritt machte ich in *Jenseits des Lustprinzips* (1920), als mir der Wiederholungszwang und der konservative Charakter des Trieblebens zuerst auffiel. Ausgehend von Spekulationen über den Anfang des Lebens und von biologischen Parallelen, zog ich den Schluß, es müsse außer dem Trieb, die lebende Substanz zu erhalten und zu immer größeren Einheiten zusammenzufassen,[20] einen anderen, ihm gegensätzlichen geben, der diese Einheiten aufzulösen und in den uranfänglichen, anorganischen Zustand zurückzuführen strebe. Also außer dem Eros einen Todestrieb; aus dem Zusammen- und Gegeneinanderwirken dieser beiden ließen sich die Phänomene des Lebens erklären. Nun war es nicht

[20] Der Gegensatz, in den hierbei die rastlose Ausbreitungstendenz des Eros zur allgemeinen konservativen Natur der Triebe tritt, ist auffällig und kann der Ausgangspunkt weiterer Problemstellungen werden.

oggettuale, e può ritrasformarsi in libido narcisistica. Il concetto di narcisismo ha reso possibile la comprensione analitica della nevrosi traumatica, così come di molte affezioni vicine alla psicosi e della psicosi stessa. Non si è dovuta abbandonare l'interpretazione delle nevrosi di transfert come tentativi dell'Io di difendersi contro la sessualità, ma ciò ha messo in pericolo il concetto di libido. Poiché anche le pulsioni dell'Io erano di natura libidica, per un po' è parso inevitabile far coincidere la libido con l'energia pulsionale in generale, come già aveva sostenuto Carl Gustav Jung. Ciononostante rimaneva in me una sorta di convinzione, non ancora dimostrabile, che le pulsioni non potessero essere tutte dello stesso tipo. Ho compiuto il passo successivo in *Al di là del principio di piacere* (1920), quando per la prima volta mi sono soffermato a riflettere sulla coazione a ripetere e sul carattere conservativo della vita pulsionale. Partendo da speculazioni sulle origini della vita e da paralleli biologici, sono giunto alla conclusione che, accanto alla pulsione a preservare la sostanza vivente e a combinarla in unità sempre più composite,[20] doveva esisterne anche una opposta, che tentava di scomporre queste unità e riportarle allo stato originario, inorganico. Oltre all'Eros doveva quindi esserci una pulsione di morte: dalla collaborazione e dalla contrapposizione delle due si possono spiegare i fenomeni della vita. Non era

[20] È evidente la contrapposizione fra la tendenza incessante all'espansione dell'Eros e la natura generalmente conservativa delle pulsioni, che può essere il punto di partenza per la definizione di ulteriori problemi.

leicht, die Tätigkeit dieses angenommenen Todestriebs aufzuzeigen. Die Äußerungen des Eros waren auffällig und geräuschvoll genug; man konnte annehmen, daß der Todestrieb stumm im Inneren des Lebewesens an dessen Auflösung arbeite, aber das war natürlich kein Nachweis. Weiter führte die Idee, daß sich ein Anteil des Triebes gegen die Außenwelt wende und dann als Trieb zur Aggression und Destruktion zum Vorschein komme. Der Trieb würde so selbst in den Dienst des Eros gezwängt, indem das Lebewesen anderes, Belebtes wie Unbelebtes, anstatt seines eigenen Selbst vernichtete. Umgekehrt würde die Einschränkung dieser Aggression nach außen die ohnehin immer vor sich gehende Selbstzerstörung steigern müssen. Gleichzeitig konnte man aus diesem Beispiel erraten, daß die beiden Triebarten selten – vielleicht niemals – voneinander isoliert auftreten, sondern sich in verschiedenen, sehr wechselnden Mengungsverhältnissen miteinander legieren und dadurch unserem Urteil unkenntlich machen. Im längst als Partialtrieb der Sexualität bekannten Sadismus hätte man eine derartige besonders starke Legierung des Liebesstrebens mit dem Destruktionstrieb vor sich, wie in seinem Widerpart, im Masochismus, eine Verbindung der nach innen gerichteten Destruktion mit der Sexualität, durch welche die sonst unwahrnehmbare Strebung eben auffällig und fühlbar wird.

Die Annahme des Todes- oder Destruktionstriebes hat selbst in analytischen Kreisen Widerstand gefunden; ich weiß, daß vielfach die Neigung besteht, alles, was an der Liebe gefährlich und feindselig gefunden wird, lieber einer ursprünglichen Bipolarität ihres eigenen Wesens zuzuschreiben.

affatto facile, però, dimostrare l'attività di questa presunta pulsione di morte. Le manifestazioni dell'Eros erano abbastanza vistose e fragorose; al contrario, si poteva supporre che la pulsione di morte agisse silenziosamente negli esseri viventi per provocarne la dissoluzione, ma questo non costituiva di certo una prova. Più promettente pareva l'idea che una parte di tale pulsione fosse rivolta all'esterno e quindi si manifestasse come pulsione di aggressione e di distruzione. In questo modo la pulsione stessa sarebbe stata costretta al servizio dell'Eros, in quanto l'essere vivente distruggeva qualcos'altro, animato o inanimato, invece che se stesso. Viceversa, la limitazione di questa aggressività verso l'esterno avrebbe inevitabilmente dovuto aumentare l'autodistruzione, che è sempre all'opera. Al tempo stesso questi esempi lasciavano supporre che le due forme di pulsione raramente – forse mai – si presentino isolate l'una dall'altra, ma che invece si mescolino in proporzioni diverse, molto variabili, risultando così indistinguibili al nostro giudizio. Nel sadismo, noto da tempo come pulsione parziale della sessualità, avremmo una forte congiunzione fra il desiderio amoroso e la pulsione di distruzione, mentre nella sua controparte, il masochismo, vi sarebbe una congiunzione fra la distruttività rivolta verso l'interno e la sessualità, attraverso la quale l'impulso altrimenti impercettibile diventa evidente e tangibile.

L'ipotesi della pulsione di morte o di distruzione ha incontrato resistenza anche tra gli psicoanalisti; so che spesso si tende ad attribuire tutto ciò che vi è di pericoloso e ostile nell'amore a un'originaria bipolarità della sua natura. In

Ich hatte die hier entwickelten Auffassungen anfangs nur versuchsweise vertreten, aber im Laufe der Zeit haben sie eine solche Macht über mich gewonnen, daß ich nicht mehr anders denken kann. Ich meine, sie sind theoretisch ungleich brauchbarer als alle möglichen anderen, sie stellen jene Vereinfachung ohne Vernachlässigung oder Vergewaltigung der Tatsachen her, nach der wir in der wissenschaftlichen Arbeit streben. Ich erkenne, daß wir im Sadismus und Masochismus die stark mit Erotik legierten Äußerungen des nach außen und nach innen gerichteten Destruktionstriebes immer vor uns gesehen haben, aber ich verstehe nicht mehr, daß wir die Ubiquität der nicht erotischen Aggression und Destruktion übersehen und versäumen konnten, ihr die gebührende Stellung in der Deutung des Lebens einzuräumen. (Die nach innen gewendete Destruktionssucht entzieht sich ja, wenn sie nicht erotisch gefärbt ist, meist der Wahrnehmung.) Ich erinnere mich meiner eigenen Abwehr, als die Idee des Destruktionstriebs zuerst in der psychoanalytischen Literatur auftauchte, und wie lange es dauerte, bis ich für sie empfänglich wurde. Daß andere dieselbe Ablehnung zeigten und noch zeigen, verwundert mich weniger. Denn die Kindlein, sie hören es nicht gerne, wenn die angeborene Neigung des Menschen zum „Bösen“, zur Aggression, Destruktion und damit auch zur Grausamkeit erwähnt wird. Gott hat sie ja zum Ebenbild seiner eigenen Vollkommenheit geschaffen, man will nicht daran gemahnt werden, wie schwer es ist, die – trotz der Beteuerungen der Christian Science – unleugbare Existenz des

un primo momento ho presentato solo a titolo di prova le concezioni che ho sviluppato qui, ma nel corso del tempo hanno acquistato un tale potere su di me che non riesco più ad abbandonarle. Intendo dire che, da un punto di vista teorico, le ritengo molto più utili di tutte le altre possibili e, senza tralasciare o fare violenza ai fatti, forniscono quella semplificazione cui miriamo nel lavoro scientifico. Riconosco che abbiamo sempre visto, nel sadismo e nel masochismo, le manifestazioni, fortemente legate all'erotismo, della pulsione distruttiva rivolta verso l'esterno e verso l'interno, ma proprio non mi capacito di come abbiamo potuto trascurare l'onnipresenza dell'aggressività e della distruttività non erotiche, senza dare a esse il posto che spetta loro nell'interpretazione della vita. (La smania di distruzione rivolta verso l'interno, quando non ha carattere di erotismo, sfugge in genere alla nostra percezione.) Ricordo la difesa che io stesso ho opposto quando nella letteratura psicoanalitica ha fatto la sua comparsa l'idea della pulsione di distruzione[j] e quanto tempo c'è voluto prima che diventassi ricettivo a quest'idea. Che altri abbiano mostrato, e mostrino ancora, lo stesso atteggiamento di rifiuto mi sorprende meno. Perché i bambini non ascoltano volentieri,[k] quando si parla della tendenza innata degli esseri umani alla "cattiveria", all'aggressività, alla distruttività e quindi anche alla crudeltà. Dio li ha fatti a immagine e somiglianza della propria perfezione, perciò nessuno vuole che si ricordi loro quanto sia difficile far conciliare l'innegabile – nonostante le proteste della Christian Science[l] – esistenza del male con la sua onnipo-

Bösen mit seiner Allmacht oder seiner Allgüte zu vereinen. Der Teufel wäre zur Entschuldigung Gottes die beste Auskunft, er würde dabei dieselbe ökonomisch entlastende Rolle übernehmen wie der Jude in der Welt des arischen Ideals. Aber selbst dann: man kann doch von Gott ebensowohl Rechenschaft für die Existenz des Teufels verlangen wie für die des Bösen, das er verkörpert. Angesichts dieser Schwierigkeiten ist es für jedermann ratsam, an geeigneter Stelle eine tiefe Verbeugung vor der tief sittlichen Natur des Menschen zu machen; es verhilft einem zur allgemeinen Beliebtheit, und es wird einem manches dafür nachgesehen.[21]

Der Name Libido kann wiederum für die Kraftäußerungen des Eros verwendet werden, um sie von der Energie des Todestriebs zu sondern.[22] Es

[21] Ganz besonders überzeugend wirkt die Identifizierung des bösen Prinzips mit dem Destruktionstrieb in Goethes Mephistopheles:

„Denn alles, was entsteht,  
Ist wert, daß es zugrunde geht.

----------------

So ist denn alles, was Ihr Sünde,  
Zerstörung, kurz das Böse nennt,  
Mein eigentliches Element".

Als seinen Gegner nennt der Teufel selbst nicht das Heilige, das Gute, sondern die Kraft der Natur zum Zeugen, zur Mehrung des Lebens, also den Eros.

------------------

„Der Luft, dem Wasser, wie der Erden  
Entwinden tausend Keime sich,  
Im Trocknen, Feuchten, Warmen, Kalten!  
Hätt' ich mir nicht die Flamme vorbehalten,  
Ich hätte nichts Aparts für mich."

[22] Unsere gegenwärtige Auffassung kann man ungefähr in dem Satz ausdrücken, daß an jeder Triebäußerung Libido beteiligt ist, aber daß nicht alles an ihr Libido ist.

tenza e la sua suprema bontà. Il diavolo sarebbe la scappatoia migliore per scagionare Dio, ricoprendo lo stesso ruolo che ha l'ebreo nel mondo dell'ideale ariano. Ma, anche in quel caso, si potrebbe comunque imputare a Dio l'esistenza del diavolo e del male che esso incarna. Tenuto conto di queste difficoltà, a ciascuno sarà consigliabile, all'occorrenza, inchinarsi alla natura profondamente morale dell'uomo; gli guadagnerà il favore generale e per questo molto gli sarà perdonato.[21]

Il termine "libido" può essere ancora usato per le manifestazioni della forza dell'Eros, in modo da distinguerle dall'energia della pulsione di morte.[22] Bisogna ammettere che fatichiamo molto

[21] Particolarmente convincente è l'identificazione del principio del male con la pulsione distruttiva nel Mefistofele di Goethe [dal *Faust*, parte prima, prima scena nello Studio, Mondadori, Milano, 1970, pp. 102-105]:

"Nulla
c'è che nasca
e non meriti di finire disfatto. [...]
Così tutto quello che dite Peccato,
o Distruzione, Male insomma,
è il mio elemento vero."

Come suo antagonista il diavolo stesso non nomina il santo, il buono, bensì il potere della natura di generare, di moltiplicare la vita, quindi Eros.

"[...] Dall'aria, dall'acqua e dalla terra,
sia nel secco o nell'umido, sia nel caldo o nel freddo,
si spiccano germi a migliaia.
Se non mi fossi riservato il fuoco
non mi restava un angolo."

[22] La nostra concezione attuale può essere espressa grossomodo come segue: la libido è coinvolta in ogni manifestazione pulsionale, ma in questa non tutto è libido.

ist zuzugestehen, daß wir letzteren um so viel schwerer erfassen, gewissermaßen nur als Rückstand hinter dem Eros erraten und daß er sich uns entzieht, wo er nicht durch die Legierung mit dem Eros verraten wird. Im Sadismus, wo er das erotische Ziel in seinem Sinne umbiegt, dabei doch das sexuelle Streben voll befriedigt, gelingt uns die klarste Einsicht in sein Wesen und seine Beziehung zum Eros. Aber auch wo er ohne sexuelle Absicht auftritt, noch in der blindesten Zerstörungswut läßt sich nicht verkennen, daß seine Befriedigung mit einem außerordentlich hohen narzißtischen Genuß verknüpft ist, indem sie dem Ich die Erfüllung seiner alten Allmachtswünsche zeigt. Gemäßigt und gebändigt, gleichsam zielgehemmt muß der Destruktionstrieb, auf die Objekte gerichtet, dem Ich die Befriedigung seiner Lebensbedürfnisse und die Herrschaft über die Natur verschaffen. Da seine Annahme wesentlich auf theoretischen Gründen ruht, muß man zugeben, daß sie auch gegen theoretische Einwendungen nicht voll gesichert ist. Aber so erscheint es uns eben jetzt beim gegenwärtigen Stand unserer Einsichten; zukünftige Forschung und Überlegung wird gewiß die entscheidende Klarheit bringen.

Für alles Weitere stelle ich mich also auf den Standpunkt, daß die Aggressionsneigung eine ursprüngliche, selbständige Triebanlage des Menschen ist, und komme darauf zurück, daß die Kultur ihr stärkstes Hindernis in ihr findet. Irgendeinmal im Laufe dieser Untersuchung hat sich uns die Einsicht aufgedrängt, die Kultur sei ein besonderer Prozeß, der über die Menschheit abläuft, und wir stehen noch immer unter dem

di più a comprendere questa pulsione; possiamo indovinarla, per così dire, solo dissimulata dietro all'Eros e sfugge all'identificazione se la sua presenza non è tradita dal legame con l'Eros. Nel sadismo, dove la pulsione di morte piega a proprio vantaggio la meta erotica e tuttavia soddisfa pienamente il desiderio sessuale, riusciamo a intuire più chiaramente la sua natura e la sua relazione con l'Eros. Ma anche dove emerge senza alcuna mira sessuale, nella furia più cieca della distruttività, non si può non riconoscere che il soddisfacimento della pulsione è accompagnato da un livello straordinariamente elevato di godimento narcisistico, in quanto offre all'Io la soddisfazione dei suoi antichi desideri di onnipotenza. Moderata e addomesticata, quasi inibita nella meta, la pulsione distruttiva, rivolta agli oggetti, deve procurare all'Io la soddisfazione dei propri bisogni vitali e il controllo sulla natura. Dal momento che l'ipotesi della sua esistenza si basa essenzialmente su ragioni teoriche, bisogna ammettere che non è del tutto inattaccabile da obiezioni teoriche. Ma così ci sembra stiano le cose allo stato attuale delle nostre conoscenze; ricerche e considerazioni future certamente porteranno il chiarimento decisivo.

Proseguendo in questa riflessione, partirò dunque dal presupposto che la tendenza all'aggressività sia una disposizione pulsionale originaria e indipendente dell'uomo e torno ad affermare che la civiltà trovi in essa il suo ostacolo più grave. A un certo punto, nel corso di questa ricerca, si è imposta l'idea che la civiltà sia un processo particolare a cui l'umanità è sottoposta, e rimango di

Banne dieser Idee. Wir fügen hinzu, sie sei ein Prozeß im Dienste des Eros, der vereinzelte menschliche Individuen, später Familien, dann Stämme, Völker, Nationen zu einer großen Einheit, der Menschheit, zusammenfassen wolle. Warum das geschehen müsse, wissen wir nicht; das sei eben das Werk des Eros. Diese Menschenmengen sollen libidinös aneinander gebunden werden; die Notwendigkeit allein, die Vorteile der Arbeitsgemeinschaft werden sie nicht zusammenhalten. Diesem Programm der Kultur widersetzt sich aber der natürliche Aggressionstrieb der Menschen, die Feindseligkeit eines gegen alle und aller gegen einen. Dieser Aggressionstrieb ist der Abkömmling und Hauptvertreter des Todestriebes, den wir neben dem Eros gefunden haben, der sich mit ihm in die Weltherrschaft teilt. Und nun, meine ich, ist uns der Sinn der Kulturentwicklung nicht mehr dunkel. Sie muß uns den Kampf zwischen Eros und Tod, Lebenstrieb und Destruktionstrieb zeigen, wie er sich an der Menschenart vollzieht. Dieser Kampf ist der wesentliche Inhalt des Lebens überhaupt, und darum ist die Kulturentwicklung kurzweg zu bezeichnen als der Lebenskampf der Menschenart.[23] Und diesen Streit der Giganten wollen unsere Kinderfrauen beschwichtigen mit dem „Eiapopeia vom Himmel“!

[23] Wahrscheinlich mit der näheren Bestimmung: wie er sich von einem gewissen, noch zu erratenden Ereignis an gestalten mußte.

tale avviso. Aggiungo che questo è un processo al servizio dell'Eros, il cui obiettivo è mettere insieme singoli individui, poi famiglie, razze, popoli e nazioni, formando un'unità più grande, l'umanità. Perché ciò debba accadere non lo sappiamo; questo è appunto il compito dell'Eros. Questi gruppi di uomini devono essere legati fra loro libidicamente; la sola necessità e i vantaggi del lavoro in comune non li tengono uniti. A questo programma della civiltà si oppone però la pulsione naturale dell'aggressività, l'ostilità dell'uno contro tutti e di tutti contro l'uno, la quale è il derivato e il rappresentante principale della pulsione di morte, che abbiamo trovato a fianco dell'Eros e con cui condivide il dominio sul mondo. E ora mi pare che il significato dell'incivilimento non ci sia più oscuro. Indica la lotta fra Eros e morte, fra pulsione di vita e pulsione distruttiva, come si attua nella specie umana. Questa lotta è ciò in cui essenzialmente consiste la vita e perciò lo sviluppo della civiltà può essere descritto come la lotta della specie umana per la vita.[23] E le nostre bambinaie vorrebbero placare questa lotta di giganti con la "canzone del premio celeste".[m]

[23] Probabilmente con la seguente precisazione: come deve essere stata plasmata da un determinato evento, ancora da indovinare.

# VII

Warum zeigen unsere Verwandten, die Tiere, keinen solchen Kulturkampf? Oh, wir wissen es nicht. Sehr wahrscheinlich haben einige unter ihnen, die Bienen, Ameisen, Termiten durch Jahrhunderttausende gerungen, bis sie jene staatlichen Institutionen, jene Verteilung der Funktionen, jene Einschränkung der Individuen gefunden haben, die wir heute bei ihnen bewundern. Kennzeichnend für unseren gegenwärtigen Zustand ist es, daß unsere Empfindungen uns sagen, in keinem dieser Tierstaaten und in keiner der dort dem Einzelwesen zugeteilten Rollen würden wir uns glücklich schätzen. Bei anderen Tierarten mag es zum zeitweiligen Ausgleich zwischen den Einflüssen der Umwelt und den in ihnen sich bekämpfenden Trieben, somit zu einem Stillstand der Entwicklung gekommen sein. Beim Urmenschen mag ein neuer Vorstoß der Libido ein neuerliches Sträuben des Destruktionstriebes angefacht haben. Es ist da sehr viel zu fragen, worauf es noch keine Antwort gibt.

Eine andere Frage liegt uns näher. Welcher Mittel bedient sich die Kultur, um die ihr entge-

# VII

Perché negli animali, nostri parenti, non riscontriamo una simile lotta per la civiltà? Non lo sappiamo. Molto probabilmente alcuni di essi – le api, le formiche, le termiti – hanno combattuto per migliaia di anni prima di trovare quelle istituzioni statali, quella distribuzione delle funzioni, quella limitazione degli individui che oggi ammiriamo in loro. Il fatto che le nostre sensazioni ci suggeriscano che non ci sentiremmo felici in nessuno di quegli stati animali, e in nessuno dei ruoli che in essi viene assegnato ai singoli, è indicativo della nostra attuale condizione. Nel caso di altre specie animali può darsi che sia stato raggiunto un equilibrio temporaneo fra gli influssi dell'ambiente e le pulsioni in lotta all'interno delle specie, e per questo si sia verificato un arresto dell'evoluzione. Nell'uomo primitivo un nuovo attacco della libido potrebbe aver favorito un riacutizzarsi della pulsione distruttiva. Ci sono molte domande alle quali non abbiamo ancora risposta.

Un'altra questione ci riguarda più da vicino. Di quali mezzi si serve la civiltà per inibire l'aggres-

genstehende Aggression zu hemmen, unschädlich zu machen, vielleicht auszuschalten? Einige solcher Methoden haben wir bereits kennengelernt, die anscheinend wichtigste aber noch nicht. Wir können sie an der Entwicklungsgeschichte des einzelnen studieren. Was geht mit ihm vor, um seine Aggressionslust unschädlich zu machen? Etwas sehr Merkwürdiges, das wir nicht erraten hätten und das doch so naheliegt. Die Aggression wird introjiziert, verinnerlicht, eigentlich aber dorthin zurückgeschickt, woher sie gekommen ist, also gegen das eigene Ich gewendet. Dort wird sie von einem Anteil des Ichs übernommen, das sich als Über-Ich dem übrigen entgegenstellt und nun als „Gewissen" gegen das Ich dieselbe strenge Aggressionsbereitschaft ausübt, die das Ich gerne an anderen, fremden Individuen befriedigt hätte. Die Spannung zwischen dem gestrengen Über-Ich und dem ihm unterworfenen Ich heißen wir Schuldbewußtsein; sie äußert sich als Strafbedürfnis. Die Kultur bewältigt also die gefährliche Aggressionslust des Individuums, indem sie es schwächt, entwaffnet und durch eine Instanz in seinem Inneren, wie durch eine Besatzung in der eroberten Stadt, überwachen läßt.

Über die Entstehung des Schuldgefühls denkt der Analytiker anders als sonst die Psychologen; auch ihm wird es nicht leicht, darüber Rechenschaft zu geben. Zunächst, wenn man fragt, wie kommt einer zu einem Schuldgefühl, erhält man eine Antwort, der man nicht widersprechen kann: man fühlt sich schuldig (Fromme sagen: sündig), wenn man etwas getan hat, was man als „böse" erkennt. Dann merkt man, wie wenig diese Ant-

sività che le si contrappone, per renderla innocua o magari eliminarla? Ne abbiamo già individuati alcuni, ma manca quello che sembra essere il più importante e che possiamo rintracciare ed esaminare nella storia dello sviluppo dell'individuo. Cosa rende inoffensivo in lui il desiderio di aggressione? Qualcosa di molto notevole, che, pur essendo così ovvio, non avremmo indovinato. L'aggressività viene introiettata, interiorizzata, in definitiva rispedita da dove è venuta, quindi diretta verso il proprio Io. Lì viene assunta da una parte dell'Io, che si contrappone al resto come Super-Io, e ora come "coscienza morale"[n] rivolge contro l'Io la stessa aggressività che l'Io avrebbe voluto rivolgere contro individui estranei. Chiamiamo coscienza di colpa la tensione fra l'austero Super-Io e l'Io che gli soggiace, che si esprime come bisogno di punizione. La civiltà, dunque, controlla il pericoloso desiderio di aggressione dell'individuo indebolendolo, disarmandolo e facendolo sorvegliare da un'istanza al suo interno, come una guarnigione in una città conquistata.

In merito all'origine del senso di colpa, l'analista la pensa diversamente dagli psicologi, ma anche per lui non è facile renderne conto. Anzitutto, se si chiede come una persona arrivi a provare un senso di colpa, si ottiene una risposta a cui non si può controbattere nulla: ci si sente in colpa (o, come dicono i devoti, si è nel peccato) quando si è fatto qualcosa che si riconosce come "male". Tuttavia questa risposta ci spiega poco.

wort gibt. Vielleicht nach einigem Schwanken wird man hinzusetzen, auch wer dies Böse nicht getan hat, sondern bloß die Absicht, es zu tun, bei sich erkennt, kann sich für schuldig halten, und dann wird man die Frage aufwerfen, warum hier die Absicht der Ausführung gleichgeachtet wird. Beide Fälle setzen aber voraus, daß man das Böse bereits als verwerflich, als von der Ausführung auszuschließen erkannt hat. Wie kommt man zu dieser Entscheidung? Ein ursprüngliches, sozusagen natürliches Unterscheidungsvermögen für Gut und Böse darf man ablehnen. Das Böse ist oft gar nicht das dem Ich Schädliche oder Gefährliche, im Gegenteil auch etwas, was ihm erwünscht ist, ihm Vergnügen bereitet. Darin zeigt sich also fremder Einfluß; dieser bestimmt, was Gut und Böse heißen soll. Da eigene Empfindung den Menschen nicht auf denselben Weg geführt hatte, muß er ein Motiv haben, sich diesem fremden Einfluß zu unterwerfen. Es ist in seiner Hilflosigkeit und Abhängigkeit von anderen leicht zu entdecken, kann am besten als Angst vor dem Liebesverlust bezeichnet werden. Verliert er die Liebe des anderen, von dem er abhängig ist, so büßt er auch den Schutz vor mancherlei Gefahren ein, setzt sich vor allem der Gefahr aus, daß dieser Übermächtige ihm in der Form der Bestrafung seine Überlegenheit erweist. Das Böse ist also anfänglich dasjenige, wofür man mit Liebesverlust bedroht wird; aus Angst vor diesem Verlust muß man es vermeiden. Darum macht es auch wenig aus, ob man das Böse bereits getan hat oder es erst tun will; in beiden Fällen tritt die Gefahr erst ein, wenn die Auto-

Dopo qualche esitazione potremmo aggiungere che può considerarsi colpevole anche chi non ha fatto alcun male, ma ravvisa in sé l'intenzione di farlo, per cui è lecito domandarsi come mai in questo caso l'intenzione sia equiparata all'azione. In entrambi i casi, però, presupponiamo che si sia già riconosciuto il male come reprensibile, come qualcosa che non si deve fare. Come si è arrivati a questo giudizio? Possiamo escludere una capacità originaria, per così dire naturale, di discernere fra bene e male. Il male spesso non è neanche nocivo o pericoloso per l'Io, ma qualcosa che desidera, che gli procura diletto. Deve dunque intervenire un influsso estraneo a stabilire la definizione di bene e male. Poiché la sensibilità propria dell'uomo non lo avrebbe condotto su questa strada, avrà senz'altro un motivo per sottomettersi a questo influsso, che può essere facilmente individuato nella sua impotenza e nella dipendenza dagli altri; meglio ancora, nell'angoscia di perdere l'amore. Se perde l'amore dell'altro, l'autorità da cui è dipendente, perde anche la protezione da molti pericoli, soprattutto si espone al rischio che questa persona strapotente gli dimostri la propria superiorità punendolo. In prima istanza, perciò, il male è ciò in cui è insita la minaccia di perdere l'amore: bisogna evitarlo, per timore di questa perdita. In tal senso è quasi ininfluente che il male sia stato compiuto o meno: se l'autorità lo scopre

rität es entdeckt, und diese würde sich in beiden Fällen ähnlich benehmen.

Man heißt diesen Zustand „schlechtes Gewissen", aber eigentlich verdient er diesen Namen nicht, denn auf dieser Stufe ist das Schuldbewußtsein offenbar nur Angst vor dem Liebesverlust, „soziale" Angst. Beim kleinen Kind kann es niemals etwas anderes sein, aber auch bei vielen Erwachsenen ändert sich nicht mehr daran, als daß an Stelle des Vaters oder beider Eltern die größere menschliche Gemeinschaft tritt. Darum gestatten sie sich regelmäßig, das Böse, das ihnen Annehmlichkeiten verspricht, auszuführen, wenn sie nur sicher sind, daß die Autorität nichts davon erfährt oder ihnen nichts anhaben kann, und ihre Angst gilt allein der Entdeckung.[24] Mit diesem Zustand hat die Gesellschaft unserer Tage im allgemeinen zu rechnen.

Eine große Änderung tritt erst ein, wenn die Autorität durch die Aufrichtung eines Über-Ichs verinnerlicht wird. Damit werden die Gewissensphänomene auf eine neue Stufe gehoben, im Grunde sollte man erst jetzt von Gewissen und Schuldgefühl sprechen.[25] Jetzt entfällt auch die Angst vor dem Entdecktwerden und vollends der Unterschied zwischen Böses tun und Böses wol-

[24] Man denke an Rousseaus berühmten Mandarin!

[25] Daß in dieser übersichtlichen Darstellung scharf getrennt wird, was sich in Wirklichkeit in fließenden Übergängen vollzieht, daß es sich nicht um die Existenz eines Über-Ichs allein, sondern um dessen relative Stärke und Einflußsphäre handelt, wird jeder Einsichtige verstehen und in Rechnung bringen. Alles Bisherige über Gewissen und Schuld ist ja allgemein bekannt und nahezu unbestritten.

si corre il pericolo in entrambi i casi, andando incontro alle stesse conseguenze.

A tale condizione diamo il nome di "cattiva coscienza", immeritatamente, però, perché a questo livello la coscienza di colpa è solo angoscia di perdere l'amore, angoscia "sociale". Nel bambino piccolo non può mai essere altro, ma accade anche in molti adulti, tranne che il posto del padre o dei genitori è preso dalla più ampia comunità umana. Di conseguenza, in genere essi si permettono di compiere il male che può dar loro qualche diletto solo quando sono sicuri che l'autorità non lo venga a sapere o non possa imputar loro nulla, e la loro paura è solo di venire scoperti.[24] La società odierna non può non tener conto di questo stato d'animo.

Si manifesta un grande cambiamento solo quando l'autorità viene interiorizzata attraverso l'edificazione di un Super-Io. A quel punto i fenomeni della coscienza morale vengono elevati a un livello superiore: in sostanza solo adesso si dovrebbe parlare di coscienza morale e di senso di colpa.[25] Ora vengono a cadere anche la paura di essere scoperti e la distinzione fra compiere il male e l'intenzione di compierlo, poiché al

[24] Si pensi al famoso mandarino di Rousseau! [La citazione viene in realtà da un passo di *Il padre Goriot* di Honoré de Balzac.]

[25] Che in questa presentazione sommaria venga distinto nettamente ciò che in realtà avviene in passaggi fluidi, che non si tratti solo dell'esistenza di un Super-Io, bensì anche della sua forza relativa e della sua sfera d'influenza, sarà chiaro a ogni persona avveduta, e ne terrà conto. Tutto ciò che abbiamo detto fin qui su coscienza morale e colpa è ben noto e pressoché incontestato.

len, denn vor dem Über-Ich kann sich nichts verbergen, auch Gedanken nicht. Der reale Ernst der Situation ist allerdings vergangen, denn die neue Autorität, das Über-Ich, hat unseres Glaubens kein Motiv, das Ich, mit dem es innig zusammengehört, zu mißhandeln. Aber der Einfluß der Genese, der das Vergangene und Überwundene weiterleben läßt, äußert sich darin, daß es im Grunde so bleibt, wie es zu Anfang war. Das Über-Ich peinigt das sündige Ich mit den nämlichen Angstempfindungen und lauert auf Gelegenheiten, es von der Außenwelt bestrafen zu lassen.

Auf dieser zweiten Entwicklungsstufe zeigt das Gewissen eine Eigentümlichkeit, die der ersten fremd war und die nicht mehr leicht zu erklären ist. Es benimmt sich nämlich um so strenger und mißtrauischer, je tugendhafter der Mensch ist, so daß am Ende gerade die es in der Heiligkeit am weitesten gebracht sich der ärgsten Sündhaftigkeit beschuldigen. Die Tugend büßt dabei ein Stück des ihr zugesagten Lohnes ein, das gefügige und enthaltsame Ich genießt nicht das Vertrauen seines Mentors, bemüht sich, wie es scheint, vergeblich, es zu erwerben. Nun wird man bereit sein einzuwenden: das seien künstlich zurechtgemachte Schwierigkeiten. Das strengere und wachsamere Gewissen sei eben der ihn kennzeichnende Zug des sittlichen Menschen, und wenn die Heiligen sich für Sünder ausgeben, so täten sie es nicht mit Unrecht unter Berufung auf die Versuchungen zur Triebbefriedigung, denen sie in besonders hohem Maße ausgesetzt sind, da Versuchungen bekanntlich durch beständige Versagung nur wachsen, während sie bei gelegentlicher Be-

Super-Io non si può nascondere nulla, neanche i pensieri. La reale gravità della situazione è effettivamente superata, poiché la nuova autorità, il Super-Io, per quanto ne sappiamo non ha alcun motivo di trattare male l'Io, al quale è intimamente legato. Ma l'influsso della sua genesi, che lascia sopravvivere il passato e ciò che è stato superato, si manifesta nel fatto che fondamentalmente tutto rimane come era all'inizio. Il Super-Io tormenta l'Io peccatore facendogli provare gli stessi sentimenti di angoscia e rimane in agguato in attesa dell'occasione di farlo punire dal mondo esterno.

A questo secondo stadio di sviluppo, la coscienza morale presenta una particolarità che era assente nel primo e che non è più facile da spiegare. Il suo comportamento, infatti, diventa tanto più rigido e sospettoso quanto più l'uomo è virtuoso, così che alla fine si accusa delle peggiori iniquità proprio chi è più vicino alla santità. Questo significa che la virtù perde una parte della ricompensa promessa, l'Io docile e temperante non gode della fiducia del suo mentore e si adopera, a quanto pare inutilmente, per guadagnarsela. Ora qualcuno obietterà che abbia inventato io queste difficoltà fittizie. La coscienza morale più rigida e vigile dovrebbe essere proprio il tratto che caratterizza l'uomo morale e, se i santi si considerano peccatori, non sono così lontani dal vero, tenuto conto del fatto che sono sottoposti a un enorme numero di tentazioni di soddisfare le pulsioni: è noto, infatti, che, se vengono continuamente frustrate, le tentazioni aumentano, mentre, se di quando in quando le si soddisfa, si attenuano almeno per un po'. Un

friedigung wenigstens zeitweilig nachlassen. Eine andere Tatsache des an Problemen so reichen Gebiets der Ethik ist die, daß Mißgeschick, also äußere Versagung, die Macht des Gewissens im Über-Ich so sehr fördert. Solange es dem Menschen gut geht, ist auch sein Gewissen milde und läßt dem Ich allerlei angehen; wenn ihn ein Unglück getroffen hat, hält er Einkehr in sich, erkennt seine Sündhaftigkeit, steigert seine Gewissensansprüche, legt sich Enthaltungen auf und bestraft sich durch Bußen.[26] Ganze Völker haben sich ebenso benommen und benehmen sich noch immer so. Aber dies erklärt sich bequem aus der ursprünglichen infantilen Stufe des Gewissens, die also nach der Introjektion ins Über-Ich nicht verlassen wird, sondern neben und hinter ihr fortbesteht. Das Schicksal wird als Ersatz der Elterninstanz angesehen; wenn man Unglück hat, bedeutet es, daß man von dieser höchsten Macht nicht mehr geliebt wird, und von diesem Liebesverlust bedroht, beugt man sich von neuem vor der Elternvertretung im Über-Ich, die man im Glück vernachlässigen wollte. Dies wird besonders deutlich, wenn man in streng religiösem Sinne im Schicksal nur den Ausdruck des göttlichen Willens erkennt. Das Volk Israel hatte sich für Gottes bevorzugtes Kind gehalten, und als der große Vater Unglück nach Unglück über dies sein

[26] Diese Förderung der Moral durch Mißgeschick behandelt Mark Twain in einer köstlichen kleinen Geschichte: *The first melon I ever stole*. Diese erste Melone ist zufällig unreif. Ich hörte Mark Twain diese kleine Geschichte selbst vortragen. Nachdem er ihren Titel ausgesprochen hatte, hielt er inne und fragte sich wie zweifelnd: „*Was it the first*"? Damit hatte er alles gesagt. Die erste war also nicht die einzige geblieben.

altro fatto, nel campo così problematico dell'etica, è che la sfortuna, ovvero la frustrazione esterna, intensifica molto la forza della coscienza morale nel Super-Io. Finché le cose vanno bene, la coscienza morale è clemente e lascia l'Io tranquillo; quando invece l'uomo è colpito da una sventura, si richiude in se stesso, riconosce la propria iniquità, rafforza le pretese della propria coscienza morale, si impone astinenze e si punisce con penitenze.[26] Interi popoli si sono comportati e si comportano in questo modo. Ciò però si spiega facilmente con lo stadio originario, infantile, della coscienza morale, che non viene abbandonato dopo l'introiezione del Super-Io, ma rimane accanto e dietro di esso. Il destino viene considerato un sostituto dell'istanza genitoriale: la sfortuna è il segno della disaffezione di questa potenza suprema e, avvertendo la minaccia di perdere il suo amore, ci si piega di nuovo all'omologo dei genitori nel Super-Io, che nella buona sorte si tendeva a trascurare. Ciò diventa lampante quando, in senso strettamente religioso, si vede nel destino solo l'espressione della volontà divina. Il popolo di Israele si considerava il figlio prediletto di Dio e nemmeno quando il Padre fece abbattere su di esso una sventura

[26] Di questa maggiore scrupolosità della morale a causa della sfortuna tratta Mark Twain in un delizioso racconto: *The first melon I ever stole*. Quel primo melone è casualmente anche acerbo. Ho sentito Mark Twain raccontare questa storia di persona. Dopo aver pronunciato il titolo, si è interrotto e si è chiesto, come in dubbio: "Era il primo?". Con questo aveva detto tutto. Il primo non era stato l'unico.

Volk hereinbrechen ließ, wurde es nicht etwa irre an dieser Beziehung oder zweifelte an Gottes Macht und Gerechtigkeit, sondern erzeugte die Propheten, die ihm seine Sündhaftigkeit vorhielten, und schuf aus seinem Schuldbewußtsein die überstrengen Vorschriften seiner Priesterreligion. Es ist merkwürdig, wie anders sich der Primitive benimmt! Wenn er Unglück gehabt hat, gibt er nicht sich die Schuld, sondern dem Fetisch, der offenbar seine Schuldigkeit nicht getan hat, und verprügelt ihn, anstatt sich selbst zu bestrafen.

Wir kennen also zwei Ursprünge des Schuldgefühls, den aus der Angst vor der Autorität und den späteren aus der Angst vor dem Über-Ich. Das erstere zwingt dazu, auf Triebbefriedigungen zu verzichten, das andere drängt, da man den Fortbestand der verbotenen Wünsche vor dem Über-Ich nicht verbergen kann, außerdem zur Bestrafung. Wir haben auch gehört, wie man die Strenge des Über-Ichs, also die Gewissensforderung, verstehen kann. Sie setzt einfach die Strenge der äußeren Autorität, die von ihr abgelöst und teilweise ersetzt wird, fort. Wir sehen nun, in welcher Beziehung der Triebverzicht zum Schuldbewußtsein steht. Ursprünglich ist ja der Triebverzicht die Folge der Angst vor der äußeren Autorität; man verzichtet auf Befriedigungen, um deren Liebe nicht zu verlieren. Hat man diesen Verzicht geleistet, so ist man sozusagen mit ihr quitt, es sollte kein Schuldgefühl erübrigen. Anders ist es im Falle der Angst vor dem Über-Ich. Hier hilft der Triebverzicht nicht genug, denn der Wunsch bleibt bestehen und läßt sich vor dem

dopo l'altra la sua fede in quella relazione ha mai vacillato, né ha dubitato della potenza e della giustizia divine, bensì ha dato vita ai profeti, che hanno rinfacciato al popolo di Dio la sua iniquità e dalla coscienza di colpa sono scaturiti i rigidissimi comandamenti della sua religione sacerdotale. È davvero degno di nota come il primitivo si comporti in modo diverso! Se gli capita una sventura, non se ne attribuisce la colpa, che scarica sul proprio feticcio, che non ha fatto il suo dovere, e bastona quello invece di punire se stesso.

Il senso di colpa può dunque avere due origini, quella che deriva dalla paura dell'autorità e la successiva che deriva dall'angoscia del Super-Io. La prima obbliga a rinunciare al soddisfacimento delle pulsioni, l'altra – essendo impossibile nascondere al Super-Io la permanenza di desideri proibiti – preme anche per una punizione. Abbiamo anche visto come si spiega la severità del Super-Io, ovvero l'esigenza della coscienza morale, che è una prosecuzione della severità dell'autorità esterna, alla quale succede e che in parte sostituisce. Vediamo ora la relazione tra la rinuncia pulsionale e la coscienza di colpa. Originariamente la rinuncia pulsionale è conseguenza della paura dell'autorità esterna; si rinuncia al loro soddisfacimento per non perdere il suo amore. Se si è realizzata questa rinuncia, si è, per così dire, pari con l'autorità e non dovrebbe permanere alcun senso di colpa. Con l'angoscia del Super-Io, però, la situazione è diversa. Qui la rinuncia pulsionale non è sufficiente, perché il desiderio rimane

Über-Ich nicht verheimlichen. Es wird also trotz des erfolgten Verzichts ein Schuldgefühl zustande kommen, und dies ist ein großer ökonomischer Nachteil der Über-Ich-Einsetzung, wie man sagen kann, der Gewissensbildung. Der Triebverzicht hat nun keine voll befreiende Wirkung mehr, die tugendhafte Enthaltung wird nicht mehr durch die Sicherung der Liebe gelohnt, für ein drohendes äußeres Unglück – Liebesverlust und Strafe von seiten der äußeren Autorität – hat man ein andauerndes inneres Unglück, die Spannung des Schuldbewußtseins, eingetauscht.

Diese Verhältnisse sind so verwickelt und zugleich so wichtig, daß ich sie trotz der Gefahren der Wiederholung noch von anderer Seite angreifen möchte. Die zeitliche Reihenfolge wäre also die: zunächst Triebverzicht infolge der Angst vor der Aggression der äußeren Autorität – darauf läuft ja die Angst vor dem Liebesverlust hinaus, die Liebe schützt vor dieser Aggression der Strafe –, dann Aufrichtung der inneren Autorität, Triebverzicht infolge der Angst vor ihr, Gewissensangst. Im zweiten Falle Gleichwertung von böser Tat und böser Absicht, daher Schuldbewußtsein, Strafbedürfnis. Die Aggression des Gewissens konserviert die Aggression der Autorität. Soweit ist es wohl klar geworden, aber wo bleibt Raum für den das Gewissen verstärkenden Einfluß des Unglücks (des von außen auferlegten Verzichts), für die außerordentliche Strenge des Gewissens bei den Besten und Fügsamsten? Wir haben beide Besonderheiten des Gewissens bereits erklärt, aber wahrscheinlich den Eindruck übrigbehalten, daß diese Erklärungen nicht bis zum Grun-

e non può essere nascosto al Super-Io. Perciò si manifesterà ugualmente un senso di colpa, il che rappresenta un grande svantaggio economico dell'istituzione del Super-Io o, altrimenti detto, della formazione della coscienza morale. La rinuncia pulsionale quindi non ha più un effetto liberatorio, l'astinenza virtuosa non è ricompensata dalla garanzia dell'amore: si è barattata un'infelicità minacciata dall'esterno – la perdita dell'amore e la punizione da parte dell'autorità esterna – con un'infelicità interna permanente, la tensione della coscienza di colpa.

Queste relazioni sono così complesse e al tempo stesso importanti che, malgrado il rischio di ripetermi, devo affrontarle da un altro punto di vista. La successione cronologica sarebbe questa: dapprima la rinuncia pulsionale per timore dell'aggressione da parte dell'autorità esterna – ovvero l'angoscia di perdere l'amore che protegge dall'aggressione della punizione –, poi l'istituzione dell'autorità interna, la rinuncia pulsionale dovuta alla paura di questa autorità, e l'angoscia morale. Nel secondo caso, vi è equivalenza tra cattive azioni e cattive intenzioni, da cui scaturisce la coscienza di colpa, il bisogno di espiazione. L'aggressione della coscienza morale tiene in vita l'aggressione dell'autorità. Fin qui dovrebbe essere tutto chiaro; ma dove si collocano l'influsso rafforzante della sfortuna (ovvero della rinuncia imposta dall'esterno) o la straordinaria severità della coscienza morale nelle persone più virtuose e docili? Abbiamo già trattato entrambe le particolarità della coscienza morale, ma forse si ha l'impressione che queste spiegazioni lasci-

de reichen, einen Rest unerklärt lassen. Und hier greift endlich eine Idee ein, die durchaus der Psychoanalyse eigen und dem gewöhnlichen Denken der Menschen fremd ist. Sie ist von solcher Art, daß sie uns verstehen läßt, wie uns der Gegenstand so verworren und undurchsichtig erscheinen mußte. Sie sagt nämlich, anfangs ist zwar das Gewissen (richtiger: die Angst, die später Gewissen wird) Ursache des Triebverzichts, aber später kehrt sich das Verhältnis um. Jeder Triebverzicht wird nun eine dynamische Quelle des Gewissens, jeder neue Verzicht steigert dessen Strenge und Intoleranz, und wenn wir es nur mit der uns bekannten Entstehungsgeschichte des Gewissens besser in Einklang bringen könnten, wären wir versucht, uns zu dem paradoxen Satz zu bekennen: Das Gewissen ist die Folge des Triebverzichts; oder: Der (uns von außen auferlegte) Triebverzicht schafft das Gewissen, das dann weiteren Triebverzicht fordert.

Eigentlich ist der Widerspruch dieses Satzes gegen die gegebene Genese des Gewissens nicht so groß, und wir sehen einen Weg, ihn weiter zu verringern. Greifen wir zum Zwecke einer leichteren Darstellung das Beispiel des Aggressionstriebes heraus und nehmen wir an, es handle sich in diesen Verhältnissen immer um Aggressionsverzicht. Dies soll natürlich nur eine vorläufige Annahme sein. Die Wirkung des Triebverzichts auf das Gewissen geht dann so vor sich, daß jedes Stück Aggression, dessen Befriedigung wir unterlassen, vom Über-Ich übernommen wird und dessen Aggression (gegen das Ich) steigert. Es stimmt dazu nicht recht, daß die ursprüngliche Aggres-

no ancora qualcosa di insondato. Qui interviene un'idea che è del tutto peculiare della psicoanalisi e invece estranea al pensiero comune, un'idea tale da farci capire perché la questione ci risulti ancora così confusa e opaca. Cioè che all'inizio la coscienza morale (o più precisamente l'angoscia, che poi diventa coscienza morale) è la causa della rinuncia pulsionale, ma poi la relazione si ribalta. Ogni rinuncia pulsionale diventa allora una fonte dinamica della coscienza morale, ogni nuova rinuncia ne rafforza la severità e l'intolleranza e, se potessimo armonizzare meglio tutto questo con ciò che già sappiamo sulla storia delle origini della coscienza morale, saremmo tentati di affermare il paradosso per cui la coscienza morale sarebbe il risultato della rinuncia pulsionale, ovvero che la rinuncia pulsionale (che ci è imposta dall'esterno) generi la coscienza morale, che poi esige ulteriori rinunce.

Per la verità, la contraddizione tra questa affermazione e la genesi della coscienza morale proposta in precedenza non è molto grande e vediamo una strada per ridurla ulteriormente. Per semplificare, prendiamo l'esempio della pulsione aggressiva e assumiamo che in questi contesti si tratti sempre di rinuncia all'aggressività. Questa naturalmente è solo un'ipotesi temporanea. L'effetto che la rinuncia pulsionale ha sulla coscienza morale è quindi che ogni porzione di aggressività che ci asteniamo dal soddisfare viene raccolta dal Super-Io e va a rafforzare la sua aggressività (nei confronti dell'Io). Questo non si accorda bene con il fatto che l'aggressività originaria della

sion des Gewissens die fortgesetzte Strenge der äußeren Autorität ist, also mit Verzicht nichts zu tun hat. Diese Unstimmigkeit bringen wir aber zum Schwinden, wenn wir für diese erste Aggressionsausstattung des Über-Ichs eine andere Ableitung annehmen. Gegen die Autorität, welche das Kind an den ersten, aber auch bedeutsamsten Befriedigungen verhindert, muß sich bei diesem ein erhebliches Maß von Aggressionsneigung entwickelt haben, gleichgiltig welcher Art die geforderten Triebentsagungen waren. Notgedrungen mußte das Kind auf die Befriedigung dieser rachsüchtigen Aggression verzichten. Es hilft sich aus dieser schwierigen ökonomischen Situation auf dem Wege bekannter Mechanismen, indem es diese unangreifbare Autorität durch Identifizierung in sich aufnimmt, die nun das Über-Ich wird und in den Besitz all der Aggression gerät, die man gern als Kind gegen sie ausgeübt hätte. Das Ich des Kindes muß sich mit der traurigen Rolle der so erniedrigten Autorität – des Vaters – begnügen. Es ist eine Umkehrung der Situation, wie so häufig. „Wenn ich der Vater wäre und du das Kind, ich würde dich schlecht behandeln." Die Beziehung zwischen Über-Ich und Ich ist die durch den Wunsch entstellte Wiederkehr realer Beziehungen zwischen dem noch ungeteilten Ich und einem äußeren Objekt. Auch das ist typisch. Der wesentliche Unterschied aber ist, daß die ursprüngliche Strenge des Uber-Ichs nicht – oder nicht so sehr – die ist, die man von ihm erfahren hat oder die man ihm zumutet, sondern die eigene Aggression gegen ihn vertritt. Wenn das zutrifft, darf man wirklich behaupten, das Gewissen sei

coscienza morale sia la prosecuzione del rigore dell'autorità esterna e pertanto non avrebbe nulla a che fare con la rinuncia. La discrepanza però scompare, se postuliamo un'altra derivazione per questa prima configurazione dell'aggressività del Super-Io. Contro l'autorità che gli impedisce le prime, nonché le più importanti, soddisfazioni, a prescindere dal tipo di pulsioni a cui gli era chiesto di rinunciare, il bambino deve aver sviluppato un notevole grado di propensione all'aggressività. Di necessità, è stato poi obbligato a rinunciare al soddisfacimento di questa aggressività vendicativa. Per uscire da questa situazione economicamente difficile fa ricorso a meccanismi noti, accogliendo in sé, attraverso l'identificazione, questa autorità inattaccabile, che diventa il Super-Io e si impadronisce di tutta l'aggressività che il bambino avrebbe volentieri esercitato contro l'autorità. L'Io del bambino deve accontentarsi del ruolo infelice dell'autorità così sminuita, quello del padre. È, come accade di frequente, un capovolgimento della situazione. "Se io fossi il padre e tu il figlio, ti tratterei male." La relazione fra Super-Io e Io è un ritorno, distorto dal desiderio, alla relazione reale fra l'Io, ancora indiviso, e un oggetto esterno. Anche questo è tipico. La differenza sostanziale è che la severità originaria del Super-Io non è (o non è tanto) quella che viene sperimentata o che ci si aspetta da parte di esso [l'oggetto esterno, il padre], ma rappresenta la propria aggressività contro di esso. Se questo è vero, possiamo sostenere che la coscienza morale

im Anfang entstanden durch die Unterdrückung einer Aggression und verstärke sich im weiteren Verlauf durch neue solche Unterdrückungen.

Welche der beiden Auffassungen hat nun recht? Die frühere, die uns genetisch so unanfechtbar erschien, oder die neuere, welche die Theorie in so willkommener Weise abrundet? Offenbar, auch nach dem Zeugnis der direkten Beobachtung, sind beide berechtigt; sie widerstreiten einander nicht, treffen sogar an einer Stelle zusammen, denn die rachsüchtige Aggression des Kindes wird durch das Maß der strafenden Aggression, die es vom Vater erwartet, mitbestimmt werden. Die Erfahrung aber lehrt, daß die Strenge des Über-Ichs,das ein Kind entwickelt, keineswegs die Strenge der Behandlung, die es selbst erfahren hat, wiedergibt.[27] Sie erscheint unabhängig von ihr, bei sehr milder Erziehung kann ein Kind ein sehr strenges Gewissen bekommen. Doch wäre es auch unrichtig, wollte man diese Unabhängigkeit übertreiben; es ist nicht schwer, sich zu überzeugen, daß die Strenge der Erziehung auch auf die Bildung des kindlichen Über-Ichs einen starken Einfluß übt. Es kommt darauf hinaus, daß bei der Bildung des Über-Ichs und Entstehung des Gewissens mitgebrachte konstitutionelle Faktoren und Einflüsse des Milieus der realen Umgebung zusammenwirken, und das ist keineswegs befremdend, sondern

[27] Wie von Melanie Klein und anderen, englischen Autoren richtig hervorgehoben wurde.

nasca inizialmente dalla repressione di un impulso aggressivo e si rafforzi in seguito attraverso nuove, analoghe repressioni.

Quale di queste due concezioni è corretta? La prima, che ci sembrava inoppugnabile dal punto di vista genetico, o quest'ultima, che completa in modo così felice la teoria? Chiaramente, anche in base alla testimonianza dell'osservazione diretta, sono entrambe legittime; non si contraddicono a vicenda, in un punto addirittura coincidono, visto che l'aggressività vendicativa del bambino sarà almeno in parte determinata dall'entità dell'aggressività punitiva che si aspetta dal padre. L'esperienza ci dice, però, che la severità del Super-Io sviluppata dal bambino non riproduce affatto la severità del trattamento che ha a sua volta subìto.[27] L'una appare indipendente dall'altra: un bambino che abbia ricevuto un'educazione molto mite può sviluppare una coscienza morale particolarmente severa. Però sarebbe sbagliato anche estremizzare questa indipendenza: non è difficile, infatti, persuadersi che un'educazione severa eserciti un forte influsso anche sulla formazione del Super-Io del bambino. Ne deriva che nella formazione del Super-Io e nella nascita della coscienza morale concorrono fattori costituzionali innati e influssi dell'ambiente reale, il che

[27] Come è stato messo giustamente in rilievo da Melanie Klein e da altri autori inglesi.

die allgemeine ätiologische Bedingung all solcher Vorgänge.[28]

Man kann auch sagen, wenn das Kind auf die ersten großen Triebversagungen mit überstarker Aggression und entsprechender Strenge des Über-Ichs reagiert, folgt es dabei einem phylogenetischen Vorbild und setzt sich über die aktuell gerechtfertigte Reaktion hinaus, denn der Vater der Vorzeit war gewiß fürchterlich, und ihm durfte man das äußerste Maß von Aggression zumuten. Die Unterschiede der beiden Auffassungen von der Genese des Gewissens verringern sich also noch mehr, wenn man von der individuellen zur phylogenetischen Entwicklungsgeschichte übergeht. Dafür zeigt sich ein neuer bedeutsamer Unterschied in diesen beiden Vorgängen. Wir können nicht über die Annahme hinaus, daß das Schuldgefühl der Menschheit aus dem Ödipuskomplex stammt und bei der Tötung des Vaters durch die Brüdervereinigung erworben wurde. Damals wurde eine Aggression nicht unterdrückt,

[28] Fr. Alexander hat in der *Psychoanalyse der Gesamtpersönlichkeit* (1927) die beiden Haupttypen der pathogenen Erziehungsmethoden, die Überstrenge und die Verwöhnung, im Anschluß an Aichhorns Studie über die Verwahrlosung zutreffend gewürdigt. Der „übermäßig weiche und nachsichtige" Vater wird beim Kinde Anlaß zur Bildung eines überstrengen Über-Ichs werden, weil diesem Kind unter dem Eindruck der Liebe, die es empfängt, kein anderer Ausweg für seine Aggression bleibt als die Wendung nach innen. Beim Verwahrlosten, der ohne Liebe erzogen wurde, entfällt die Spannung zwischen Ich und Über-Ich, seine ganze Aggression kann sich nach außen richten. Sieht man also von einem anzunehmenden konstitutionellen Faktor ab, so darf man sagen, das strenge Gewissen entstehe aus dem Zusammenwirken zweier Lebenseinflüsse, der Triebversagung, welche die Aggression entfesselt, und der Liebeserfahrung, welche diese Aggression nach innen wendet und dem Über-Ich überträgt.

non è affatto sorprendente, bensì è la condizione eziologica basilare di simili processi.[28]

Si può dire anche che, se il bambino reagisce alle prime grandi frustrazioni pulsionali con eccessiva aggressività e una corrispondente severità del Super-Io, egli segue un modello filogenetico che va al di là della reazione che sarebbe giustificata in quel momento, poiché il padre dei tempi preistorici era di certo temibile e capace di estrema aggressività. Le differenze fra le due teorie della genesi della coscienza morale si riducono ulteriormente se si passa dalla storia evolutiva individuale a quella filogenetica. Fra questi due processi, però, si evidenzia una nuova e importante differenza. Non possiamo tralasciare l'ipotesi che il senso di colpa dell'umanità nasca dal complesso edipico e sia stato acquisito con l'uccisione del padre per mano dei fratelli sodali. In quell'occasione l'aggressività non è stata repressa,

[28] Franz Alexander in *Psychoanalyse der Gesamtpersönlichkeit* (1927) ha studiato in maniera approfondita i due principali metodi educativi patogeni, quello estremamente severo e quello permissivo, rifacendosi allo studio di [August] Aichhorn sui ragazzi disadattati. Il padre "troppo molle e indulgente" diventa nel bambino causa della formazione di un Super-Io estremamente severo, perché a questo bambino, sotto l'impressione dell'amore che riceve, non resta altra via di sfogo per la sua aggressività che rivolgerla verso l'interno. Nei ragazzi traviati, che sono stati allevati senza amore, non c'è tensione fra Io e Super-Io, così tutta l'aggressività può rivolgersi verso l'esterno. Se si prescinde dunque da un fattore costituzionale, che si può sempre presupporre, si può dire che una coscienza morale severa nasce dall'effetto congiunto di due elementi influenti, la frustrazione delle pulsioni, che scatena l'aggressività, e l'esperienza dell'amore, che rivolge quest'aggressività verso l'interno e la trasferisce al Super-Io.

sondern ausgeführt, dieselbe Aggression, deren Unterdrückung beim Kinde die Quelle des Schuldgefühls sein soll. Nun würde ich mich nicht verwundern, wenn ein Leser ärgerlich ausriefe: „Es ist also ganz gleichgültig, ob man den Vater umbringt oder nicht, ein Schuldgefühl bekommt man auf alle Fälle! Da darf man sich einige Zweifel erlauben. Entweder ist es falsch, daß das Schuldgefühl von unterdrückten Aggressionen herrührt, oder die ganze Geschichte von der Vatertötung ist ein Roman, und die Urmenschenkinder haben ihre Väter nicht häufiger umgebracht, als es die heutigen pflegen. Übrigens, wenn es kein Roman, sondern plausible Historie ist, so hätte man einen Fall, in dem das geschieht, was alle Welt erwartet, nämlich daß man sich schuldig fühlt, weil man wirklich etwas, was nicht zu rechtfertigen ist, getan hat. Und für diesen Fall, der sich immerhin alle Tage ereignet, ist uns die Psychoanalyse die Erklärung schuldig geblieben."

Das ist wahr und soll nachgeholt werden. Es ist auch kein besonderes Geheimnis. Wenn man ein Schuldgefühl hat, nachdem und weil man etwas verbrochen hat, so sollte man dies Gefühl eher *Reue* nennen. Es bezieht sich nur auf eine Tat, setzt natürlich voraus, daß ein *Gewissen*, die Bereitschaft, sich schuldig zu fühlen, bereits vor der Tat bestand. Eine solche Reue kann uns also nie dazu verhelfen, den Ursprung des Gewissens und des Schuldgefühls überhaupt zu finden. Der Hergang dieser alltäglichen Fälle ist gewöhnlich der, daß ein Triebbedürfnis die Stärke erworben hat, seine Befriedigung gegen das in seiner Stär-

bensì tradotta in un atto la cui repressione nel bambino innescherebbe il senso di colpa. A questo punto non mi meraviglierei se un lettore esclamasse adirato: "È del tutto indifferente, allora, se si uccida il padre oppure no, si sviluppa comunque il senso di colpa! È lecito avere qualche dubbio. O è falso che il senso di colpa derivi dall'aggressività repressa, oppure la storia dell'uccisione del padre è una fantasia e i figli dei primi uomini non ammazzavano i padri più spesso di quanto facciano quelli di oggi. Inoltre, se non è una fantasia ma una storia plausibile, ci troveremmo di fronte un caso in cui succede quello che tutti si aspettano, cioè che ci si senta in colpa perché si è effettivamente fatto qualcosa di male. E per questo caso, che pure si verifica quotidianamente, la psicoanalisi ci deve ancora una spiegazione".

Questo è vero e bisogna rimediare. Non è neanche un gran mistero. Se si prova un senso di colpa per aver commesso qualcosa, questo sentimento dovrebbe essere chiamato più correttamente *rimorso*. Si riferisce solo a un'azione compiuta, e presuppone che già prima di quell'atto esista una *coscienza morale*, la disposizione a sentirsi colpevoli. Un tale rimorso perciò non può aiutarci a scoprire l'origine della coscienza morale e del senso di colpa in generale. Ciò che di solito accade in questi casi è che un bisogno pulsionale ha acquisito la forza per ottenere il proprio soddisfacimento contro la coscienza morale, la cui forza

ke auch nur begrenzte Gewissen durchzusetzen, und daß mit der natürlichen Abschwächung des Bedürfnisses durch seine Befriedigung das frühere Kräfteverhältnis wiederhergestellt wird. Die Psychoanalyse tut also recht daran, den Fall des Schuldgefühls aus Reue von diesen Erörterungen auszuschließen, so häufig er auch vorkommt und so groß seine praktische Bedeutung auch ist.

Aber wenn das menschliche Schuldgefühl auf die Tötung des Urvaters zurückgeht, das war doch ein Fall von „Reue", und damals soll der Voraussetzung nach Gewissen und Schuldgefühl vor der Tat nicht bestanden haben? Woher kam in diesem Fall die Reue? Gewiß, dieser Fall muß uns das Geheimnis des Schuldgefühls aufklären, unseren Verlegenheiten ein Ende machen. Und ich meine, er leistet es auch. Diese Reue war das Ergebnis der uranfänglichen Gefühlsambivalenz gegen den Vater, die Söhne haßten ihn, aber sie liebten ihn auch; nachdem der Haß durch die Aggression befriedigt war, kam in der Reue über die Tat die Liebe zum Vorschein, richtete durch Identifizierung mit dem Vater das Über-Ich auf, gab ihm die Macht des Vaters wie zur Bestrafung für die gegen ihn verübte Tat der Aggression, schuf die Einschränkungen, die eine Wiederholung der Tat verhüten sollten. Und da die Aggressionsneigung gegen den Vater sich in den folgenden Geschlechtern wiederholte, blieb auch das Schuldgefühl bestehen und verstärkte sich von neuem durch jede unterdrückte und dem Über-Ich übertragene Aggression. Nun, meine ich, erfassen wir endlich zweierlei in voller Klarheit, den Anteil der Liebe an der Entstehung des Gewissens und die

è ancora limitata, e che con il naturale indebolimento del bisogno ormai soddisfatto viene ripristinato il precedente rapporto di forze. La psicoanalisi è dunque giustificata a escludere da queste spiegazioni il caso del senso di colpa derivante dal rimorso, per quanto si presenti spesso e abbia una grande importanza pratica.

Se però il senso di colpa umano risale all'uccisione del padre primordiale, quello fu un caso di "rimorso": stando a quanto presupposto, prima del fatto non sarebbero dovuti esistere coscienza morale e senso di colpa? Altrimenti da dove è scaturito il rimorso? Certo, questo caso deve chiarirci il mistero del senso di colpa, porre fine alle nostre difficoltà. E penso che ci riesca. Quel rimorso era il risultato dell'ambivalenza primordiale dei sentimenti verso il padre: i figli lo odiavano, ma al tempo stesso lo amavano; dopo che l'odio è stato soddisfatto attraverso l'aggressione, nel rimorso per l'atto commesso è venuto in primo piano l'amore che, attraverso l'identificazione con il padre, ha eretto il Super-Io, gli ha dato la potenza del padre, quasi come punizione per l'atto di aggressione commesso contro di lui, e ha posto le restrizioni che avrebbero dovuto impedire una ripetizione di quell'atto. Poiché poi la tendenza ad aggredire il padre è emersa ancora nelle generazioni successive, è rimasto anche il senso di colpa, che si è rafforzato ogni qualvolta una parte di aggressività veniva repressa e trasferita al Super-Io. Ora mi pare che abbiamo finalmente compreso con totale chiarezza due cose: il ruolo dell'amore nella formazione della coscienza morale e la fatalità e inevitabilità del

verhängnisvolle Unvermeidlichkeit des Schuldgefühls. Es ist wirklich nicht entscheidend, ob man den Vater getötet oder sich der Tat enthalten hat, man muß sich in beiden Fällen schuldig finden, denn das Schuldgefühl ist der Ausdruck des Ambivalenzkonflikts, des ewigen Kampfes zwischen dem Eros und dem Destruktions- oder Todestrieb. Dieser Konflikt wird angefacht, sobald den Menschen die Aufgabe des Zusammenlebens gestellt wird; solange diese Gemeinschaft nur die Form der Familie kennt, muß er sich im Ödipuskomplex äußern, das Gewissen einsetzen, das erste Schuldgefühl schaffen. Wenn eine Erweiterung dieser Gemeinschaft versucht wird, wird derselbe Konflikt in Formen, die von der Vergangenheit abhängig sind, fortgesetzt, verstärkt und hat eine weitere Steigerung des Schuldgefühls zur Folge. Da die Kultur einem inneren erotischen Antrieb gehorcht, der sie die Menschen zu einer innig verbundenen Masse vereinigen heißt, kann sie dies Ziel nur auf dem Wege einer immer wachsenden Verstärkung des Schuldgefühls erreichen. Was am Vater begonnen wurde, vollendet sich an der Masse. Ist die Kultur der notwendige Entwicklungsgang von der Familie zur Menschheit, so ist unablösbar mit ihr verbunden, als Folge des mitgeborenen Ambivalenzkonflikts, als Folge des ewigen Haders zwischen Liebe und Todesstreben, die Steigerung des Schuldgefühls vielleicht bis zu Höhen, die der einzelne schwer erträglich findet. Man gedenkt der ergreifenden Anklage des großen Dichters gegen die „himmlischen Mächte“:

„Ihr führt ins Leben uns hinein,
Ihr laßt den Armen schuldig werden,

senso di colpa. Non è davvero dirimente se il padre sia stato ucciso o meno, in entrambi i casi ci si deve sentire in colpa, perché quel sentimento è l'espressione del conflitto dovuto all'ambivalenza, la lotta eterna fra l'Eros e la pulsione di distruzione o di morte. Questo conflitto scatta appena agli uomini si impone di vivere insieme; finché l'unica forma di comunità è la famiglia, il conflitto deve esprimersi nel complesso edipico, istituisce la coscienza morale e genera il primo senso di colpa. Ampliando la comunità, lo stesso conflitto prosegue in forme che dipendono dal passato, si rafforza e ha come conseguenza un'ulteriore intensificazione del senso di colpa. Poiché la civiltà obbedisce a un impulso erotico interno, che le ordina di unire gli uomini in una massa intimamente legata, può raggiungere questa meta solo rafforzando sempre di più il senso di colpa. Ciò che è iniziato con il padre si compie nella massa. Se la civiltà è il cammino evolutivo necessario dalla famiglia all'umanità, allora essa è indissolubilmente legata all'intensificazione del senso di colpa – come conseguenza del conflitto innato derivante dall'ambivalenza, dell'eterna lotta fra amore e pulsione di morte –, forse fino a livelli che il singolo stenta a sopportare. Viene in mente la commovente accusa del grande poeta alle "potenze celesti":

"Voi della vita ci aprite le porte,
alla caduta portate il misero

Dann überlaßt Ihr ihn der Pein,
Denn jede Schuld rächt sich auf Erden."[29]

Und man darf wohl aufseufzen bei der Erkenntnis, daß es einzelnen Menschen gegeben ist, aus dem Wirbel der eigenen Gefühle die tiefsten Einsichten doch eigentlich mühelos heraufzuholen, zu denen wir anderen uns durch qualvolle Unsicherheit und rastloses Tasten den Weg zu bahnen haben.

[29] Goethe, Lieder des Harfners in *Wilhelm Meister*.

e alla sua pena poi lo consegnate;
ché ogni colpa si sconta sulla terra”.[29,o]

E si può ben tirare un sospiro di sollievo sapendo che ad alcuni uomini è dato ricavare senza fatica dal vortice dei propri sentimenti le intuizioni più profonde, mentre il resto di noi per raggiungere quelle verità deve farsi strada a tentoni, in condizione di penosa insicurezza.

[29] Goethe, canto dell'arpista nel *Wilhelm Meister*.

# VIII

Am Ende eines solchen Weges angelangt, muß der Autor seine Leser um Entschuldigung bitten, daß er ihnen kein geschickter Führer gewesen, ihnen das Erlebnis öder Strecken und beschwerlicher Umwege nicht erspart hat. Es ist kein Zweifel, daß man es besser machen kann. Ich will versuchen, nachträglich etwas gutzumachen.

Zunächst vermute ich bei den Lesern den Eindruck, daß die Erörterungen über das Schuldgefühl den Rahmen dieses Aufsatzes sprengen, indem sie zuviel Raum für sich einnehmen und ihren anderen Inhalt, mit dem sie nicht immer innig zusammenhängen, an den Rand drängen. Das mag den Aufbau der Abhandlung gestört haben, entspricht aber durchaus der Absicht, das Schuldgefühl als das wichtigste Problem der Kulturentwicklung hinzustellen und darzutun, daß der Preis für den Kulturfortschritt in der Glückseinbuße durch die Erhöhung des Schuldgefühls bezahlt wird.[30] Was an diesem Satz, dem Ender-

[30] „So macht Gewissen Feige aus uns allen..."

# VIII

Arrivati alla fine di questo percorso, l'autore deve chiedere scusa ai lettori di non essere stato una guida abbastanza abile da evitare loro tratti aridi e deviazioni disagevoli. Senza dubbio avrei potuto fare di meglio. Cercherò almeno in parte di rimediare.

Il mio primo timore è che ai lettori possa sembrare che le osservazioni sul senso di colpa debordino dalla cornice di questo saggio, che vi si sia concesso troppo spazio, relegando ai margini l'altro argomento trattato, con cui non sono sempre strettamente correlate. Benché un simile approccio possa aver minato la struttura di questo scritto, risponde invero al proposito di presentare il senso di colpa come il problema più importante nello sviluppo della civiltà e di dimostrare che il prezzo del progresso civile si paga, all'aumentare del senso di colpa, con la perdita della felicità.[30] Ciò che ancora può apparire stra-

[30] "Così la coscienza ci rende tutti codardi..." [Shakespeare, *Amleto*, Atto III, scena I].

gebnis unserer Untersuchung, noch befremdlich klingt, läßt sich wahrscheinlich auf das ganz sonderbare, noch durchaus unverstandene Verhältnis des Schuldgefühls zu unserem Bewußtsein zurückführen. In den gemeinen, uns als normal geltenden Fällen von Reue macht es sich dem Bewußtsein deutlich genug wahrnehmbar; wir sind doch gewöhnt, anstatt Schuldgefühl „Schuldbewußtsein" zu sagen. Aus dem Studium der Neurosen, denen wir doch die wertvollsten Winke zum Verständnis des Normalen danken, ergeben sich widerspruchsvolle Verhältnisse. Bei einer dieser Affektionen, der Zwangsneurose, drängt sich das Schuldgefühl überlaut dem Bewußtsein auf, es beherrscht das Krankheitsbild wie das Leben der Kranken, läßt kaum anderes neben sich aufkommen. Aber in den meisten anderen Fällen und Formen von Neurose bleibt es völlig unbewußt, ohne darum geringfügigere Wirkungen zu äußern. Die Kranken glauben uns nicht, wenn wir ihnen ein

Daß sie dem jugendlichen Menschen verheimlicht, welche Rolle die Sexualität in seinem Leben spielen wird, ist nicht der einzige Vorwurf, den man gegen die heutige Erziehung erheben muß. Sie sündigt außerdem darin, daß sie ihn nicht auf die Aggression vorbereitet, deren Objekt er zu werden bestimmt ist. Indem sie die Jugend mit so unrichtiger psychologischer Orientierung ins Leben entläßt, benimmt sich die Erziehung nicht anders, als wenn man Leute, die auf eine Polarexpedition gehen, mit Sommerkleidern und Karten der oberitalischen Seen ausrüsten würde. Dabei wird ein gewisser Mißbrauch der ethischen Forderungen deutlich. Die Strenge derselben würde nicht viel schaden, wenn die Erziehung sagte: So sollten die Menschen sein, um glücklich zu werden und andere glücklich zu machen; aber man muß damit rechnen, daß sie nicht so sind. Anstatt dessen läßt man den Jugendlichen glauben, daß alle anderen die ethischen Vorschriften erfüllen, also tugendhaft sind. Damit begründet man die Forderung, daß er auch so werde.

no in questa affermazione – che è il risultato finale della nostra indagine – è probabilmente da ricondurre alla relazione molto particolare, e finora del tutto insondata, fra il senso di colpa e la nostra coscienza. Nei casi di rimorso, per noi usuali, la coscienza percepisce in maniera abbastanza chiara il senso di colpa, e infatti anziché di senso di colpa possiamo parlare di "coscienza di colpa". Dallo studio delle nevrosi, cui dobbiamo preziose indicazioni per la comprensione delle condizioni normali, emergono risultati contraddittori. In uno di questi disturbi, la nevrosi ossessiva, il senso di colpa si impone alla coscienza con estrema forza, domina il quadro clinico e la vita del paziente, senza quasi lasciar spazio ad altro. Nella maggior parte degli altri casi e delle altre forme di nevrosi, invece, rimane completamente inconscio, senza per questo avere effetti meno gravi. Quando attribuiamo ai pazienti un

Il fatto che nasconda ai più giovani quale ruolo avrà la sessualità nella loro vita non è l'unica rimostranza che si deve fare all'educazione di oggi. È colpevole anche di non prepararli all'aggressività che sono destinati a subire. Introducendo i giovani alla vita con un orientamento psicologico falso, l'educazione si comporta come se si dotasse qualcuno che sta partendo per una spedizione polare di vestiti estivi e carte dei laghi dell'Italia settentrionale. In questo è evidente un indubbio cattivo uso delle esigenze etiche, il cui rigore non farebbe tanto male, se l'educazione dicesse: "Così gli uomini dovrebbero essere per raggiungere la felicità e rendere felici gli altri; ma bisogna tener conto che così non sono". Invece si fa credere ai giovani che tutti gli altri rispettino i precetti etici, quindi che siano virtuosi. Su questo si basa la richiesta che anch'essi si adeguino.

„unbewußtes Schuldgefühl" zumuten; um nur halbwegs von ihnen verstanden zu werden, erzählen wir ihnen von einem unbewußten Strafbedürfnis, in dem sich das Schuldgefühl äußert. Aber die Beziehung zur Neurosenform darf nicht überschätzt werden; es gibt auch bei der Zwangsneurose Typen von Kranken, die ihr Schuldgefühl nicht wahrnehmen oder es als ein quälendes Unbehagen, eine Art von Angst erst dann empfinden, wenn sie an der Ausführung gewisser Handlungen verhindert werden. Diese Dinge sollte man endlich einmal verstehen können, man kann es noch nicht. Vielleicht ist hier die Bemerkung willkommen, daß das Schuldgefühl im Grunde nichts ist als eine topische Abart der Angst, in seinen späteren Phasen fällt es ganz mit der *Angst vor dem Über-Ich* zusammen. Und bei der Angst zeigen sich im Verhältnis zum Bewußtsein dieselben außerordentlichen Variationen. Irgendwie steckt die Angst hinter allen Symptomen, aber bald nimmt sie lärmend das Bewußtsein ganz für sich in Anspruch, bald verbirgt sie sich so vollkommen, daß wir genötigt sind, von unbewußter Angst oder – wenn wir ein reineres psychologisches Gewissen haben wollen, da ja die Angst zunächst nur eine Empfindung ist – von Angstmöglichkeiten zu reden. Und darum ist es sehr wohl denkbar, daß auch das durch die Kultur erzeugte Schuldbewußtsein nicht als solches erkannt wird, zum großen Teil unbewußt bleibt oder als ein Unbehagen, eine Unzufriedenheit zum Vorschein kommt, für die man andere Motivierungen sucht. Die Religionen wenigstens haben die Rolle des Schuldgefühls in der Kultur nie verkannt. Sie treten ja, was ich

"senso di colpa inconscio", loro non ci credono; per farci comprendere, almeno in parte, parliamo loro di un bisogno inconscio di punizione, in cui si manifesta il senso di colpa. Ma lungi da me sopravvalutare il collegamento con una forma di nevrosi: anche nei casi di nevrosi ossessiva, infatti, ci sono malati che non percepiscono il loro senso di colpa o lo percepiscono solo come un disagio tormentoso, una sorta di angoscia che li ostacola nello svolgimento di determinate azioni. Arriveremo un giorno a comprendere queste dinamiche, ma al momento non ci è ancora possibile. Forse in questa sede può bastarci osservare che in fondo il senso di colpa non è che una diversa specie topica di angoscia, che nelle fasi più avanzate coincide completamente con l'*angoscia di fronte al Super-Io*. E nell'angoscia si manifestano, in rapporto alla coscienza, le stesse, straordinarie variazioni. In un modo o nell'altro, l'angoscia è presente dietro tutti i sintomi, ma a volte occupa vistosamente l'intera coscienza, a volte si dissimula così sapientemente che siamo costretti a parlare di angoscia inconscia o – per essere più rigorosi dal punto di vista psicologico, dato che l'angoscia è in primo luogo solo una sensazione – di possibilità d'angoscia. Di conseguenza possiamo ipotizzare che anche la coscienza di colpa prodotta dalla civiltà possa non essere riconosciuta come tale, rimanga in gran parte inconscia o si manifesti come una specie di disagio, un'insoddisfazione per la quale si cercano altre motivazioni. Le religioni perlomeno non hanno mai disconosciuto il ruolo del senso di colpa nella civiltà. Anzi avanzano la pretesa – aspetto del

an anderer Stelle nicht gewürdigt hatte,[31] auch mit dem Anspruch auf, die Menschheit von diesem Schuldgefühl, das sie Sünde heißen, zu erlösen. Aus der Art, wie im Christentum diese Erlösung gewonnen wird, durch den Opfertod eines einzelnen, der damit eine allen gemeinsame Schuld auf sich nimmt, haben wir ja einen Schluß darauf gezogen, welches der erste Anlaß zur Erwerbung dieser Urschuld, mit der auch die Kultur begann, gewesen sein mag.[32]

Es kann nicht sehr wichtig werden, mag aber nicht überflüssig sein, daß wir die Bedeutung einiger Worte wie: Über-Ich, Gewissen, Schuldgefühl, Strafbedürfnis, Reue erläutern, die wir vielleicht oft zu lose und eines fürs andere gebraucht haben. Alle beziehen sich auf dasselbe Verhältnis, benennen aber verschiedene Seiten desselben. Das Über-Ich ist eine von uns erschlossene Instanz, das Gewissen eine Funktion, die wir ihm neben anderen zuschreiben, die die Handlungen und Absichten des Ichs zu überwachen und zu beurteilen hat, eine zensorische Tätigkeit ausübt. Das Schuldgefühl, die Härte des Über-Ichs, ist also dasselbe wie die Strenge des Gewissens, ist die dem Ich zugeteilte Wahrnehmung, daß es in solcher Weise überwacht wird, die Abschätzung der Spannung zwischen seinen Strebungen und den Forderungen des Über-Ichs, und die der ganzen Beziehung zugrundeliegende Angst vor

[31] Ich meine: *Die Zukunft einer Illusion* (1927), enthalten in diesem Bande.

[32] *Totem und Tabu* (1912). (Ges.Werke, Bd. IX.)

quale in altra sede non avevo tenuto conto[31] – di salvare l'umanità dal senso di colpa: il peccato. Dal modo in cui nel cristianesimo si ottiene la redenzione – attraverso la morte sacrificale di un singolo che paga la colpa comune a tutti – abbiamo già tratto una conclusione su quale possa essere stata la prima occasione in cui è stata commessa questa colpa originaria, che ha anche dato inizio alla civiltà.[32]

Pur non essendo determinante, potrebbe non essere superfluo chiarire il significato di parole come Super-Io, coscienza morale, senso di colpa, bisogno di punizione e rimorso, che forse spesso abbiamo usato con eccessiva libertà e l'una al posto dell'altra. Tutte si riferiscono alla stessa relazione, denotandone aspetti diversi. Il Super-Io è un'istanza desunta da noi, la coscienza morale è una delle funzioni che attribuiamo al Super-Io, incaricata, nel ruolo di censore, di sorvegliare e giudicare le azioni e le intenzioni dell'Io. Il senso di colpa – la durezza del Super-Io – equivale alla severità della coscienza morale, è la percezione dell'Io di essere sorvegliato, la misura della tensione fra le sue aspirazioni e le esigenze del Super-Io. L'angoscia nei confronti di questa istanza

[31] Mi riferisco a *L'avvenire di un'illusione*, 1927 (O.S.F., vol. X).
[32] *Totem e tabù*, 1912 (O.S.F., vol. VII).

dieser kritischen Instanz, das Strafbedürfnis, ist eine Triebäußerung des Ichs, das unter dem Einfluß des sadistischen Über-Ichs masochistisch geworden ist, d. h. ein Stück des in ihm vorhandenen Triebes zur inneren Destruktion zu einer erotischen Bindung an das Über-Ich verwendet. Vom Gewissen sollte man nicht eher sprechen, als bis ein Über-Ich nachweisbar ist; vom Schuldbewußtsein muß man zugeben, daß es früher besteht als das Über-Ich, also auch als das Gewissen. Es ist dann der unmittelbare Ausdruck der Angst vor der äußeren Autorität, die Anerkennung der Spannung zwischen dem Ich und dieser letzteren, der direkte Abkömmling des Konflikts zwischen dem Bedürfnis nach deren Liebe und dem Drang nach Triebbefriedigung, dessen Hemmung die Neigung zur Aggression erzeugt. Die Übereinanderlagerung dieser beiden Schichten des Schuldgefühls – aus Angst vor der äußeren und vor der inneren Autorität – hat uns manchen Einblick in die Beziehungen des Gewissens erschwert. Reue ist eine Gesamtbezeichnung für die Reaktion des Ichs in einem Falle des Schuldgefühls, enthält das wenig umgewandelte Empfindungsmaterial der dahinter wirksamen Angst, ist selbst eine Strafe und kann das Strafbedürfnis einschließen; auch sie kann also älter sein als das Gewissen.

Es kann auch nichts schaden, daß wir uns nochmals die Widersprüche vorführen, die uns eine Weile bei unserer Untersuchung verwirrt haben. Das Schuldgefühl sollte einmal die Folge unterlassener Aggressionen sein, aber ein andermal und gerade bei seinem historischen Anfang, der Vatertötung, die Folge einer ausgeführten Ag-

critica che sta alla base di tutta la relazione, ossia il bisogno di punizione, è una manifestazione pulsionale dell'Io, diventato masochista sotto l'influsso del Super-Io sadico, cioè una parte della tendenza alla distruzione interna presente nell'Io utilizzata per instaurare un legame erotico con il Super-Io. Di coscienza morale non si dovrebbe parlare fino a che non sia dimostrabile la presenza di un Super-Io; per quanto riguarda la coscienza di colpa, bisogna ammettere che esiste prima del Super-Io, quindi anche della coscienza morale. È l'espressione immediata della paura nei confronti dell'autorità esterna, il riconoscimento della tensione fra essa e l'Io, il derivato diretto del conflitto fra il bisogno del suo amore e la spinta al soddisfacimento pulsionale, la cui inibizione produce l'inclinazione all'aggressività. La sovrapposizione di questi due strati del senso di colpa – derivanti rispettivamente dall'angoscia davanti all'autorità esterna e a quella interna – ha ostacolato l'esame delle relazioni della coscienza morale. Rimorso è una denominazione generale per la reazione dell'Io in caso di senso di colpa; comprende il materiale sensoriale, poco trasformato, dell'angoscia che soggiace al senso di colpa, è una punizione in sé e può includere il bisogno di punizione; anche il rimorso può essere dunque più antico della coscienza morale.

Gioverà anche tornare ancora una volta sulle contraddizioni che a tratti ci hanno confuso nella nostra indagine. Un tempo il senso di colpa doveva essere la conseguenza dell'astensione da atti di aggressività, per poi diventare – con l'uccisione del padre, che ne segnò storicamente l'inizio – la

gression. Wir fanden auch den Ausweg aus dieser Schwierigkeit. Die Einsetzung der inneren Autorität, des Über-Ichs, hat eben die Verhältnisse gründlich geändert. Vorher fiel das Schuldgefühl mit der Reue zusammen; wir merken dabei, daß die Bezeichnung Reue für die Reaktion nach wirklicher Ausführung der Aggression zu reservieren ist. Nachher verlor infolge der Allwissenheit des Über-Ichs der Unterschied zwischen beabsichtigter und erfüllter Aggression seine Kraft; nun konnte sowohl eine wirklich ausgeführte Gewalttat Schuldgefühl erzeugen – wie alle Welt weiß – als auch eine bloß beabsichtigte – wie die Psychoanalyse erkannt hat. Über die Veränderung der psychologischen Situation hinweg hinterläßt der Ambivalenzkonflikt der beiden Urtriebe die nämliche Wirkung. Die Versuchung liegt nahe, hier die Lösung des Rätsels von der wechselvollen Beziehung des Schuldgefühls zum Bewußtsein zu suchen. Das Schuldgefühl aus Reue über die böse Tat müßte immer bewußt sein, das aus Wahrnehmung des bösen Impulses könnte unbewußt bleiben. Allein so einfach ist das nicht, die Zwangsneurose widerspricht dem energisch. Der zweite Widerspruch war, daß die aggressive Energie, mit der man das Über-Ich ausgestattet denkt, nach einer Auffassung bloß die Strafenergie der äußeren Autorität fortsetzt und für das Seelenleben erhält, während eine andere Auffassung meint, es sei vielmehr die nicht zur Verwendung gelangte eigene Aggression, die man gegen diese hemmende Autorität aufbringt. Die erste Lehre schien sich der Geschichte, die zweite der Theorie des Schuldgefühls besser anzupassen. Eingehende-

conseguenza di un'aggressione compiuta. Abbiamo trovato però la via d'uscita da questa impasse. L'instaurarsi dell'autorità interna, il Super-Io, ha cambiato le cose in maniera significativa. Prima il senso di colpa coincideva con il rimorso (termine, lo ricordiamo, associato esclusivamente alla reazione che segue l'effettivo compimento di un atto di aggressione). Più avanti, tenuto conto dell'onniscienza del Super-Io, la distinzione fra l'intenzione di aggredire e l'aggressione compiuta ha perso forza: da allora il senso di colpa può essere generato tanto da un atto effettivamente perpetrato (come tutti sanno) quanto dalla pura intenzione di perpetrarlo (come ha scoperto la psicoanalisi). Anche con il cambiamento della situazione psicologica il conflitto derivante dall'ambivalenza delle due pulsioni primordiali produce lo stesso effetto. Saremmo tentati di cercare qui la soluzione dell'enigma della relazione variabile fra senso di colpa e coscienza: il senso di colpa derivante dal rimorso per una cattiva azione deve essere sempre conscio, quello derivante dalla percezione di un impulso cattivo potrebbe invece rimanere inconscio. Ma non è così semplice: la nevrosi ossessiva contraddice apertamente questo assunto. Un'altra contraddizione è che, secondo un'interpretazione, l'energia aggressiva di cui si ritiene dotato il Super-Io sarebbe semplicemente la prosecuzione dell'energia punitiva dell'autorità esterna conservata nella vita psichica, mentre secondo un'altra interpretazione sarebbe piuttosto l'aggressività non utilizzata e rivolta contro quest'autorità inibente. La prima concezione sembra adattarsi meglio alla storia, la seconda alla teoria del senso di

re Überlegung hat den anscheinend unversöhnlichen Gegensatz beinahe allzuviel verwischt; es blieb als wesentlich und gemeinsam übrig, daß es sich um eine nach innen verschobene Aggression handelt. Die klinische Beobachtung gestattet wiederum, wirklich zwei Quellen für die dem Über-Ich zugeschriebene Aggression zu unterscheiden, von denen im einzelnen Fall die eine oder die andere die stärkere Wirkung ausübt, die im allgemeinen aber zusammenwirken.

Hier ist, meine ich, der Ort, eine Auffassung ernsthaft zu vertreten, die ich vorhin zur vorläufigen Annahme empfohlen hatte. In der neuesten analytischen Literatur zeigt sich eine Vorliebe für die Lehre, daß jede Art von Versagung, jede verhinderte Triebbefriedigung eine Steigerung des Schuldgefühls zur Folge habe oder haben könnte.[33] Ich glaube, man schafft sich eine große theoretische Erleichterung, wenn man das nur von den *aggressiven* Trieben gelten läßt, und man wird nicht viel finden, was dieser Annahme widerspricht. Wie soll man es denn dynamisch und ökonomisch erklären, daß an Stelle eines nicht erfüllten *erotischen* Anspruchs eine Steigerung des Schuldgefühls auftritt? Das scheint doch nur auf dem Umwege möglich, daß die Verhinderung der erotischen Befriedigung ein Stück Aggressionsneigung gegen die Person hervorruft, welche die Befriedigung stört, und daß diese Aggression selbst wieder unterdrückt werden muß.

[33] Insbesondere bei E. Jones, Susan Isaacs, Melanie Klein; wie ich verstehe, aber auch bei Reik und Alexander.

colpa. Una riflessione più approfondita ha risolto questa contraddizione apparentemente inconciliabile; è rimasto come elemento essenziale e comune il fatto che si tratta di un'aggressione verso l'interno. L'osservazione clinica, inoltre, ci consente di distinguere due fonti per l'aggressività attribuita al Super-Io, delle quali in singoli casi prevale l'una oppure l'altra, ma che in generale operano di concerto.

Credo che questo sia il luogo adatto per approfondire una considerazione che in precedenza avevo consigliato di accogliere come temporanea. Nella letteratura analitica più recente si mostra una predilezione per l'idea secondo cui ogni forma di frustrazione, ogni soddisfacimento inibito delle pulsioni abbia, o possa avere, come conseguenza un'intensificazione del senso di colpa.[33] Io credo che applicando quest'idea solo alle pulsioni *aggressive* si ottenga una grande semplificazione teorica, e non si troveranno molti argomenti che la contraddicano. Come riuscire a spiegare dinamicamente ed economicamente che al posto di un'esigenza erotica non appagata subentri un'intensificazione del senso di colpa? Sembra possibile solo per via indiretta, cioè supponendo che la frustrazione del soddisfacimento erotico scateni una certa aggressività contro la persona che lo ha impedito, aggressività che a sua volta deve essere repressa. Dunque è solo

[33] In particolare, questa posizione è sostenuta da Ernest Jones, Susan Isaacs, Melanie Klein; a quanto capisco, però, anche da [Theodor] Reik e Alexander.

Dann aber ist es doch nur die Aggression, die sich in Schuldgefühl umwandelt, indem sie unterdrückt und dem Über-Ich zugeschoben wird. Ich bin überzeugt, wir werden viele Vorgänge einfacher und durchsichtiger darstellen können, wenn wir den Fund der Psychoanalyse zur Ableitung des Schuldgefühls auf die aggressiven Triebe einschränken. Die Befragung des klinischen Materials gibt hier keine eindeutige Antwort, weil unserer Voraussetzung gemäß die beiden Triebarten kaum jemals rein, voneinander isoliert, auftreten; aber die Würdigung extremer Fälle wird wohl nach der Richtung weisen, die ich erwarte. Ich bin versucht, von dieser strengeren Auffassung einen ersten Nutzen zu ziehen, indem ich sie auf den Verdrängungsvorgang anwende. Die Symptome der Neurosen sind, wie wir gelernt haben, wesentlich Ersatzbefriedigungen für unerfüllte sexuelle Wünsche. Im Laufe der analytischen Arbeit haben wir zu unserer Überraschung erfahren, daß vielleicht jede Neurose einen Betrag von unbewußtem Schuldgefühl verhüllt, der wiederum die Symptome durch ihre Verwendung zur Strafe befestigt. Nun liegt es nahe, den Satz zu formulieren: Wenn eine Triebstrebung der Verdrängung unterliegt, so werden ihre libidinösen Anteile in Symptome, ihre aggressiven Komponenten in Schuldgefühl umgesetzt. Auch wenn dieser Satz nur in durchschnittlicher Annäherung richtig ist, verdient er unser Interesse.

Manche Leser dieser Abhandlung mögen auch unter dem Eindruck stehen, daß sie die Formel vom Kampf zwischen Eros und Todestrieb zu oft gehört haben. Sie sollte den Kulturprozeß kenn-

l'aggressività che, quando viene repressa e trasferita al Super-Io, si trasforma in senso di colpa. Sono convinto che, se restringiamo alle pulsioni aggressive le scoperte della psicoanalisi in merito all'origine del senso di colpa, riusciremo a figurarci molti processi in modo più semplice e chiaro. L'esame del materiale clinico non dà una risposta univoca al riguardo, perché, stando a quanto abbiamo ipotizzato, le due forme di pulsione raramente si presentano pure, isolate l'una dall'altra; ma indagando sui casi estremi si potrebbe avere la conferma che la direzione è quella che ho indicato. Sono tentato di ricavare da questa interpretazione più ristretta un primo elemento utile, applicandola al processo di rimozione. I sintomi delle nevrosi, come abbiamo scoperto, sono essenzialmente soddisfacimenti sostitutivi per desideri sessuali non appagati. Nel corso del lavoro analitico abbiamo appreso, con stupore, che tutte le nevrosi paiono nascondere una certa quantità di senso di colpa inconscio, il quale a sua volta acutizza i sintomi usandoli come punizione. Si può allora postulare questo assunto: se una tendenza pulsionale subisce una rimozione, le sue componenti libidiche si trasformano in sintomi e le componenti aggressive in senso di colpa. Sebbene tale assunto sia frutto di un'approssimazione media, merita il nostro interesse.

Qualche lettore potrà inoltre avere l'impressione di aver sentito parlare fin troppo spesso, in queste pagine, della formula della lotta fra l'Eros e la pulsione di morte per caratterizzare il processo di civilizzazione a cui l'umanità è sottoposta, ma

zeichnen, der über die Menschheit abläuft, wurde aber auch auf die Entwicklung des einzelnen bezogen und sollte überdies das Geheimnis des organischen Lebens überhaupt enthüllt haben. Es scheint unabweisbar, die Beziehungen dieser drei Vorgänge zu einander zu untersuchen. Nun ist die Wiederkehr derselben Formel durch die Erwägung gerechtfertigt, daß der Kulturprozeß der Menschheit wie die Entwicklung des einzelnen auch Lebensvorgänge sind, also am allgemeinsten Charakter des Lebens Anteil haben müssen. Anderseits trägt gerade darum der Nachweis dieses allgemeinen Zuges nichts zur Unterscheidung bei, solange dieser nicht durch besondere Bedingungen eingeengt wird. Wir können uns also erst bei der Aussage beruhigen, der Kulturprozeß sei jene Modifikation des Lebensprozesses, die er unter dem Einfluß einer vom Eros gestellten, von der Ananke, der realen Not angeregten Aufgabe erfährt, und diese Aufgabe ist die Vereinigung vereinzelter Menschen zu einer unter sich libidinös verbundenen Gemeinschaft. Fassen wir aber die Beziehung zwischen dem Kulturprozeß der Menschheit und dem Entwicklungs- oder Erziehungsprozeß des einzelnen Menschen ins Auge, so werden wir uns ohne viel Schwanken dafür entscheiden, daß die beiden sehr ähnlicher Natur sind, wenn nicht überhaupt derselbe Vorgang an andersartigen Objekten. Der Kulturprozeß der Menschenart ist natürlich eine Abstraktion von höherer Ordnung als die Entwicklung des einzelnen, darum schwerer anschaulich zu erfassen, und die Aufspürung von Analogien soll nicht zwanghaft übertrieben werden; aber bei

anche in riferimento allo sviluppo dell'individuo e perfino per svelare il mistero della vita organica in generale. Sembra dunque inevitabile indagare le relazioni fra questi tre processi. La ripetizione della medesima formula è giustificata dalla considerazione che, essendo sia il processo di incivilimento dell'umanità sia lo sviluppo dell'individuo ambedue processi vitali, partecipano del carattere più generale della vita. D'altra parte, la dimostrazione di questo tratto generale non contribuisce affatto a distinguerli, finché esso non viene ristretto mediante condizioni particolari. Ci può soddisfare solo definire il processo di incivilimento come la modificazione subìta dal processo vitale sotto l'influsso di un compito imposto dall'Eros e stimolato dall'Ananke – la necessità reale –, ovvero riunire i singoli uomini in una comunità legata da vincoli libidici. Se però guardiamo la relazione fra il processo d'incivilimento dell'umanità e il processo di sviluppo o educazione dei singoli, potremo concludere senza troppa titubanza che essi abbiano una natura simile, sempre che non si tratti del medesimo processo applicato a oggetti di tipo diverso. Naturalmente il processo di incivilimento della specie umana è un'astrazione di livello più alto rispetto allo sviluppo dell'individuo, e per questo è più difficile da cogliere distintamente, ma del resto non è necessario spingere oltre la ricerca di analogie; tuttavia,

der Gleichartigkeit der Ziele – hier die Einreihung eines einzelnen in eine menschliche Masse, dort die Herstellung einer Masseneinheit aus vielen einzelnen – kann die Ähnlichkeit der dazu verwendeten Mittel und der zustande kommenden Phänomene nicht überraschen. Ein die beiden Vorgänge unterscheidender Zug darf wegen seiner außerordentlichen Bedeutsamkeit nicht lange unerwähnt bleiben. Im Entwicklungsprozeß des Einzelmenschen wird das Programm des Lustprinzips, Glücksbefriedigung zu finden, als Hauptziel festgehalten, die Einreihung in oder Anpassung an eine menschliche Gemeinschaft erscheint als eine kaum zu vermeidende Bedingung, die auf dem Wege zur Erreichung dieses Glücksziels erfüllt werden soll. Ginge es ohne diese Bedingung, so wäre es vielleicht besser. Anders ausgedrückt: die individuelle Entwicklung erscheint uns als ein Produkt der Interferenz zweier Strebungen, des Strebens nach Glück, das wir gewöhnlich „egoistisch", und des Strebens nach Vereinigung mit den anderen in der Gemeinschaft, das wir „altruistisch" heißen. Beide Bezeichnungen gehen nicht viel über die Oberfläche hinaus. In der individuellen Entwicklung fällt, wie gesagt, der Hauptakzent meist auf die egoistische oder Glücksstrebung, die andere, „kulturell" zu nennende, begnügt sich in der Regel mit der Rolle einer Einschränkung. Anders beim Kulturprozeß; hier ist das Ziel der Herstellung einer Einheit aus den menschlichen Individuen bei weitem die Hauptsache, das Ziel der Beglückung besteht zwar noch, aber es wird in den Hintergrund gedrängt; fast scheint es, die Schöpfung einer gro-

data la somiglianza delle mete dei due processi – nel primo l'inserimento di un individuo in una massa umana, nel secondo la creazione di una massa a partire da molti individui –, non può stupire la somiglianza dei mezzi utilizzati e dei fenomeni che ne derivano. Un tratto distintivo dei due processi, per la sua straordinaria importanza, non può più essere tralasciato. Nel processo di sviluppo dell'individuo meta principale rimane il programma del principio di piacere – raggiungere il soddisfacimento e la felicità –, mentre l'integrazione o l'adattamento a una comunità umana appare come una condizione, difficilmente eludibile, che deve essere soddisfatta nel perseguimento della felicità. Se si potesse fare a meno di questa condizione sarebbe forse meglio. Detto altrimenti, lo sviluppo individuale ci appare come un prodotto dell'interferenza di due tendenze: quella che abitualmente definiamo "egoistica", ovvero l'aspirazione alla felicità, e quella che chiamiamo "altruistica", ovvero l'aspirazione all'unione con gli altri nella comunità. Le due definizioni non vanno molto oltre la superficie. Nello sviluppo individuale, come abbiamo detto, l'accento è posto soprattutto sulla tendenza egoistica, cioè sulla felicità, mentre l'altra tendenza, che potremmo chiamare "civile", si accontenta del ruolo di restrizione. Le cose vanno diversamente nel processo di incivilimento: qui il traguardo di gran lunga più importante è la creazione di un'unità a partire dagli individui umani, mentre la meta della felicità, pur essendo sempre presente, rimane sullo sfondo; anzi sembra quasi

ßen menschlichen Gemeinschaft würde am besten gelingen, wenn man sich um das Glück des einzelnen nicht zu kümmern brauchte. Der Entwicklungsprozeß des einzelnen darf also seine besonderen Züge haben, die sich im Kulturprozeß der Menschheit nicht wiederfinden; nur insofern dieser erstere Vorgang den Anschluß an die Gemeinschaft zum Ziel hat, muß er mit dem letzteren zusammenfallen.

Wie der Planet noch um seinen Zentralkörper kreist, außer daß er um die eigene Achse rotiert, so nimmt auch der einzelne Mensch am Entwicklungsgang der Menschheit teil, während er seinen eigenen Lebensweg geht. Aber unserem blöden Auge scheint das Kräftespiel am Himmel zu ewig gleicher Ordnung erstarrt; im organischen Geschehen sehen wir noch, wie die Kräfte miteinander ringen und die Ergebnisse des Konflikts sich beständig verändern. So haben auch die beiden Strebungen, die nach individuellem Glück und die nach menschlichem Anschluß, bei jedem Individuum miteinander zu kämpfen, so müssen die beiden Prozesse der individuellen und der Kulturentwicklung einander feindlich begegnen und sich gegenseitig den Boden bestreiten. Aber dieser Kampf zwischen Individuum und Gesellschaft ist nicht ein Abkömmling des wahrscheinlich unversöhnlichen Gegensatzes der Urtriebe, Eros und Tod, er bedeutet einen Zwist im Haushalt der Libido, vergleichbar dem Streit um die Aufteilung der Libido zwischen dem Ich und den Objekten, und er läßt einen endlichen Ausgleich zu beim Individuum, wie hoffentlich auch in der

che il non doversi preoccupare della felicità del singolo sia una condizione ideale per la formazione di una grande comunità umana. Quindi possiamo non ritrovare alcuni tratti peculiari del processo di sviluppo dell'individuo nel processo di incivilimento dell'umanità: il primo di questi processi viene a coincidere con il secondo solo nella misura in cui ha come meta l'inclusione nella comunità.

Come il pianeta, oltre a ruotare attorno al proprio asse, compie una rivoluzione attorno a un corpo centrale, anche l'individuo prende parte allo sviluppo dell'umanità e al tempo stesso persegue il suo personale cammino di vita. Ai nostri deboli occhi, però, il gioco delle forze celesti sembra fissato in un ordine eternamente uguale; mentre nel mondo organico vediamo ancora le forze in lotta fra loro, con esiti sempre diversi. Analogamente in ogni individuo combattono le due tendenze, quella alla felicità individuale e quella a unirsi alla comunità, e anche i due processi dello sviluppo individuale e dello sviluppo della civiltà si contrappongono ostilmente e si contendono il campo a vicenda. Questa lotta fra individuo e società, però, non è un derivato della contrapposizione, apparentemente insanabile, fra le pulsioni originarie di Eros e morte, ma una disputa all'interno dell'economia della libido, paragonabile alla contesa per la distribuzione della libido fra l'Io e gli oggetti, e ammette un accomodamento finale nell'individuo, e, si spera, anche

Zukunft der Kultur, mag er gegenwärtig das Leben des einzelnen noch so sehr beschweren.

Die Analogie zwischen dem Kulturprozeß und dem Entwicklungsweg des Individuums läßt sich um ein bedeutsames Stück erweitern. Man darf nämlich behaupten, daß auch die Gemeinschaft ein Über-Ich ausbildet, unter dessen Einfluß sich die Kulturentwicklung vollzieht. Es mag eine verlockende Aufgabe für einen Kenner menschlicher Kulturen sein, diese Gleichstellung ins einzelne zu verfolgen. Ich will mich auf die Hervorhebung einiger auffälliger Punkte beschränken. Das Über-Ich einer Kulturepoche hat einen ähnlichen Ursprung wie das des Einzelmenschen, es ruht auf dem Eindruck, den große Führerpersönlichkeiten hinterlassen haben, Menschen von überwältigender Geisteskraft oder solche, in denen eine der menschlichen Strebungen die stärkste und reinste, darum oft auch einseitigste Ausbildung gefunden hat. Die Analogie geht in vielen Fällen noch weiter, indem diese Personen – häufig genug, wenn auch nicht immer – zu ihrer Lebenszeit von den anderen verspottet, mißhandelt oder selbst auf grausame Art beseitigt wurden, wie ja auch der Urvater erst lange nach seiner gewaltsamen Tötung zur Göttlichkeit aufstieg. Für diese Schicksalsverknüpfung ist gerade die Person Jesu Christi das ergreifendste Beispiel, wenn sie nicht etwa dem Mythus angehört, der sie in dunkler Erinnerung an jenen Urvorgang ins Leben rief. Ein anderer Punkt der Übereinstimmung ist, daß das Kultur-Über-Ich ganz wie das des einzelnen strenge Idealforderungen aufstellt, deren Nichtbefolgung durch „Gewissensangst" gestraft wird.

nel futuro della civiltà, sebbene al momento quella lotta gravi ancora molto sulla vita del singolo.

L'analogia fra il processo di incivilimento e il percorso di sviluppo dell'individuo può includere un altro aspetto importante. È possibile in effetti sostenere che anche la comunità sviluppi un Super-Io, sotto il cui influsso si compie l'evoluzione della civiltà. Per un conoscitore delle civiltà umane potrebbe essere allettante esaminare questa analogia nei dettagli. Io mi limiterò a evidenziarne alcuni punti di particolare rilievo. Il Super-Io di un'epoca della civiltà ha un'origine simile a quella del singolo uomo, si basa sull'impressione che hanno lasciato grandi personalità di capi, uomini di straordinaria forza spirituale o nei quali una delle tendenze umane ha trovato la sua espressione più forte e più pura, spesso perciò anche quella più unilaterale. In molti casi l'analogia può andare anche oltre, in quanto queste personalità – abbastanza spesso, se non sempre – mentre erano in vita sono state dileggiate e maltrattate dagli altri o addirittura uccise brutalmente, come del resto anche il padre primordiale è assurto alla divinità solo molto tempo dopo la sua morte violenta. L'esempio più pregnante di questa congiunzione fatale è la figura di Gesù Cristo, sempre che non appartenga al mito e sia un mero frutto della rievocazione di quell'evento primordiale. Un altro punto di accordo è che il Super-Io della civiltà, proprio come quello del singolo, pone richieste ideali rigide, il cui mancato ossequio viene punito con l'"angoscia morale".

Ja, hier stellt sich der merkwürdige Fall her, daß die hierher gehörigen seelischen Vorgänge uns von der Seite der Masse vertrauter, dem Bewußtsein zugänglicher sind, als sie es beim Einzelmenschen werden können. Bei diesem machen sich nur die Aggressionen des Über-Ichs im Falle der Spannung als Vorwürfe überlaut vernehmbar, während die Forderungen selbst im Hintergrunde oft unbewußt bleiben. Bringt man sie zur bewußten Erkenntnis, so zeigt sich, daß sie mit den Vorschriften des jeweiligen Kultur-Über-Ichs zusammenfallen. An dieser Stelle sind sozusagen beide Vorgänge, der kulturelle Entwicklungsprozeß der Menge und der eigene des Individuums, regelmäßig miteinander verklebt. Manche Äußerungen und Eigenschaften des Über-Ichs können darum leichter an seinem Verhalten in der Kulturgemeinschaft als beim einzelnen erkannt werden.

Das Kultur-Über-Ich hat seine Ideale ausgebildet und erhebt seine Forderungen. Unter den letzteren werden die, welche die Beziehungen der Menschen zueinander betreffen, als Ethik zusammengefaßt. Zu allen Zeiten wurde auf diese Ethik der größte Wert gelegt, als ob man gerade von ihr besonders wichtige Leistungen erwartete. Und wirklich wendet sich die Ethik jenem Punkt zu, der als die wundeste Stelle jeder Kultur leicht kenntlich ist. Die Ethik ist also als ein therapeutischer Versuch aufzufassen, als Bemühung, durch ein Gebot des Über-Ichs zu erreichen, was bisher durch sonstige Kulturarbeit nicht zu erreichen war. Wir wissen bereits, es fragt sich hier darum, wie das größte Hindernis der Kultur, die konstitutionelle Neigung der Menschen zur Aggression

Qui, addirittura, riscontrandoli nella massa anziché nel singolo uomo, i processi psichici in gioco ci sono più familiari, ne abbiamo maggiore consapevolezza. Nel singolo individuo solo l'aggressività del Super-Io, in caso di tensione, diventa agilmente percepibile sotto forma di rimproveri, mentre le sue richieste rimangono spesso inconsce sullo sfondo. Se le si porta alla conoscenza cosciente, si vede che coincidono con i precetti che in quel momento il Super-Io detta per la civiltà. A questo punto i due processi, quello dello sviluppo civile della moltitudine e quello dello sviluppo dell'individuo, sono per così dire concatenati. Perciò risulta più facile individuare alcune manifestazioni e proprietà del Super-Io nel suo comportamento all'interno della comunità civile che nel singolo individuo.

Il Super-Io della civiltà ha sviluppato i propri ideali ed elevato le proprie esigenze. Tra queste vi sono quelle che riguardano le relazioni tra gli uomini, che indichiamo complessivamente con il nome di etica. In ogni epoca è stato attribuito all'etica il massimo valore, quasi che da essa ci si aspettasse risultati particolarmente importanti. E in effetti l'etica pertiene al campo che si tende a identificare come il punto più dolente di ogni civiltà. È quindi da considerare come un esperimento terapeutico, come un tentativo di raggiungere attraverso un imperativo del Super-Io quello che finora non è stato possibile raggiungere con nessun'altra opera civile. Sappiamo già che il problema è riuscire a rimuovere il principale ostacolo alla civiltà, ovvero la costituzionale tendenza degli uomini all'aggressività reciproca,

gegeneinander, wegzuräumen ist, und gerade darum wird uns das wahrscheinlich jüngste der kulturellen Über-Ich-Gebote besonders interessant, das Gebot: Liebe deinen Nächsten wie dich selbst. In der Neurosenforschung und Neurosentherapie kommen wir dazu, zwei Vorwürfe gegen das Über-Ich des einzelnen zu erheben: Es kümmert sich in der Strenge seiner Gebote und Verbote zuwenig um das Glück des Ichs, indem es die Widerstände gegen die Befolgung, die Triebstärke des Es und die Schwierigkeiten der realen Umwelt, nicht genügend in Rechnung bringt. Wir sind daher in therapeutischer Absicht sehr oft genötigt, das Über-Ich zu bekämpfen, und bemühen uns, seine Ansprüche zu erniedrigen. Ganz ähnliche Einwendungen können wir gegen die ethischen Forderungen des Kultur-Über-Ichs erheben. Auch dies kümmert sich nicht genug um die Tatsachen der seelischen Konstitution des Menschen, es erläßt ein Gebot und fragt nicht, ob es dem Menschen möglich ist, es zu befolgen. Vielmehr, es nimmt an, daß dem Ich des Menschen alles psychologisch möglich ist, was man ihm aufträgt, daß dem Ich die unumschränkte Herrschaft über sein Es zusteht. Das ist ein Irrtum, und auch bei den sogenannt normalen Menschen läßt sich die Beherrschung des Es nicht über bestimmte Grenzen steigern. Fordert man mehr, so erzeugt man beim einzelnen Auflehnung oder Neurose oder macht ihn unglücklich. Das Gebot „Liebe deinen Nächsten wie dich selbst“ ist die stärkste Abwehr der menschlichen Aggression und ein ausgezeichnetes Beispiel für das unpsychologische Vorgehen des Kultur-Über-Ichs. Das Gebot ist undurchführ-

e proprio per questo ci risulta particolarmente interessante quello che forse è il più recente dei comandamenti del Super-Io della civiltà: ama il prossimo tuo come te stesso. Nella ricerca e nella terapia delle nevrosi, arriviamo a muovere due rimproveri al Super-Io del singolo: nella severità dei suoi precetti e dei suoi divieti si preoccupa troppo poco della felicità dell'Io, poiché non tiene sufficientemente conto dei fattori che rendono difficile raggiungerla, ovvero la forza delle pulsioni dell'Es e le difficoltà dell'ambiente reale. Dal punto di vista terapeutico, perciò, molto spesso siamo costretti a combattere contro il Super-Io e cerchiamo di abbassare le sue pretese. Possiamo sollevare obiezioni del tutto simili contro le esigenze etiche del Super-Io della civiltà. Anche questo non si preoccupa abbastanza degli aspetti concreti della costituzione psichica degli uomini, emette ordini senza chiedersi se gli uomini siano capaci di eseguirli. Anzi, dà per scontato che l'Io degli uomini sia psicologicamente in grado di fare tutto ciò che da lui si pretende, che eserciti il controllo assoluto sul suo Es. Questo è un errore, perché anche nelle persone cosiddette normali il dominio dell'Es non può andare oltre limiti ben precisi. Se si chiede di più, nel singolo si produce una rivolta o una nevrosi, o lo si rende infelice. Il comandamento "Ama il prossimo tuo come te stesso" è la difesa più forte contro l'aggressività umana e un esempio eccellente del modo di procedere, senza riguardi per la psicologia, del Super-Io della civiltà. Il comandamento non è

bar; eine so großartige Inflation der Liebe kann nur deren Wert herabsetzen, nicht die Not beseitigen. Die Kultur vernachlässigt all das; sie mahnt nur, je schwerer die Befolgung der Vorschrift ist, desto verdienstvoller ist sie. Allein wer in der gegenwärtigen Kultur eine solche Vorschrift einhält, setzt sich nur in Nachteil gegen den, der sich über sie hinaussetzt. Wie gewaltig muß das Kulturhindernis der Aggression sein, wenn die Abwehr derselben ebenso unglücklich machen kann wie die Aggression selbst! Die sogenannte natürliche Ethik hat hier nichts zu bieten außer der narzißtischen Befriedigung, sich für besser halten zu dürfen, als die anderen sind. Die Ethik, die sich an die Religion anlehnt, läßt hier ihre Versprechungen eines besseren Jenseits eingreifen. Ich meine, solange sich die Tugend nicht schon auf Erden lohnt, wird die Ethik vergeblich predigen. Es scheint auch mir unzweifelhaft, daß eine reale Veränderung in den Beziehungen der Menschen zum Besitz hier mehr Abhilfe bringen wird als jedes ethische Gebot; doch wird diese Einsicht bei den Sozialisten durch ein neuerliches idealistisches Verkennen der menschlichen Natur getrübt und für die Ausführung entwertet.

Die Betrachtungsweise, die in den Erscheinungen der Kulturentwicklung die Rolle eines Über-Ichs verfolgen will, scheint mir noch andere Aufschlüsse zu versprechen. Ich eile zum Abschluß. Einer Frage kann ich allerdings schwer ausweichen. Wenn die Kulturentwicklung so weitgehende Ähnlichkeit mit der des einzelnen hat und mit denselben Mitteln arbeitet, soll man nicht zur Diagnose berechtigt sein, daß manche Kulturen

attuabile: un'inflazione d'amore tanto grande può solo sminuirne il valore, non elimina la difficoltà. La civiltà trascura tutto questo; si limita ad ammonirci che, quanto più difficile è seguire il precetto, tanto più è meritorio farlo. Nella civiltà attuale, però, chi ottempera a questo precetto finisce solo per mettersi in svantaggio rispetto a chi invece lo ignora. Quale potente ostacolo alla civiltà deve essere l'aggressività, se ciò che dovrebbe difendere contro di essa può rendere infelici quanto l'aggressività stessa! La cosiddetta etica naturale non ha niente da offrire al di là della soddisfazione narcisistica di potersi ritenere migliori degli altri. L'etica che si basa sulla religione a questo punto fa intervenire le sue promesse di un aldilà migliore. Io penso, però, che se la virtù non viene premiata già sulla terra l'etica viene predicata invano. Mi sembra anche indubbio che un cambiamento reale nelle relazioni degli uomini con la proprietà possa essere di maggiore aiuto di qualsiasi comandamento etico; ma fra i socialisti questa intuizione è oscurata e resa priva di valore, nella realizzazione pratica, da una nuova, ed errata, concezione idealistica della natura umana.

Ritengo che altri chiarimenti potrebbero venirci se considerassimo le cose in modo da cercare di rintracciare il ruolo del Super-Io nelle manifestazioni dello sviluppo della civiltà. Mi affretto a concludere. Ma mi preme rispondere ancora a una domanda. Se lo sviluppo della civiltà presenta una tale somiglianza con quello del singolo, e opera con gli stessi mezzi, non si è forse giustificati a formulare la diagnosi che alcune

– oder Kulturepochen – möglicherweise die ganze Menschheit – unter dem Einfluß der Kulturstrebungen „neurotisch" geworden sind? An die analytische Zergliederung dieser Neurosen könnten therapeutische Vorschläge anschließen, die auf großes praktisches Interesse Anspruch hätten. Ich könnte nicht sagen, daß ein solcher Versuch zur Übertragung der Psychoanalyse auf die Kulturgemeinschaft unsinnig oder zur Unfruchtbarkeit verurteilt wäre. Aber man müßte sehr vorsichtig sein, nicht vergessen, daß es sich doch nur um Analogien handelt und daß es nicht nur bei Menschen, sondern auch bei Begriffen gefährlich ist, sie aus der Sphäre zu reißen, in der sie entstanden und entwickelt worden sind. Auch stößt die Diagnose der Gemeinschaftsneurosen auf eine besondere Schwierigkeit. Bei der Einzelneurose dient uns als nächster Anhalt der Kontrast, in dem sich der Kranke von seiner als „normal" angenommenen Umgebung abhebt. Ein solcher Hintergrund entfällt bei einer gleichartig affizierten Masse, er müßte anderswoher geholt werden. Und was die therapeutische Verwendung der Einsicht betrifft, was hülfe die zutreffendste Analyse der sozialen Neurose, da niemand die Autorität besitzt, der Masse die Therapie aufzudrängen? Trotz aller dieser Erschwerungen darf man erwarten, daß jemand eines Tages das Wagnis einer solchen Pathologie der kulturellen Gemeinschaften unternehmen wird.

Eine Wertung der menschlichen Kultur zu geben liegt mir aus den verschiedensten Motiven sehr ferne. Ich habe mich bemüht, das enthusiastische Vorurteil von mir abzuhalten, unsere

civiltà, o epoche della civiltà – forse addirittura tutta l'umanità – siano diventate "nevrotiche" proprio per lo sforzo di incivilirsi? All'esame analitico di queste nevrosi potrebbero essere collegate proposte terapeutiche di grande interesse pratico. Non intendo dire che un simile tentativo di estendere la psicoanalisi alla società civile sia insensato o che sia condannato a essere infruttuoso. Dovremmo però essere molto prudenti, non dimenticare che si tratta comunque esclusivamente di analogie e che è pericoloso, non solo nel caso degli uomini ma anche in quello dei concetti, strapparli alla sfera in cui sono nati e si sono sviluppati. Inoltre, la diagnosi di nevrosi collettive incontra una difficoltà particolare. Nel caso delle nevrosi dei singoli si prende come punto di riferimento il contrasto del paziente rispetto al suo ambiente, considerato "normale", appiglio che viene a mancare nel caso di una moltitudine affetta da un medesimo disturbo e che andrebbe ricercato altrove. Inoltre, per quanto riguarda l'applicazione terapeutica, di che aiuto sarebbe la più corretta delle analisi della nevrosi sociale, visto che nessuno possiede l'autorità per imporre alla massa la terapia? Nonostante queste difficoltà, non stento a credere che un giorno qualcuno possa intraprendere l'avventura della patologia delle comunità civili.

Dare una valutazione della civiltà umana è una cosa che, per diversi motivi, mi è alquanto aliena. Sono stato ben attento a evitare il pregiudizio entusiastico secondo cui la nostra civiltà

Kultur sei das Kostbarste, was wir besitzen oder erwerben können, und ihr Weg müsse uns notwendigerweise zu Höhen ungeahnter Vollkommenheit führen. Ich kann wenigstens ohne Entrüstung den Kritiker anhören, der meint, wenn man die Ziele der Kulturstrebung und die Mittel, deren sie sich bedient, ins Auge faßt, müsse man zu dem Schlusse kommen, die ganze Anstrengung sei nicht der Mühe wert, und das Ergebnis könne nur ein Zustand sein, den der einzelne unerträglich finden muß. Meine Unparteilichkeit wird mir dadurch leicht, daß ich über all diese Dinge sehr wenig weiß, mit Sicherheit nur das eine, daß die Werturteile der Menschen unbedingt von ihren Glückwünschen geleitet werden, also ein Versuch sind, ihre Illusionen mit Argumenten zu stützen. Ich verstünde es sehr wohl, wenn jemand den zwangsläufigen Charakter der menschlichen Kultur hervorheben und z. B. sagen würde, die Neigung zur Einschränkung des Sexuallebens oder zur Durchsetzung des Humanitätsideals auf Kosten der natürlichen Auslese seien Entwicklungseinrichtungen, die sich nicht abwenden und nicht ablenken lassen und denen man sich am besten beugt, wie wenn es Naturnotwendigkeiten wären. Ich kenne auch die Einwendung dagegen, daß solche Strebungen, die man für unüberwindbar hielt, oft im Laufe der Menschheitsgeschichte bei seite geworfen und durch andere ersetzt worden sind. So sinkt mir der Mut, vo meinen Mitmenschen als Prophet aufzustehen, und ich beuge mich ihrem Vorwurf, daß ich ihnen keinen Trost zu bringen weiß, denn das verlangen sie im Grunde alle, die wildesten Revolutionäre nicht

sarebbe la cosa più preziosa che possediamo, o che potremmo acquisire, e che il suo percorso ci debba condurre necessariamente a vette di inimmaginabile perfezione. Posso almeno non indignarmi sentendo il critico sostenere che, tenuto conto delle mete cui tende la civiltà e dei mezzi di cui si serve, si può giungere alla conclusione che non valgano tutto l'impegno profuso e che il risultato non può essere altro che una condizione che l'individuo trova per forza di cose insopportabile. L'imparzialità mi è resa più facile dal fatto che di tutte queste cose so molto poco; con sicurezza so solo questo: che i giudizi di valore degli uomini sono guidati direttamente dai loro desideri di felicità, perciò sono un tentativo di sostenere con argomentazioni le loro illusioni. Capirei molto bene se qualcuno evidenziasse il carattere necessario della civiltà umana e, per esempio, dicesse che la tendenza a limitare la vita sessuale o a realizzare l'ideale umanitario a spese della selezione naturale sono direzioni evolutive alle quali non ci si può sottrarre e che non si possono ribaltare, alle quali anzi conviene piegarsi, come se fossero necessità di natura. So anche quale obiezione si può muovere: che queste tendenze, che si ritengono ineludibili, spesso nel corso della storia dell'umanità sono state messe da parte e sostituite da altre. Perciò mi manca il coraggio di ergermi a profeta fra gli altri uomini e accetto il rimprovero di non aver saputo offrire loro alcuna consolazione, perché è questo ciò che fondamentalmente tutti chiedono, i rivoluzionari più accaniti

weniger leidenschaftlich als die bravsten Frommgläubigen.

Die Schicksalsfrage der Menschenart scheint mir zu sein, ob und in welchem Maße es ihrer Kulturentwicklung gelingen wird, der Störung des Zusammenlebens durch den menschlichen Aggressions- und Selbstvernichtungstrieb Herr zu werden. In diesem Bezug verdient vielleicht gerade die gegenwärtige Zeit ein besonderes Interesse. Die Menschen haben es jetzt in der Beherrschung der Naturkräfte so weit gebracht, daß sie es mit deren Hilfe leicht haben, einander bis auf den letzten Mann auszurotten. Sie wissen das, daher ein gut Stück ihrer gegenwärtigen Unruhe, ihres Unglücks, ihrer Angststimmung. Und nun ist zu erwarten, daß die andere der beiden „himmlischen Mächte“, der ewige Eros, eine Anstrengung machen wird, um sich im Kampf mit seinem ebenso unsterblichen Gegner zu behaupten. Aber wer kann den Erfolg und Ausgang voraussehen?

non meno appassionatamente dei credenti più virtuosi.

Il problema del destino della specie umana mi sembra essere se e in quale misura il suo sviluppo civile riuscirà a dominare i turbamenti della vita in comune dovuti all'aggressività umana e alla pulsione di autoannientamento. A questo proposito forse proprio l'epoca attuale merita un interesse particolare. Gli uomini hanno ormai raggiunto un tale dominio delle forze della natura che, con il loro aiuto, potrebbero facilmente sterminarsi a vicenda fino all'ultimo uomo. Ne sono consapevoli, e da lì viene buona parte della loro attuale inquietudine, della loro infelicità, del senso d'angoscia. E ora c'è da aspettarsi che l'altra delle due "potenze celesti", l'eterno Eros, faccia uno sforzo per affermarsi nella lotta con il suo altrettanto immortale avversario. Ma chi può prevedere se avrà successo e quale sarà l'esito?[p]

# Note del curatore e del traduttore

[a] S. Freud, *L'avvenire di un'illusione*, 1927 (O.S.F., vol. X). [*N.d.C.*]

[b] Verso della ballata *Der Taucher* del 1797. Circa l'amico summenzionato, si tratta presumibilmente di Friedrich Eckstein (1861-1939), soprannominato "il filosofo della Ringstrasse". [*N.d.C.*]

[c] Tr. it. *Xenie miti (postume)*, in *Tutte le poesie*, Mondadori, Milano 1989, 1997³, vol. II, t. 1, p. 941. [*N.d.C.*]

[d] Th. Fontane, *Effi Briest* (1895), Feltrinelli, Milano 2008. [*N.d.T.*]

[e] Il vino. [*N.d.C.*]

[f] "O inezia della natura!" [*N.d.T.*]

[g] Situata nel Lago Maggiore, fa parte delle Isole Borromee; nel 1797 vi soggiornò Napoleone con la moglie Giuseppina; Freud la visitò nel 1905. [*N.d.C.*]

[h] "Che comincino i signori assassini!" L'autore di questa frase diventata proverbiale fu Alphonse Karr, che nel 1849 scrisse nella sua rivista satirica "Les Guêpes": "Se si vuole abolire la pena di morte, che comincino i signori assassini: non uccidano e non li si ucciderà!". [*N.d.C.*]

[i] "L'uomo è lupo per l'uomo": adagio derivato da Plauto, forgiato da Erasmo da Rotterdam e reso famoso da Thomas Hobbes. [*N.d.C.*]

[j] Cfr. S. Spielrein (1912), *Die Distruktion als Ursache des Werdens*, in "Jahrbuch für psychoanalytische und psychopathologische Forschungen", vol. 4, p. 465. [*N.d.C.*]

[k] Allusione al ritornello della *Ballata* (in *Poesie liriche*), di Goethe del 1813: "I bambini ascoltano così volentieri" (in *Tutte le poesie*, cit., vol. I, t. II, p. 905). [*N.d.C.*]

[l] Chiesa fondata nel 1879 negli Stati Uniti da Mary Baker Eddy (1821-1910), i cui seguaci sostengono di ottenere guarigioni unicamente per via spirituale. [*N.d.C.*]

[m] L'*Eiapopeia vom Himmel* menzionata nel poemetto *Deutschland, ein Wintermärchen* di Heinrich Heine, cioè "la vecchia canzone della ri-

nuncia, la ninnananna del cielo con cui si culla il popolo, questo gran bricconcello, quando frigna". [*N.d.C.*]

[n] In tedesco *Gewissen* è la "coscienza morale": corrisponde all'italiano "coscienza" nel senso in cui si usa questa parola in espressioni come "avere la coscienza sporca" o "fare l'esame di coscienza". Il termine *Bewusstsein*, che Freud usa più avanti, corrisponde all'altro senso della parola italiana "coscienza", ovvero quello di "essere consapevoli", che non ha normalmente connotati morali. Nel seguito useremo "coscienza morale" per *Gewissen* e "coscienza" per *Bewusstsein*. [*N.d.T.*]

[o] J.W. Goethe, *La vocazione teatrale di Wilhelm Meister*, in *Romanzi*, Mondadori, Milano 1979, 2000, p. 369. [*N.d.C.*]

[p] L'ultima frase, non presente nella prima edizione, è stata aggiunta nella seconda edizione del 1931. [*N.d.T.*]

# *Il fattore molesto*

di Alberto Luchetti

Sembra quasi che Freud descriva una sorta di *lockdown* quando, nel luglio del 1929, da una "idilliaca e tranquilla" località di villeggiatura bavarese annuncia *Il disagio nella civiltà*: non potendo passeggiare per lunghi tratti, esauriti passatempi e distrazioni, per trascorrere il tempo non resta che scrivere.

## *"Così, ho scritto"*

> [...] sto lavorando a qualcosa, e oggi ho steso l'ultima frase, che conclude il lavoro, per quanto sia possibile qui senza disporre di una biblioteca. Vi si tratta di civiltà, di senso di colpa, di felicità e di simili sublimi questioni, e mi pare, certamente con ragione, del tutto superfluo, a differenza dei lavori precedenti, che scaturivano sempre da qualche impulso creativo. Che altro dovrei fare? Non si può passar tutto il giorno a fumare e a giocare a carte; non ho più resistenza per le passeggiate; e la maggior parte delle letture che si posson fare ormai non mi interessa più. Così, ho scritto. Mentre lavoravo il tempo mi è passato molto piacevolmente, e ho scoperto le verità più banali.

Destinataria della lettera è Lou Andreas-Salomé, che era stata preavvertita dalla figlia di Freud, Anna, che qualcosa bolliva in pentola ("Papà sta scrivendo qualcosa"), e alla quale egli già si era trovato a confidare suoi pensieri sulla civiltà quindici anni prima, allorché da poco era scoppiata la Prima guerra mondiale: "Tutto è troppo orribile; ma quel che è più triste è che le cose vanno esattamente come avremmo dovuto immaginarle in base a quanto le attese suscitate dalla psicoanalisi ci hanno insegnato sugli uomini e sul loro comportamento. [...] Nel segreto del mio animo ero giunto alla conclusione che, se ravvisiamo nella nostra civiltà attuale, che è di tutte la più elevata, soltanto una gigantesca ipocrisia, è evidente che non siamo organicamente idonei per questa civiltà".

Se le asserite "superfluità" e "banalità", nella lettera in cui ne è annunciata l'ultimazione, potrebbero far pensare a un *understatement* circa il risultato ottenuto, la lettura del testo fa sfumare questa ipotesi. Qui, come nota Pontalis, Freud effettivamente "lo si sente a disagio lungo tutto il suo *Disagio*, e il lettore con lui", e a due terzi del testo la netta insoddisfazione è espressa esplicitamente e accoratamente, il che sottolinea come non si tratti né di un vezzo né di falsa modestia:

> In nessun altro dei miei lavori, come in questo, ho avuto una sensazione così forte di trattare un tema universalmente noto, di usare carta e inchiostro, e in seguito servirmi del compositore e dello stampatore, per raccontare cose in effetti autoevidenti.

Insoddisfazione che assume ulteriore rilievo considerando che comunque, segretamente, al

testo era attribuita un'importanza niente affatto marginale se, qualche mese dopo, quando lo inviò in tipografia per la stampa – il novembre di quello stesso anno, appena una settimana dopo il martedì nero di Wall Street in cui scoppiò la crisi economica di un secolo fa – Freud fece indicare come anno di pubblicazione il successivo 1930. Lo aveva fatto una sola altra volta, per un suo testo fondamentale, *L'interpretazione dei sogni*: allora, come ad affidarlo speranzoso al nuovo secolo, qui invece per consegnarlo con trepidazione al nuovo decennio, che si sarebbe rivelato tragicamente corrispondere al quadro qui delineato.

Del resto, Freud non era nuovo a queste che potrebbero sembrare incursioni – da *conquistador*, quale peraltro si era dichiarato – in ambiti non direttamente collegati alla clinica psicoanalitica, e specificamente sul tema della cultura e civiltà (torneremo su questi termini). Si potrebbe anzi dire che *Il disagio nella civiltà*, in un preciso contesto generale storico e di pensiero (Mistura), si collochi alla confluenza – turbolenta – di *due* potenti correnti nella riflessione freudiana: *una* specificamente connessa alla sua riflessione sulla civiltà e la cultura, *l'altra* generata dalla rivoluzione che era intervenuta anni prima, nella teoria e nella pratica psicoanalitiche, e di cui Freud stava ancora cercando, faticosamente e non senza titubanze, di prendere le misure e valutare le conseguenze.

Alla prima corrente avevano contribuito almeno quattro tappe fondamentali.[1] La prima di queste risaliva al 1908, quando Freud si era posto esplicitamente la questione di una critica psicoanalitica della civiltà con *La morale sessuale "civile" e il nervosismo moderno*. Qui aveva intrecciato un dialogo con un filosofo praghese, Christian von Ehrenfels, che aveva contrapposto a una morale sessuale tradizionale supposta "naturale" una morale sessuale moderna o "civile", ritenendo quest'ultima una sorta di degenerazione della salute istintiva a causa di un aumento dell'ipocrisia sociale in materia sessuale che a suo avviso avrebbe potuto compromettere perfino la stessa civilizzazione.

Tra gli effetti dannosi imputati alla morale sessuale "civile", Freud sembrava allora limitarsi ad aggiungere le malattie nervose che andavano diffondendosi nella società: nevrosi e psiconevrosi. Proprio studiando queste ultime, la psicoanalisi aveva infatti scoperto che la repressione da parte della civiltà si eserciterebbe sulle "pulsioni" sessuali, caratteristiche della sessualità particolare dell'essere umano, animale "linguistico" e "pulsionale" oltre che istintuale come gli altri esseri viventi. Una sessualità che Freud definiva "infantile" perché scaturita dalle prime relazioni

[1] Altri cenni, per esempio, nei *Tre saggi sulla teoria sessuale* (1905), dove parla della relazione inversa esistente tra civiltà e libero sviluppo sessuale, e nelle *Considerazioni attuali sulla guerra e la morte* (1915).

e "perversa polimorfa" perché indipendente dalla meta riproduttiva e mirante solo a conseguire il piacere ad ogni costo; mutevole nella fonte, nella meta e nell'oggetto, proprio per questo tale sessualità pulsionale è sì poco addomesticabile ma al tempo stesso sublimabile, cioè suscettibile di essere indirizzata verso mete e oggetti non immediatamente sessuali e socialmente valorizzati.

Sintetizzando in un'affermazione scandalosa: "Le forze utilizzabili per il lavoro d'incivilimento vengono così in gran parte ottenute mediante la repressione delle componenti cosiddette perverse dell'eccitamento sessuale". Una repressione che può essere più o meno marcata in base ai gradi di civiltà ma anche diversamente tollerabile dai singoli individui, cosicché alcuni possono contribuire alla civilizzazione solo "con un grande dispendio di forze e con un impoverimento interiore", oppure non possono affatto parteciparvi, perché se ne ammalano diventando "inibite all'interno e paralizzate verso l'esterno". Con la sua precisazione, Freud non si limita però soltanto a propugnare un allentamento dell'eccesso di repressione alla ricerca di un migliore equilibrio, ma si spinge a proporre la nevrosi come un sintomo inevitabile del processo di civilizzazione, strutturale e non accidentale: "vi è qualcosa di aporetico nel rapporto della pulsione con la cultura" e la civiltà (Assoun), e la nevrosi – e la psicoanalisi con essa – darebbe voce a qualcosa che resiste al processo di civilizzazione oltre che sostenerlo.

Ma le nevrosi non solo rivelerebbero sintomaticamente il prezzo della civiltà e costituirebbero una sorta di dissidenza nei suoi confronti, bensì

custodirebbero il segreto del legame sociale originario e della civilizzazione. È questo il successivo passo della critica freudiana, compiuto con *Totem e tabù* (1912-1913), esaminando in che modo le risorse pulsionali drenate siano poste al servizio della civiltà: creando e alimentando il legame sociale. Lo mostrano *alcune concordanze nella vita psichica dei selvaggi e dei nevrotici*, menzionate nel sottotitolo: le due proibizioni totemiche alla base delle istituzioni sociali e religiose – non uccidere il totem e non avere rapporti sessuali con una donna appartenente al proprio clan totemico (esogamia) – coincidono con le due proibizioni "edipiche" che la psicoanalisi ha scoperto infrante fantasmaticamente dal bambino, cioè non uccidere il padre e non sposare la madre. "Il 'bambino padre dell'uomo' è al tempo stesso in certo qual modo il cugino del 'primitivo'!", nota Assoun. Le nevrosi risulterebbero dunque un prezioso strumento di indagine non solo della formazione del singolo ma della genesi del processo socioculturale, dell'ingresso dell'essere umano nella civiltà, non come qualcosa appartenente a un passato ormai trascorso, ma come quell'evento originario che vive nell'attualità del legame sociale e culturale riproducendolo e rimuovendolo al tempo stesso.

L'indagine freudiana su come la pulsionalità alimenti la civiltà mediante il legame sociale prosegue nel 1921 con *Psicologia delle masse e analisi dell'Io*, indagando, dalla prospettiva psicoanalitica, il legame che unisce gli individui nelle masse, sia quelle stabili e artificiali sia quelle instabili e temporanee, nelle quali il funzionamento psichi-

co individuale va incontro a una modificazione e a una regressione. Per spiegarlo, Freud rifiuta di ricondurlo *tout court* a una "pulsione gregaria": in realtà, gli individui "farebbero massa" ponendo un medesimo oggetto (il capo o leader: o *influencer*, forse aggiungeremmo oggi) al posto del proprio ideale dell'Io e in questo modo si identificherebbero reciprocamente nel loro Io, sempre mediante la libido della pulsione sessuale ma inibita nella sua meta specifica. Dietro questa *identificazione,* nella massa "sempre sommamente avida di autorità" e "assetata di sottomissione" affiorerebbe una *identificazione originaria* con "una personalità straordinariamente forte e pericolosa". Poco dopo, Freud la definirà "la prima e più importante identificazione dell'individuo", qualcosa di diretto, di immediato e più antico che riguarderebbe il "soggetto dell'Io" più che l'"oggetto dell'Io", cioè l'essere (in quanto "soggetto", come il padre) prima ancora che l'avere (il padre, come "oggetto" dei propri moti pulsionali) e che "domina l'Io anziché l'ideale dell'Io". Benché riferita al "padre della propria personale preistoria", Freud riconoscerà che forse sarebbe più prudente dire "con i genitori", dunque con gli adulti nella radicale asimmetria della "situazione antropologica fondamentale" (Laplanche) che vede confrontarsi gli adulti che hanno un inconscio sessuale e il cucciolo d'uomo che ne è ancora sprovvisto. A questo "retaggio arcaico", e alla condizione di passività originaria che lo contrassegna, si regredirebbe nella massa, nell'ipnosi, nell'innamoramento... e nella cura psicoanalitica: da esso scaturirebbe l'"essere", il porsi come

soggetto e individuo, e in questo modo una risorsa fondamentale per la formazione del legame sociale essenziale alla civiltà.

La riflessione freudiana si fa poi incalzante con *L'avvenire di un'illusione*, nel 1927, a cui direttamente si riallaccerà due anni dopo *Il disagio nella civiltà*. Freud riparte dalla rinuncia pulsionale della sessualità e delle tendenze distruttive che è richiesta all'individuo dalla civiltà, ma analizzando ciò che quest'ultima offre per sostenerla: le illusioni costituite dalle rappresentazioni religiose. Queste, considerabili "più dall'angolazione dell'idea delirante che del compenso nevrotico" mediante fantasie (André), sarebbero appagamenti dei desideri più antichi, più forti, più pressanti dell'umanità, che attingerebbero all'*Hilflosigkeit*, a quell'impotenza originaria del bambino che sollecita in lui il bisogno di protezione e dunque il legame con il padre e gli adulti su cui si baserebbe poi quello sociale e culturale.

Proprio in questo testo, peraltro, Freud chiarisce cosa intenda per *Kultur*:

> [...] tutto ciò per cui la vita umana si è elevata al di sopra delle condizioni animali e per cui essa si distingue dalla vita delle bestie (e mi rifiuto di distinguere tra *Kultur* e *Zivilisation*) – [...] comprende tutto il sapere e il potere che gli uomini hanno acquisito al fine di padroneggiare le forze della natura e di strapparle i beni per il soddisfacimento dei propri bisogni, dall'altro tutti gli ordinamenti che sono necessari al fine di regolare le relazioni degli uomini tra loro e in particolare la distribuzione dei beni ottenibili. Queste due direzioni della civiltà non sono indipendenti l'una dall'altra [...].

Dunque *Kultur* ha un'accezione più ampia dell'italiano "cultura", che si riferisce prevalentemente alla formazione e all'arricchimento intellettuale di un individuo, avvicinandosi di più al nostro "civiltà", benché negli ultimi decenni i due termini si siano maggiormente sovrapposti. "Civiltà" che, a sua volta, non indica solo le manifestazioni più elevate della vita sociale, ma l'insieme dei sistemi e delle relazioni simboliche che attraversano e strutturano un determinato gruppo umano.

Con il "rifiuto di distinguere" i termini di *Kultur* e *Zivilisation*, il primo considerabile come particolarità di un gruppo o popolo e il secondo come cammino verso un ideale universalistico basato sul riconoscimento di una comune natura umana, Freud soprattutto prendeva nettamente posizione circa il dibattitto così come si era sviluppato in Germania. Qui, anche con derive ideologiche e nazionalistiche, tra i due termini e concetti si era scavato un "antagonismo profondo come un abisso" (Nietzsche: "La civiltà vuole qualcos'altro rispetto alla cultura: forse qualcosa di inverso"), arrivando a ritenere la *Kultur* il momento di ascesa e fioritura di una forma di vita e la *Zivilisation* la sua fase di declino, addirittura una mera apparenza o, peggio, una maschera. Più che negare una distinzione tra i due termini (Le Rider),[2] con il suo rifiuto Freud non fa che:

[2] Tant'è che la riproporrà poco dopo in maniera più sfumata in *Perché la guerra?* (1932, p. 302): "Da tempi immemorabili l'umanità è soggetta al processo dell'incivilimento [*Kultur*] (altri, lo so, chiamano più volentieri questo processo: civilizzazione [*Zivilisation*])".

– sottolineare la comune dimensione di processo più che di stato: "Processo senza soggetto dunque, e senza agente, come ogni processo inconscio", scrive Pontalis, dunque "identificabile solo attraverso le sue formazioni", "movimento sempre da riprendere", "processo, non progresso";

– riportare conflittualmente, o esplosivamente, all'interno di un medesimo termine, nota Starobinski, quella critica contraddizione che aveva intrinsecamente contrassegnato il termine "civiltà" fin dal suo apparire, peraltro "alla sera stessa della *civilisation*": sia che la minaccia di quel "verme nella mela" fosse il residuo di una natura "selvaggia" rimasto irriducibile o l'effetto prodotto dalla stessa civiltà.

### *La corrente del narcisismo e della pulsione di morte*

In questa robusta corrente della riflessione critica sulla civiltà, sul suo funzionamento e sulla sua origine, come detto, ne *Il disagio nella civiltà* confluisce tumultuosamente un'altra corrente, quella generata da una rivoluzione avvenuta anni prima nella teorizzazione freudiana.

Innanzitutto, quindici anni prima, con l'introduzione del *narcisismo*: la scoperta cioè che quella sessualità peculiare dell'essere umano e indipendente dalla riproduzione che scaturisce nel bambino dalle relazioni precoci con gli adulti è anche alla base della formazione e del funzionamento dell'Io, l'istanza soggettiva che fino ad allora sembrava sostanzialmente contrapporvisi e anzi essere quasi naturalmente incompatibile

con essa. La stessa pulsionalità disorganizzante del funzionamento biologico e psicologico dell'animale umano è anche quella che poi alimenta l'Io che di quel funzionamento vitale si fa rappresentante, in modo peculiare, all'interno dell'apparato psichico.

Poi, nel 1920, con l'introduzione della *pulsione di morte* che, di fronte alla sessualità narcisistica unitaria, totale, sintetica, all'Eros che spinge a creare unità sempre più ampie, riafferma nel funzionamento psichico una forza slegante e disadattiva, che addirittura apparterrebbe al piano biologico e tenderebbe ad azzerare tutto ciò che è vivente. L'avere per un momento annoverato le pulsioni dell'Io nella pulsione di morte, aveva del resto segnalato efficacemente quanto quest'ultima debba al narcisismo e alla sua introduzione (André).

Non è casuale che, nell'idilliaco *lockdown* bavarese, alla tempestosa confluenza delle due correnti venga a ritrovarsi *Il disagio nella civiltà*.

Lo testimonia l'incipit, che riprende più direttamente il filo intessuto con *L'avvenire di un'illusione*, a partire dalle osservazioni propostegli al riguardo dall'amico Romain Rolland, premio Nobel per la letteratura nel 1915, che alla radice delle rappresentazioni religiose suggeriva l'esistenza in tutti gli esseri umani di un sentimento particolare di partecipazione a un tutto, un sentimento "oceanico". Freud, ammettendo peraltro di non ritrovarlo nella propria esperienza, non lo ritiene primario ma propone di ricondurlo a qualcos'altro di antico ma psichicamente sempre attivo, dal momento che "nulla di ciò che si è formato nella no-

stra vita psichica può perire, che in qualche modo tutto rimane conservato" e può perciò essere riportato alla luce da una regressione sufficientemente profonda – come illustrato in questo testo dalla celebre analogia con la Città eterna. Riferendosi in particolare a condizioni psicologiche nelle quali i confini dell'Io sfumano o si confondono (l'innamoramento o alcune condizioni patologiche in cui parti del proprio corpo o della propria vita psichica appaiono come estranee), Freud fa risalire quel "sentimento oceanico" alla condizione iniziale dell'essere umano, al narcisismo illimitato che la contraddistinguerebbe e da cui poi si staccherebbe il "residuo avvizzito" dell'Io. Ma subito riportando quella condizione e quel sentimento narcisistici (quello oceanico come pure la nostalgia del padre altrettanto onnipotente e smisurato proprio delle rappresentazioni religiose) all'impotenza del bambino – quella sì originaria[3] – nei cui confronti costituirebbe una vitale reazione. Vitale ma gravida dei germi dell'odio e dell'aggressività, giacché quel narcisismo illimitato può mantenersi solo espungendo violentemente fuori dall'Io tutto ciò che può essere fonte di dispiacere, anche solo perché se ne distingue, in questo modo isolando un puro Io-piacere o, con un passo ulteriore, annullando aggressivamente il mondo esterno e la distinzione interno/esterno, in un tutt'uno davvero "oceanico".

[3] In questo modo si ripropone l'oscillazione freudiana tra la concezione del narcisismo come stato originario e la sua prima concettualizzazione in quanto stato non primario, come "nuova azione psichica" da cui prende forma l'Io.

Impotenza originaria, narcisismo, aggressività e distruttività: ecco dunque subito scoperte le carte fondamentali del gioco aperto da *Il disagio nella civiltà*.

Se essere felici significa allontanare ciò che causa dispiacere e dolore – il corpo, il mondo esterno e le relazioni con gli altri[4] – e ricercare ciò che produce piacere, diretto o sublimato, rispetto alle prime due cause l'essere umano sembrerebbe aver rimediato sufficientemente al fatto di essere sulla terra un "debole organismo animale" che fa il suo ingresso nella natura come "indifeso lattante": *Oh inch of nature!*, "O, inezia della natura!", dice alla maniera di Shakespeare. Anzi sembrerebbe essere diventato egli stesso quell'ideale di potenza inizialmente proiettato sulla divinità, un "dio protesi" che esige altro e di più dalla civiltà, non dimenticando che, "pur somigliando a Dio, l'uomo di oggi non si sente felice".

È rispetto invece all'ultima fonte di dispiacere, le relazioni con gli altri, che le cose si fanno più ardue e insoddisfacenti ed è soprattutto a questo riguardo che nasce l'ostilità nei confronti della civiltà. Per associarsi allo scopo di affrontare le prime due cause di dispiacere, è infatti indispensabile essere sottoposti fin da "cuccioli" a un "trattamento" e a una limitazione: una trasformazione – mediante rimozione, repressione, sublimazione, inibizione nella meta, rinuncia ecc.

[4] "[...] le tre fonti da cui provengono le nostre sofferenze: lo strapotere [*Übermacht*] della natura, la vulnerabilità del corpo umano e l'inadeguatezza delle istituzioni che regolano le relazioni degli uomini all'interno della famiglia, dello stato e della società", scrive qui.

– della sessualità pulsionale prodotta da quelle relazioni, perché possa confluire nella civilizzazione contribuendo al legame fra gli individui più fortemente e stabilmente di quanto riescano a fare i meri interessi per così dire autoconservativi. Limitazioni che, col procedere della civiltà, danno l'impressione di aver ridotto ormai la sessualità a "una funzione in via di involuzione, così come sembra avvenire per organi come i denti e i capelli".

Ma che cosa fa sì che la civiltà non possa accontentarsi dei vincoli di interesse e di lavoro nella cooperazione ma debba esigere di legare libidicamente tra loro i membri della comunità, debba insomma chiamare a raccolta enormi quantità di libido ponendosi in antagonismo con la sessualità? "Deve trattarsi di un *fattore molesto* [*störenden Faktor*] che non abbiamo ancora scoperto" (corsivo mio).

### *"Proprio non mi capacito..."*

È qui che, nella cornice dell'impotenza originaria e del narcisismo, inizia la riflessione sull'aggressività e distruttività umane e sul loro rapporto con la civiltà: è l'"esistenza di questa inclinazione all'aggressività [...] il fattore che [...] obbliga la civiltà a un grande dispendio di energie. A causa di questa ostilità primigenia degli uomini l'uno contro l'altro, la società civilizzata è sotto costante minaccia di disintegrarsi. L'interesse del lavoro in comune non basterebbe a tenerla insieme [...]. La civiltà deve fare di tutto per

porre dei limiti alle pulsioni aggressive dell'uomo e contenerne le manifestazioni mediante la formazione di reazioni psichiche".

A questo riguardo, all'insoddisfazione già espressa Freud aggiunge l'ammissione di una profonda sorpresa: "proprio non mi capacito di come abbiamo potuto trascurare l'onnipresenza dell'aggressività e della distruttività non erotiche".

Una sorpresa che a sua volta sorprende. È Freud stesso a dover riconoscere di aver sempre avuto sott'occhio sadismo e masochismo, palesi "manifestazioni, fortemente legate all'erotismo, della pulsione distruttiva rivolta verso l'esterno e verso l'interno", e che del resto, per inciso, la "smania di distruzione [*Destruktionssucht*] rivolta verso l'interno, quando non ha carattere di erotismo, sfugge in genere alla nostra percezione". In fondo, se Freud fino ad allora non ha voluto riconoscere autonomia a una pulsione aggressiva, è perché da un lato vi sono pulsioni che hanno nell'aggressività una componente essenziale della loro meta e ne sono indissociabili; dall'altro lato, più in generale, questo lo si può affermare di ogni pulsione per l'attività che le è intrinseca e nella misura in cui attacca l'Io e la sua organizzazione. Inoltre, al di fuori dell'"erotico", Freud aveva ben presente che l'aggressività è parte integrante e fondamentale del piano di base autoconservativo, cioè di quel corredo biologico e psicologico del corpo dell'"animale umano".

Inoltre il funzionamento della pulsione di morte che descrive non è affatto nuovo nella esperienza e teorizzazione freudiane, giacché si confonde *tout court* con quello della pulsione sessuale stes-

sa: la sua meta – la scarica totale dell'energia, il ritorno allo zero dell'eccitamento anche mediante un suo crescendo fino all'esaurimento – non è sostanzialmente quella di ogni pulsione, il principio stesso del piacere?[5] Non è in fondo questo il "processo primario" fin da subito descritto nell'inconscio, cioè quella circolazione totalmente libera, in un circuito di rappresentazioni, di una energia ipotetica denominata libido che si sposta lungo le catene fantasmatiche, alla ricerca del punto che permetterà la scarica assoluta dell'eccitamento oppure produrrà, mediante compromessi, sogni e sintomi? D'altra parte, "anche dove emerge senza alcuna mira sessuale, nella furia più cieca della distruttività", ci dice qui Freud, "non si può non riconoscere che il soddisfacimento della pulsione è accompagnato da un livello straordinariamente elevato di godimento narcisistico, in quanto offre all'Io la soddisfazione dei suoi antichi desideri di onnipotenza", l'annullamento della resistenza del mondo. Difficile quindi non considerare (con Laplanche) che in fin dei conti la pulsione di morte riprende gli elementi "selvaggi" e "non addomesticati" precisamente di quella sessualità infantile "perversa polimorfa" rivelata dalla psicoanalisi, cui si era affiancata la scoperta del suo versante narcisistico che confluirà in Eros, quello della fissazione dell'energia liberamente circolante su un oggetto (l'altro e l'Io stesso) nel quale trova una stasi nel "totale" e nell'"unità". Se quella "dell'ag-

[5] André: "Il principio di piacere va al di là del piacere, fino a mettere in pericolo l'organismo".

gressività e della distruttività non erotiche" è una scoperta è proprio perché, dopo il narcisismo, l'*erotico* – il diabolico – sembra aver assunto solo le fattezze della sessualità legata e strutturante sbarazzandosi di quella slegata e destrutturante. Parafrasando Freud (che ne parla nei *Tre saggi sulla teoria sessuale* a proposito della scoperta dell'oggetto da parte del neonato), potremmo dire che *trovare* la pulsione di morte è in realtà un *ritrovarla*.

Di qui dunque la sorpresa perturbante,[6] nella teoria e nell'essere umano, di questo "fattore molesto" cui si opporrebbe la civiltà drenando sessualità per legare libidicamente gli individui. Donde l'interrogativo: l'incivilimento è dunque un processo al servizio dell'Eros, equivale alla lotta per la vita della specie umana, laddove gli "animali, nostri parenti", non mostrano questa lotta per la civiltà propria dell'animale linguistico e pulsionale qual è *Homo sapiens*?

La domanda sembrerebbe suggerire una semplice risposta affermativa, ma è qui che si introducono dei *paradossi* che conducono Freud oltre le "verità più banali" e insoddisfacenti cui fin lì gli sembra di essere arrivato nella scrittura del testo: banali perché riassumibili, alla fin fine, solo nella riscoperta nell'essere umano della "bestia selvaggia, priva di rispetto per la propria specie", riconfermando il vecchio adagio *Homo homini lupus*,

[6] Freud aveva infatti parlato del "perturbante" come sentimento di inquietante estraneità per l'incontro e l'impatto con qualcosa di rimosso che si ripresenta in questa duplice veste, familiare ed estranea al tempo stesso.

e nella riproposizione della "vecchia e fittizia opposizione tra le aspirazioni dell'individuo e le costrizioni della società" (Pontalis). Sono questi paradossi a farlo approdare invece a quello che gli appare infine come un contributo prettamente psicoanalitico, originale, che ribalta considerazioni di senso comune permettendo di compiere dei passi avanti nella comprensione dell'essere umano e aprire nuovi problematici orizzonti alla stessa psicoanalisi.

### *Paradossi dell'interiorizzazione*

Infatti, che mezzi usa la civiltà in questa sua lotta? Il più importante è che l'aggressività viene interiorizzata, introiettata, "rispedita da dove è venuta, quindi diretta verso il proprio Io", costituendo una istanza che si contrappone all'Io e che per Freud è una delle fondamentali acquisizioni psicologiche della civiltà e della formazione individuale: il Super-Io. Con esso, al di là del rimorso per gli atti colpevoli realmente effettuati, si produce un *senso di colpa* anche per quelli solo desiderati: anche perché, *inconsciamente*, il desiderio è già atto, pensare è già agire, come nei sogni il mettere in scena è già appagamento e già "commettere" ciò che vi è raffigurato.

Come avviene questa interiorizzazione, che si affianca e intreccia a quella che, mediante il linguaggio, permette al bambino di istituire un controllo dei processi percettivi e dei comportamenti (Cimatti)? Inizialmente, si interiorizza a partire dall'autorità esterna e dalla forza delle sue proi-

bizioni e dei suoi imperativi, ma non mediante un mero travaso dall'esterno all'interno. Lo mostra il *primo paradosso* rilevato: la severità dell'istanza interna *non* è direttamente commisurata a quella dell'autorità esterna, sembra anzi inversamente proporzionale, o meglio proporzionale alla rinuncia pulsionale che viene imposta. In questo movimento dall'esterno all'interno l'istanza proscrittrice e prescrittrice inizialmente esterna deve caricarsi di un qualcosa di più e di diverso. Donde l'ipotesi che la "severità dell'autorità esterna" sia fusa con l'aggressività vendicativa nei confronti delle sue richieste: cioè che l'originaria autorità esterna sia interiorizzata in certo qual modo per attaccarla interiormente e al tempo stesso identificarvisi mediante l'amore ambivalente nei suoi confronti, riproducendo la "relazione reale fra l'Io, ancora indiviso, e un oggetto esterno", ma capovolta: "'Se io fossi il padre e tu il figlio, ti tratterei male'".

Ma nemmeno l'ipotesi che a confluire nell'interiorizzazione sia una aggressività diretta primariamente verso l'esterno – nonostante il corollario che vi contribuirebbe un modello filogeneticamente trasmesso nel quale il padre preistorico era terribile e capace di qualsiasi aggressione – soddisfa pienamente Freud, che così arriva a quella che infine gli sembra un'idea autenticamente psicoanalitica, controintuitiva. Originariamente sono interiorizzati la proibizione e l'imperativo esterno, e l'angoscia che questo provoca è la causa della rinuncia pulsionale, *ma successivamente la relazione si inverte*: è proprio la rinuncia pulsionale a diventare l'autentica fonte di energia del Super-Io,

che esige nuove rinunce che a loro volta rinvigoriscono la forza di quella istanza e il senso di colpa che ne è la spia. *È la rinuncia pulsionale stessa a produrre la coscienza morale,* anziché essere quest'ultima la causa della prima: non introietto la coscienza morale a partire da un'istanza censoria esterna per obbligarmi alla rinuncia pulsionale, ma mediante quest'ultima creo e rafforzo una coscienza morale.

Freud tenta anche di formulare un'equazione che, nella sua bella ed efficace semplicità, potrebbe corrispondere in fisica a una sorta di $E=mc^2$, restringendo alla sola aggressività il contributo al senso di colpa cioè all'energia superegoica: "se una tendenza pulsionale subisce una rimozione, le sue componenti libidiche si trasformano in sintomi e le componenti aggressive in senso di colpa". Ma subito riconosce come "tale assunto sia frutto di un'approssimazione media" alla verità, e più avanti menziona la nevrosi ossessiva in cui "il senso di colpa si impone alla coscienza con estrema forza, domina il quadro clinico e la vita del paziente", ma rivelandone l'erotismo intrinseco (l'"orrore di un proprio piacere a lui stesso ignoto" dell'Uomo dei topi nel celebre caso clinico). Dunque i conti non tornano, non è possibile restringere l'energia del senso di colpa all'aggressività e distruttività "non erotiche", per di più considerate primariamente dirette all'esterno e solo poi riportate contro l'Io, che invece ne è l'originario bersaglio.

Insomma Freud sembra inesorabilmente spinto oltre la cornice entro cui tenderebbe a circoscrivere l'aggressività, pur non essendone soddisfatto né convinto. Come riassume Bersani: "Con

Freud, possiamo pure chiamarla aggressione, ma è una aggressione dall'enorme potere erotico, una aggressione che può essere costitutiva della sessualità". E se si può concordare con lui nel pensare l'opposizione freudiana tra Eros e pulsione di morte quasi come "una difesa teorica anticipatoria contro il *collasso* del vero dualismo [pulsionale] in una quasi inconcepibile identità", cioè sessuale = aggressività (per di più originariamente diretta verso l'interno), è solo a patto di alcune precisazioni.

Innanzitutto Freud, sia pure con variazioni, incertezze, passi indietro, confusioni, fuorviamenti, diverse denominazioni (pulsioni di autoconservazione, dell'Io ecc.), ha sempre ritenuto essenziale assicurare un dualismo al funzionamento psichico: quello fra sessualità pulsionale e, dall'altro lato, autoconservazione e sessualità istintuali, con due funzionamenti ben distinti e a tratti antitetici, il che permette di affermare che, se nell'essere umano la sessualità è dappertutto, non tutto però è sessuale. In secondo luogo, il rischio di quel collasso è dovuto, come detto, all'impatto della scoperta del narcisismo che sembra *accaparrarsi tutto il sessuale*,[7] riducendolo alla sua forma legata e temperata – nella teoria proprio come avviene nell'essere umano – e facendo equivalere il non-narcisistico al non-erotico. Infine, forse è anche il timore di questo collasso a spingere in

[7] Qui Freud è chiarissimo: l'introduzione del concetto di narcisismo "ha messo in pericolo il concetto di libido. Poiché anche le pulsioni dell'Io erano di natura libidica, per un po' è parso inevitabile far coincidere la libido con l'energia pulsionale in generale".

Freud la pulsione di morte appena introdotta su un piano biologico, anzi metabiologico, come a porla al di fuori del sessuale narcisistico e al riparo da esso, lì dove c'è solo istinto. Ma così, suggerisce Laplanche, inversamente porta "il ferro e il fuoco" del sessuale nelle basi stesse della vita, proprio come, "nella vita, la guerra umana era già la molla della sovversione generalizzata introdotta dalla sessualità".

## *Il Super-Io è pulsionale*

Così come col narcisismo la sessualità si era installata nel cuore dell'Io, che si proclama l'istanza soggettiva, ora il Super-Io, rappresentante della legge e dell'ideale, svela di essere anch'esso radicato nell'Es, rivelandosi pulsionale nel funzionamento e nelle risorse utilizzate. "Non resta che prendere atto della spiacevole scoperta", riconoscerà Freud tre anni dopo,[8] "che l'Io e il Super-Io stessi sono in qualche loro parte inconsci", e che "(Super-)Io e conscio da un lato, rimosso e inconscio dall'altro, non sono affatto coincidenti". Sempre più ferocemente severo in misura della rinuncia pulsionale effettuata, lungi dall'esserne acquietato il Super-Io ne è eccitato, diventando sempre più diffidente e torturante. "Proprio come la pulsione, l'imperativo superegoico ricerca l'appagamento. Anche la spinta del Super-Io tende verso la scarica", sottolinea André.

[8] *Introduzione alla psicoanalisi. Nuova serie di lezioni*, 1932, p. 181.

Fino ad ora la genesi del Super-Io era concepita come prettamente edipica: sotto la minaccia dell'angoscia di castrazione, l'Io del bambino (specie il maschietto) si distoglie dall'investimento libidico incestuoso materno e l'autorità paterna introiettata per identificazione forma il nucleo del Super-Io. In questo modo il soggetto sarebbe introdotto alla necessaria separazione dei sessi e delle generazioni (sarebbe questa la funzione edipica del Super-Io) autorizzandone "i rapporti più o meno ben regolati e 'ben temperati'" (Laplanche). Ora Freud scopre che a riversarsi in questo stampo edipico è la forza viva sottostante all'angoscia e alla colpevolezza, cioè "l'energia pulsionale non legata, scatenata, che attacca il soggetto dall'interno" (Laplanche), e che anima un sottostante e precedente Super-Io erotico, aggressivo, sadico nel senso libidico del termine.

Si delinea così una genesi "preedipica" del Super-Io che riprende il vettore per così dire centripeto (dall'esterno all'interno) della genesi edipica, ma spostando il tutto a monte e su un altro piano: "il bambino di questo Super-Io nuova maniera non è più il bambino edipico né solo il maschietto, ma quello dell'*Hilflosigkeit*, del disaiuto" (André), cioè dell'impotenza originaria dell'essere umano per l'impossibilità ad aiutarsi da sé menzionata nell'incipit de *Il disagio nella civiltà*. Qui non è più (o meglio, non è ancora) in gioco l'angoscia di castrazione (angoscia della perdita del pene, non esclusiva ma tipica della posizione "maschile") bensì quella della perdita d'amore, il timore/terrore di perdere l'amore dell'altro più forte da cui si dipende per la protezione dai peri-

coli, per di più esponendosi così alla sua punizione: giacché, come ricorda Laplanche, il pericolo principale contro cui protegge la madre (gli adulti), è la madre stessa (sono gli adulti stessi), cioè l'"essere-senza-aiuto di fronte alle stesse pulsioni" scaturite dalla relazione con loro (Goldberg). Una angoscia della perdita d'amore che, anziché riguardare elettivamente la bambina nella quale è semmai primariamente riscontrata, è un processo estremamente primitivo, che riguarda entrambi i sessi prima della loro differenziazione, e che riemergerà nell'adulto in diversi frangenti: ad esempio nell'amore e nella sua perdita, sempre con la tentazione di rimediarvi narcisisticamente mediante la distruzione dell'estraneo e l'autoannientamento.

E l'influsso sul "bambino di questo Super-Io nuova maniera" è esercitato da un altro che non è più il padre edipico – sia pure quello primigenio onnipotente che possiede tutte le donne – che interdice minacciando la castrazione, ma un altro più arcaico, ontogeneticamente più che filogeneticamente: l'"altro strapotente", l'"autorità inattaccabile" dei genitori e più precisamente degli adulti, nella profonda, radicale e inquietante asimmetria del loro inconscio sessuale rispetto al corpo del neonato che ne è sprovvisto.

### *E la civiltà?*

Ne *Il disagio nella civiltà*, è ribadito che questa si costruisce e si regge sulla repressione della pulsionalità, ma qui la sessualità non è presen-

tata come ostile alla società perché in contrasto con la realtà della lotta per la vita e il dominio, bensì convergente con essa nella misura in cui è convogliata, legata e addomesticata per creare unità sempre più coerenti e inclusive. Il conflitto riemerge però all'interno dell'Eros unificante e totalizzante narcisistico, tra gradi diversi di unificazione e sintesi (ad esempio, famiglia *versus* società), e fra due registri pulsionali: Eros e ciò che lo eccede come pulsione di morte. L'oggetto principale della repressione sociale e culturale diventa ormai la pulsione di morte, la tendenza autoaggressiva (solo secondariamente eteroaggressiva) che mira a distruggere ogni vita, a disorganizzare ogni insieme, sia a livello sociale che a livello dell'organismo individuale, e innanzitutto l'Io.

Come scrive Freud, ci si può interrogare se la rimozione della sessualità e la rinuncia ad essa sia davvero legata soltanto alla pressione della civiltà, o non vi sia "qualcosa nella natura della funzione sessuale stessa a impedirci il pieno soddisfacimento e spingerci su altre strade", dunque una inconciliabilità assoluta, in sé, che sostanzia l'idea che la pulsione di morte sia in fin dei conti l'espressione teorica degli aspetti irriducibili e in quanto tali dirompenti e "distruttivi" della pulsione sessuale. Per Bersani, "Freud risolutamente mantiene la nozione di una aggressione non-erotica ma al tempo stesso la sua argomentazione muove inesorabilmente verso la visione dell'aggressione (diretta verso il mondo e verso se stessi) *come* intenso eccitamento erotico".

Una inconciliabilità che si manifesta nel fatto

che la civiltà, per obbedire a "un impulso erotico interno, che le ordina di unire gli uomini in una massa intimamente legata", può raggiungere tale meta pulsionale solo rafforzando il senso di colpa.[9] Il che significa dire – *ulteriore paradosso* – che l'unica realistica strategia per soddisfare l'aggressività è dominarla e, viceversa, che l'unico modo per dominare o almeno arginare l'aggressività intrinseca della pulsione nei confronti dell'Io è soddisfarla riconducendola contro l'Io come aggressività superegoica e senso di colpa, dopo averla inizialmente distolta dirigendola contro l'altro. Cosicché la regolazione dell'aggressività finisce col coincidere con il vero e proprio problema dell'aggressività, mentre la civiltà, da oppositrice dell'aggressività individuale, transitivamente diventa piuttosto la *causa* dell'autentico antagonismo esaminato ne *Il disagio nella civiltà* e "*incarna* specificamente la malattia" (Mistura).

Se la sessualità pulsionale umana ha un registro inconciliabilmente distruttivo e se sessualità = aggressione, allora la civiltà non si pone al di fuori di questa uguaglianza o di fronte ad essa: "la civiltà stessa *ripete* anziché opporsi agli altri due termini, trasformando l'argomento del lavoro di Freud in una tripla tautologia: sessualità = aggressione = civiltà" (Bersani, corsivo mio). Una equivalenza imperniata sul senso di colpa che ne fa "un assioma affettivo della psicoanalisi"

[9] Solo di sfuggita Freud menziona qui la vergogna. Sulle possibilità e impossibilità di distinguere sentimento di colpevolezza e di vergogna, civiltà della colpevolezza e civiltà della vergogna, nonché sui loro rapporti, vedi l'approfondito saggio di Goldberg.

(Goldberg) e, come scrive qui Freud riassumendo il suo intento, "il problema più importante nello sviluppo della civiltà", mentre l'infelicità che produce è il prezzo inevitabile da pagare per quest'ultimo.

Questo sentimento di colpevolezza, da un lato è "la misura della tensione fra le sue [dell'Io] aspirazioni e le esigenze del Super-Io" e dunque presuppone quest'ultimo, ma dall'altro lato, come ci dice Freud, esiste prima del Super-Io e della coscienza morale, quando è "l'espressione immediata della paura nei confronti dell'autorità esterna" e del confronto con essa, sotto forma di *bisogno di punizione*. Si pone così il problema non solo dei due livelli del senso di colpa – uno derivante dal timore dell'autorità esterna, l'altro da quello dell'autorità interna – ma, intrecciato ad esso, il problema di una equivalenza o distinzione fra "senso di colpa inconscio" (espressione che psicologicamente appare scorretta a Freud, perché un sentimento esigerebbe la coscienza) e "bisogno di punizione".

Freud sembra oscillare fra le due possibilità: "Abbiamo potuto affermare che l'espressione 'senso di colpa inconscio' significa un bisogno di punizione ad opera di un potere parentale", aveva scritto cinque anni prima (a proposito del masochismo)[10] ponendoli come sinonimi ma legando al secondo l'evocazione nel reale del "potere parentale". Il termine stesso di "bisogno di punizione" non rimanda direttamente alla pul-

[10] *Il problema economico del masochismo*, 1924, p. 15.

sione e al desiderio, altrimenti saremmo nel registro delle perversioni, "ma a una sorta di impulso coatto di natura quasi organica" (Goldberg) a sbarazzarsi di un attacco interno mediante un passaggio nel reale e nell'atto: è "il bisogno di creare un atto, perché la pulsione stessa trovi il suo limite" (Laplanche), un legame che è già un primo abbozzo di raffigurazione: "Si tratta di dare una certa positività nel reale a ciò che è informe, per riuscire ad alleviarne il peso. [...] La colpevolezza è già una rappresentazione 'formale' dell'affetto di angoscia" scatenato dall'attacco interno pulsionale passivamente subìto (Goldberg).

È interessante notare che il bisogno di punizione sembra dunque ritrovarsi ai due estremi di questa successione, progrediente o regrediente: come *punto di partenza* della costruzione del Super-Io mediante il senso di colpa ma anche come *punto di arresto* della pulsionalità superegoica, che di per sé mira allo zero e col suo crescendo tende imperativamente verso la scarica "fino a che sia commesso eventualmente l'atto (criminale), il solo capace di soddisfare il bisogno di punizione" (André). Di conseguenza, l'oscillazione fra "senso di colpa inconscio" e "bisogno di punizione" delineerebbe piuttosto una possibile *progressione* (ed eventuale *regressione*) nei processi di legame, narcisistici e simbolici, che comunque sarebbero tutti momenti secondari a quel *primo momento di umanizzazione* che, nella relazione con l'altro, è il sorgere simultaneo della pulsione, della fantasia inconscia e dell'angoscia. Su questa linea, non è il complesso di Edipo che crea il crimine, ma è esso stesso il

primo crimine commesso per tentare di padroneggiare l'angoscia mediante il bisogno di punizione dando corpo nel reale e in un atto al sentimento di colpevolezza, che è "una diversa specie topica di angoscia" – come scrive qui Freud – nel senso che con esso si istituisce una differenziazione e organizzazione dell'apparato psichico: dunque un crimine in certo qual modo consustanziale all'essere umano.

Il bisogno di punizione, dice espressamente Freud, è "una manifestazione pulsionale dell'Io": è quella "parte della tendenza alla distruzione interna presente nell'Io utilizzata per instaurare un legame erotico con il Super-Io", per legare eroticamente una spinta autodistruttiva e così contribuire narcisisticamente alla costruzione e al mantenimento dell'Io. Senso di colpa e bisogno di punizione, ribadirà alcuni anni dopo, costituiscono soltanto "quella porzione che è per così dire psichicamente legata dal Super-Io e che in questo modo si fa riconoscere".[11] Ha ragione dunque Freud a esclamare: "Quale potente ostacolo alla civiltà deve essere l'aggressività, se ciò che dovrebbe difendere contro di essa può rendere infelici quanto l'aggressività stessa!"; al tempo stesso e paradossalmente, ostacolo nonché mezzo per la civiltà.

[11] *Analisi terminabile e interminabile*, 1937, p. 525. Già nel 1932 aveva precisato che l'alternativa per la pulsione sessuale di morte è fra l'essere vincolata nel Super-Io per rivolgerla *contro* l'Io, oppure lasciare che svolga la sua muta e inquietante attività *nell'*Io e *nell'*Es come libera pulsione distruttiva (*Introduzione alla psicoanalisi. Nuova serie di lezioni*, p. 217).

## *Un* Kulturarbeit *per la psicoanalisi: curarci della nostra umanità*

Di qui l'inquietante interrogativo finale circa il destino della specie umana: "se e in quale misura il suo sviluppo civile riuscirà a dominare i turbamenti della vita in comune dovuti all'aggressività umana e alla pulsione di autoannientamento", dal momento che gli "uomini hanno ormai raggiunto un tale dominio delle forze della natura che, con il loro aiuto, potrebbero facilmente sterminarsi a vicenda fino all'ultimo uomo". Nella seconda edizione, due anni dopo, pensò di dover aggiungere un altro interrogativo per concludere: "Ma chi può prevedere se avrà successo e quale sarà l'esito?".

A distanza di decenni dal *Disagio*, stilandone un bilancio, Green aggiunge altri interrogativi: dopo i campi di sterminio e i crimini contro l'umanità, la proliferazione nucleare, le deportazioni di popoli e le pulizie etniche, la sterminata diffusione delle droghe, i terrorismi e fanatismi, il disastro climatico ed ecologico, non è legittimo pensare che il *malaise*[12] menzionato da Freud fosse il prodromo di una grave malattia e, anziché parlare di regressione, non si dovrebbe piuttosto parlare di "progresso nella barbarie"? Più ancora, si domanda Zaltzman, "quale speranza, che progetto serbare per l'avvenire umano se si accerta che quanto di più evoluto viene costruito per il vivere comune si rivela esposto senza fine all'autodistru-

[12] Il termine francese *malaise*, con cui si traduce l'*Unbehagen* freudiano, significa al tempo stesso "disagio" e "malessere".

zione" e allo "spirito del male", ossia a quell'ibrido in cui l'economia pulsionale primaria si allea con le formazioni psichiche più evolute, si qualifica moralmente e può essere messa in atto con la partecipazione cosciente dell'Io?

In ogni caso, l'introduzione del narcisismo e della pulsione di morte nella problematica della civiltà segnala come questa sia una cornice indispensabile[13] per pensare il lavoro clinico nella sua concretezza, singolarità e attualità, conducendolo verso i confini di "uno spazio psichico altrimenti (dis)organizzato" (André), quello in cui il ruolo paradigmatico lo hanno non le nevrosi quali quella ossessiva o isterica, ma psicosi e patologie narcisistiche, stati limite e melanconia. In quest'ultima, ad esempio, Freud riconosceva un "Super-Io strapotente" in cui predomina "una sorta di coltura pura della pulsione di morte" e che "si è accaparrato la coscienza [e] infuria violentemente e senza pietà contro l'Io". La riflessione psicoanalitica si spinge così, contemporaneamente, anche verso i

[13] Freud proseguirà a indagarla, con *L'acquisizione del fuoco* (1931), l'*Introduzione alla psicoanalisi. Nuova serie di lezioni* (1932), *L'uomo Mosè e la religione monoteistica* (1934-1938) e *Perché la guerra?* (1932, p. 302), dove ricapitola la sua posizione: "Da tempi immemorabili l'umanità è soggetta al processo dell'incivilimento [...]. Forse esso porta all'estinzione del genere umano [...]. Forse questo processo si può paragonare all'addomesticamento di certe specie animali; senza dubbio comporta modificazioni fisiche [...]. Le modificazioni psichiche che intervengono con l'incivilimento sono invece vistose e assolutamente inequivoche. Esse consistono in uno spostamento progressivo delle mete pulsionali e in una restrizione dei moti pulsionali. [...]. Di tutti i caratteri psicologici della civiltà, due sembrano i più importanti: il rafforzamento dell'intelletto, che comincia a dominare la vita pulsionale, e l'interiorizzazione dell'aggressività, con tutti i vantaggi e i pericoli che da ciò conseguono".

confini di nuovi quadri teorici dell'apparato psichico, imperniati su quella scissione dell'Io il cui crinale separa aree diverse dell'apparato psichico, come forse mostra il fatto stesso di parlare di "bisogno" anziché di "pulsione" di punizione.

In questo incerto panorama, la psicoanalisi sembra fornire un persuasivo resoconto diagnostico non dell'adattamento umano ma di ciò che rende noi *unfit* alla civiltà/cultura che pure ci è indispensabile: inadatti per via della "nostra cieca furia distruttiva" che qui si rivela "una funzione psichica intrattabile", nella misura in cui coincide con il sessuale che, con il linguaggio e intrecciato ad esso, caratterizza il nostro essere umani. "Possiamo, al meglio, adattarci a ciò che ci rende incapaci di adattamento. Andare oltre significherebbe curare noi stessi dall'essere umani" (Bersani). Ma è proprio questo il *Kulturarbeit*, l'impossibile ma indispensabile *lavoro culturale e di civiltà* che Freud affida alla psicoanalisi, un compito infinito e precario, sempre da riprendere come il prosciugamento dello Zuiderzee, dirà poi.[14]

A questo lavoro Freud si propone di guidarci ne *Il disagio nella civiltà* alla maniera del Virgilio dantesco: *curarci della nostra umanità*, forse mirando leopardianamente a una emancipazione verso una "vita estrinseca" (Cimatti). Se chiede "scusa ai lettori di non essere stato una guida abbastanza abile da evitare loro tratti aridi e deviazioni disagevoli", di non aver "potuto fare di meglio", più che per la forma dello scritto o per la

[14] *Introduzione alla psicoanalisi. Nuova serie di lezioni*, p. 190.

fatica dell'impervia passeggiata estiva cui ci ha condotti, verosimilmente è per la grave problematica intrinseca alla materia umana che qui non può evitare di additarci.

## *Riferimenti bibliografici*

André J., "Préface" a Freud S., *Le malaise dans la culture*, P.U.F., Paris 1995.
Bersani L., "Introduction" a Freud S., *Civilization and Its Discontents*, Penguin Books, London 2002.
Cimatti F., *Il taglio. Linguaggio e pulsione di morte*, Quodlibet, Macerata 2015.
– *La vita estrinseca*, Orthotes, Roma 2018.
Freud. S., (1905) *Tre saggi sulla teoria sessuale*, O.S.F., vol. IV.
– (1908) *La morale sessuale "civile" e il nervosismo moderno*, O.S.F., vol. V.
– (1912-13) *Totem e tabù*, O.S.F., vol. VII.
– (1914) *Introduzione al narcisismo*, O.S.F., vol. VII.
– (1915) *Considerazioni attuali sulla guerra e la morte*, O.S.F., vol. VIII.
– (1919) *Il perturbante*, O.S.F., vol. IX.
– (1920) *Al di là del principio di piacere*, O.S.F., vol. IX.
– (1921) *Psicologia delle masse e analisi dell'Io*, O.S.F., vol. IX.
– (1923) *L'Io e l'Es*, O.S.F., vol. IX.
– (1924) *Il problema economico del masochismo*, O.S.F., vol. X.
– (1927) *L'avvenire di un'illusione*, O.S.F., vol. X.
– (1931) *L'acquisizione del fuoco*, O.S.F., vol. XI.
– (1932) *Introduzione alla psicoanalisi. Nuova serie di lezioni*, O.S.F., vol. XI.
– (1932) *Perché la guerra?*, O.S.F., vol. XI.
– (1934-38) *L'uomo Mosè e la religione monoteistica*, O.S.F., vol. XI.
– (1937) *Analisi terminabile e interminabile*, O.S.F., vol. X.
– e Andreas-Salomé L. (1912-1936), *Lettere tra Freud e Lou*

*Andreas-Salomé 1912-1936*, Bollati Boringhieri, Torino 1990.
Goldberg J., *La colpa. Un assioma della psicoanalisi*, Feltrinelli, Milano 1988.
Green A., "Culture(s) et civilisation(s), malaise ou maladie?", in "Revue française de psychanalyse", 1993, 57, pp. 1029-1056.
Laplanche J., *Vita e morte in psicoanalisi*, Mimesis, Milano-Udine 2020.
– *Problematiche I. L'angoscia,* la Biblioteca, Bari-Roma 2000 e Mimesis, Milano-Udine, in preparazione.
– *Tra seduzione e ispirazione: l'uomo*, Mimesis, Milano-Udine 2019.
– *Sexuale. La sessualità allargata nel senso freudiano*, Mimesis, Milano-Udine 2019.
Le Rider J., "Cultiver le malaise ou civiliser la culture?", in Le Rider J. *et al.*, *Autour du "Malaise dans la culture" de Freud*, P.U.F., Paris 1998.
Mistura S., "Genealogia del *Disagio*", in Freud S., *Il disagio nella civiltà*, Einaudi, Torino 2010.
Pontalis J.-B., "Attualità del malessere", in *Perdere di vista,* Borla, Roma 1993.
Starobinski J., "Le mot "civilisation", in "Le temps de la réflexion", 1983, 4, pp. 13-51.
Zaltzman N., *Lo spirito del male*, Borla, Roma 2011.

# Biografia

1856
A Freiberg, in Moravia (l'attuale Příbor della Repubblica Ceca), il 6 maggio, in una famiglia ebraica, nasce Sigismund Schlomo Freud, primogenito di Jacob Freud (1815-1896), commerciante in lana, e Amalie Nathanson (1835-1930), sua terza moglie sposata l'anno precedente, entrambi nati in Galizia. Circonciso la settimana seguente, per i primi due anni e mezzo sarà affidato alla balia boema, la Nannie, fervente cattolica. Il padre aveva sposato a diciassette anni Sally Kanner, dalla quale aveva avuto due figli, Emanuel e Philipp, e alla morte di lei ebbe – forse – per breve tempo una seconda moglie, Rebecca Rawnial, di cui non si hanno praticamente notizie. I figli del primo matrimonio, pressoché coetanei della giovane nuova moglie, vivevano con il padre: Emanuel era sposato e aveva un figlio, John, di un anno maggiore di Sigismund (che era però suo zio), e una figlia, Pauline, che nacque circa sei mesi dopo Sigismund. Il fatto di essere nato in una famiglia allargata comprendente diverse generazioni mescolate fra loro con conseguenti complicati rapporti di parentela avrebbe in seguito attirato l'attenzione di biografi e commentatori.

1858
In aprile muore, all'età di 7 mesi, il fratellino Julius, mentre a dicembre nasce la sorella Anna (1858-1955), cui seguiranno Rosa (1860-1942 a Treblinka), Maria (Mitsi: 1861-1942 a

Treblinka), Adolphine (Dolfi: 1862-1942 a Theresienstadt), Pauline (Paula: 1864-1942 a Treblinka) e Alexander (1866-1943), di dieci anni più piccolo di Sigmund.

1859
In seguito alla crisi economica, in particolare della manifattura tessile, e all'inasprirsi dell'antisemitismo, la famiglia si trasferisce per un anno a Lipsia, mentre i due fratellastri emigrano in Inghilterra per stabilirsi a Manchester, dove vivranno agiatamente del commercio di tessuti e oreficeria.

1860
Jacob Freud si trasferisce definitivamente a Vienna con la famiglia, nel tradizionale quartiere ebraico di Leopoldstadt, continuando la sua attività di "commerciante in lana", senza mai riuscire a raggiungere una condizione di prosperità. Pur rivendicando le proprie origini, parlando e scrivendo l'ebraico e leggendo spesso la Bibbia (regalerà al figlio per il suo trentacinquesimo compleanno quella illustrata di Philippson che gli aveva dedicato alla nascita e che aveva conservato per lui), Jacob si era via via affrancato dalle pratiche rituali, aderendo al movimento illuministico ebraico della Haskala, che propugnava un rinnovamento culturale e una emancipazione politica e sociale, cosicché Sigmund era allevato "nella più completa ignoranza di tutto ciò che riguarda il giudaismo". Le sole ricorrenze che Jacob festeggiava, ma in famiglia, erano *Purim* e *Pesach* (Pasqua), che ricordavano appunto due liberazioni.

1865
Superando un esame, Sigmund entra al Gymnasium con un anno di anticipo.

1872
In occasione delle vacanze estive trascorse in Moravia, nel suo paesino natale, Sigmund si invaghisce di Gisela Fluss, figlia di amici di famiglia, sua compagna di giochi d'infanzia insieme al fratello di lei Emil. Trascorre quelle vacanze

con il suo compagno di liceo Eduard Silberstein, con cui già dall'anno precedente aveva avviato una corrispondenza epistolare, e creato una segreta "Accademia spagnola": i due si scrivevano in spagnolo firmandosi scherzosamente Cipión e Berganza, dai nomi dei due cani delle *Novelas ejemplares* di Cervantes.

1873
Supera brillantemente l'esame di maturità (*summa cum laude*), nel corso del quale tra l'altro traduce dal greco in tedesco ventitré versi dell'*Edipo re* di Sofocle. Il padre gli promette in premio un viaggio in Inghilterra, terra dei suoi sogni, che Freud effettuerà solo due anni dopo, ospitato dai fratellastri a Manchester. Nello stesso anno, sulla scia dell'impressione suscitata dal saggio *Sulla natura*, attribuito a Goethe, si iscrive alla facoltà di medicina dell'Università di Vienna, abbandonando l'idea di seguire studi giuridici che per un certo tempo aveva accarezzato. Fra i corsi che seguirà c'è quello di filosofia tenuto da Franz Brentano, che nel 1874 pubblica *Psicologia dal punto di vista empirico*, e quello su biologia e darwinismo tenuto da Carl Claus, zoologo che nel 1875 fonderà la Stazione zoologica di Trieste. Negli anni di università decide di abbreviare il suo nome in Sigmund, così come più tardi preferirà cambiare il termine *Narzißismus* in *Narzißmus*, altro particolare che attirerà l'attenzione di biografi e commentatori.

1876
Per due volte è inviato da Claus a Trieste a studiare forma e struttura delle gonadi delle anguille. Ne seguirà una pubblicazione nel 1877. Entra come allievo ricercatore nell'Istituto di fisiologia diretto da Ernst Wilhelm von Brücke (1819-1892) – "l'autorità più grande che abbia conosciuto", dal "terribile sguardo" –, restandovi fino al 1882. Brücke, schierato nella corrente positivista e antivitalista, con Emil Du Bois-Reymond, Carl Ludwig e Hermann Helmholtz si era ripromesso di tener fede al cosiddetto giuramento materialista: "Nell'organismo non agiscono altre forze al di fuori di

quelle fisico-chimiche. In tutti i casi che non possono essere spiegati in tal modo, [...] si devono introdurre nuove forze di dignità pari alle forze fisico-chimiche che regolano la materia". Nel laboratorio di Brücke, Freud conduce ricerche di anatomia e istologia nervosa, nonché di neuropatologia.

1877
Da Brücke, oltre a Ernst von Fleischl-Marxow e Sigmund Exner, due rinomati fisiologi, incontra il dottor Josef Breuer, affermato medico viennese e anch'egli eminente fisiologo, con cui avvierà un intenso rapporto di amicizia e di collaborazione scientifica durato fino al 1896, e dal quale sarà sostenuto anche economicamente.

1879
Mentre assolve al servizio militare, Freud traduce tre saggi del filosofo inglese John Stuart Mill (*Sull'emancipazione della donna, Platone, La questione sociale*).

1880
Nel dicembre, Breuer comincia il trattamento della ventunenne Bertha Pappenheim (poi nota come Anna O.), che proseguirà per un anno e mezzo e di cui Freud verrà a sapere anni dopo.

1881
Freud si laurea infine in medicina, in ritardo proprio per aver privilegiato l'attività di ricercatore, che gli ha però guadagnato la fama di brillante e promettente studioso in anatomia, fisiologia e biologia.

1882
A causa delle sue difficoltà economiche, Brücke gli consiglia di abbandonare la carriera universitaria e la ricerca scientifica per dedicarsi all'attività medica e alla professione privata. Inizia il tirocinio all'Ospedale generale di Vienna, prima in chirurgia e poi come *Aspirant*, assistente, nel

reparto di medicina interna diretto dal prof. Hermann Nothnagel. Pubblica l'articolo sulle fibre e cellule nervose nel gambero. In quello stesso anno, Sigmund conosce un'amica della sorella Anna, Martha Bernays (1861-1951), appartenente a una famiglia ebraica ortodossa di Amburgo (il nonno Isaac era stato rabbino capo della città; lo zio Jacob, scomparso poco tempo prima, era un noto filologo e studioso di Aristotele che proponeva della tragedia un'interpretazione come terapia catartica in un senso medico-biologico, consistente cioè nel suscitare delle passioni per poterle liquidare). Giunta a Vienna in seguito al fallimento economico del padre, Martha era sorella di Eli, fidanzato con Anna Freud, e di Minna (1865-1941). Freud se ne innamora perdutamente – e gelosamente – fidanzandosi in segreto con lei. Ma nei mesi successivi, la madre di Martha deciderà di lasciare Vienna, che non sopporta, per tornare a Wandsbeck, presso Amburgo. Cosicché nei quattro anni di fidanzamento la ragazza e Freud potranno vedersi solo sei volte, e solo una volta per più giorni. Il che esaspererà spesso la gelosia di Freud, spingendolo a una fittissima corrispondenza epistolare.

1883
Freud entra nella clinica psichiatrica di Theodor Meynert (1833-1892) e nel suo laboratorio di anatomia cerebrale. Freud conduce per due anni ricerche sul midollo spinale e sugli effetti della cocaina, che descriverà nel testo *Sulla cocaina*, pubblicato l'anno successivo: sfiora la scoperta delle proprietà anestetiche di questa sostanza e ne fa uso dal 1884 al 1887, fino ad abbandonarla del tutto nel 1892. Negli stessi anni se ne stavano infatti scoprendo anche le gravi proprietà tossicomaniche, di cui fu vittima anche l'amico Ernst von Fleischl-Marxow, al quale Freud aveva consigliato la cocaina per tentare una disassuefazione da morfina ed eroina ch'egli utilizzava per alleviare i dolori cronici conseguenti all'amputazione del pollice. Freud tiene una conferenza sulla struttura degli elementi del sistema nervoso e su un nuovo metodo per studiare il percorso

delle fibre nervose, anticipando la teoria del neurone enunciata da Waldeyer nel 1891. Come accenna in una lettera alla fidanzata, in una calda serata d'estate trascorsa a casa Breuer, questi lo mette a parte degli esiti del trattamento di Anna O.: il racconto porterà poi Freud a fare pressioni perché l'amico e collega, riluttante, ritorni sul caso. Quasi cinquant'anni dopo, in una lettera a Stefan Zweig, Freud riferirà alcuni particolari di quel racconto del momento in cui Breuer "aveva in mano la chiave che gli avrebbe aperto la strada verso le 'madri' (Goethe), ma la lasciò cadere".

1884
Nel luglio è nominato *Sekundararzt*, una sorta di aiuto, e si specializza in malattie nervose. Si trasferisce così in ospedale lasciando la casa familiare. Frequenta poi il reparto di dermatologia e, l'anno successivo, quello di malattie nervose, per poi passare temporaneamente in quello di oftalmologia l'anno seguente.

1885
Dopo tre anni e mezzo, in agosto lascia l'Ospedale generale. Ottiene uno *Stipendium*, una borsa di studio (ottobre 1885-febbraio 1886) per seguire a Parigi le lezioni del famoso neurologo Jean-Martin Charcot (1825-1893), scopritore della sclerosi laterale amiotrofica, il "Cesare" dell'ospedale della Salpêtrière, dove aveva separato gli alienati da epilettici e isterici. Nel settembre di quello stesso anno, dopo la valutazione di una commissione composta da Brücke, Nothnagel e Meynert, un successivo esame orale e una lezione pubblica sui "fasci midollari del cervello", è nominato *Privat-Dozent*, libero docente, in neuropatologia. Pubblica altri lavori neurologici. Dopo alcune settimane a Wandsbeck dalla fidanzata, dove ottiene l'assenso a un futuro matrimonio dalla madre di lei, a ottobre arriva a Parigi. Qui è affascinato dalla personalità di Charcot e attratto dalle ricerche che questi stava conducendo sull'isteria, di cui escludeva l'esclusivo appannaggio femminile e ipotizzava una genesi traumatica.

1886
Di ritorno da Parigi, dove aveva tra l'altro frequentato alcune lezioni di Paul Brouardel alla Morgue, Freud si reca a Berlino, dove frequenta per alcune settimane la clinica pediatrica di Adolf Baginsky, iniziandosi ai "segreti delle malattie infantili" in vista dell'incarico di dirigente del reparto neurologico della Clinica pediatrica di Vienna già offertogli da Max Kassowitz. Tornato a Vienna e lasciato il laboratorio di Meynert, avvia la sua pratica medica privata come specialista in malattie nervose, anche infantili, con un annuncio sulla "Neue Freie Presse": "Il dott. Sigmund Freud, docente di neuropatologia nell'Università di Vienna, è tornato da un soggiorno di sei mesi a Parigi e risiede ora in Rathausstraße 7". Dopo aver partecipato per un mese alle manovre militari obbligatorie, grazie a prestiti e donazioni, può infine sposarsi con Martha Bernays, a Wandsbeck, presso Amburgo, il 13 settembre civilmente e il giorno successivo secondo il rito ebraico, sebbene piuttosto a malincuore e solo perché altrimenti il matrimonio non avrebbe avuto validità in Austria: deve chiedere allo zio materno della sposa di istruirlo circa il rito e le preghiere da recitare, ma non indossa l'abito tradizionale (Roudinesco). Andranno inizialmente ad abitare in Maria Theresienstraße 8, nella *Kaiserliche Stiftungshaus* sorta sul luogo del Ringtheater andato a fuoco con centinaia di vittime cinque anni prima, dove ancora pochi accettavano di trasferirsi. Dopo aver presentato a maggio una relazione sull'ipnosi alla Società di fisiologia e di psichiatria, a ottobre presenta all'Accademia di medicina di Vienna una relazione sull'isteria maschile, che non riceve buona accoglienza; ritornerà sull'argomento con la pubblicazione dell'*Osservazione di un caso grave di emianestesia in un paziente isterico*. Traduce il terzo volume delle *Leçons sur les maladies du système nerveux* di Charcot, con una propria prefazione.

1887
Conosce Wilhelm Fliess, un otorinolaringoiatra berlinese che si era trasferito a Vienna per proseguire i suoi studi e al

quale Breuer aveva consigliato di seguire delle lezioni di neurologia di Freud. Con lui avvierà una corrispondenza epistolare e uno scambio scientifico circa le rispettive ricerche, stringendo un'intima amicizia. Nasce la prima figlia Mathilde (1887-1978). Scrive una voce sull'anatomia cerebrale per un dizionario di medicina curato da Albert Villaret, ma probabilmente anche altre voci, sull'isteria e forse sull'afasia, sulle paralisi infantili e sull'isteroepilessia. Nei suoi trattamenti affianca all'elettroterapia e ad altre terapie fisiche, poi via via abbandonate, la suggestione ipnotica, pratica che causerà l'acuirsi dei contrasti con Meynert. È eletto membro della Società medica di Vienna.

1888
Traduce il libro di Hippolyte Bernheim (1840-1919) *De la suggestion*, con una prefazione.

1889
Soggiorna per varie settimane a Nancy presso Bernheim, che con Ambroise Auguste Liébault studia la suggestione e gli effetti postipnotici. Poi a Parigi assiste al primo Congresso di ipnotismo. Nasce il figlio Martin (1889-1967).

1890
Il 1° maggio, dopo averla trattata per un anno e mezzo con l'ipnosi, comincia a utilizzare con la paziente Fanny Moser (denominata Emmy von N.) il "metodo catartico" messo a punto da Breuer, che mediante la suggestione indagava le circostanze di comparsa dei sintomi per "abreagirne" gli affetti rimasti incapsulati.

1891
Nasce il figlio Oliver (1891-1969). Nel settembre di quell'anno si trasferisce in Berggasse 19, dove vivrà e svolgerà la sua professione fino al 1938. Pubblica i suoi importanti lavori sulle afasie (*L'interpretazione delle afasie*) e sulle paralisi infantili emilaterali.

1892
Riesce a convincere Breuer a scrivere insieme una monografia sull'isteria, a cominciare da una *Comunicazione preliminare*. Traduce le *Leçons du mardi à la Salpêtrière* di Charcot con un apparato di note sull'isteria. Inizia il trattamento di Elizabeth von R., passando gradualmente, durante la terapia, dall'ipnosi al metodo delle libere associazioni, approdando così a una "analisi psichica". Questo avviene anche grazie ai suggerimenti delle stesse pazienti: come Emmy von N. che, spesso, tronca il suo discorso esclamando "Stia zitto! non parli! non mi tocchi!" e si adira per essere stata interrotta da Freud con una suggestione. Via via abbandona anche la pressione delle mani cui ricorreva laddove incontrava delle "resistenze". Inizia il trattamento di Lucy R., scoprendo la rimozione. Nasce il figlio Ernst (1892-1970). Pubblica *Un caso di guarigione ipnotica*.

1893
Con Breuer, dà alle stampe la *Comunicazione preliminare. Sul meccanismo psichico dei fenomeni isterici*. Nasce la figlia Sophie (1893-1920). Con sei bambini, si decide che la cognata Minna Bernays (1865-1941) vada a vivere da loro in Berggasse. Pubblica infine il saggio *Alcune considerazioni per uno studio comparato delle paralisi motorie organiche e isteriche*, annunciato già sette anni prima e sollecitato da Charcot, che muore il mese successivo e per il quale scrive un affettuoso necrologio. Pubblica una monografia sulle diplegie cerebrali infantili, che completa lo studio pubblicato due anni prima. Incontra a Berlino Wilhelm Fliess.

1894
Pubblica *Le neuropsicosi da difesa*, proponendo la difesa da rappresentazioni a carattere sessuale come tipica di isteria, fobie, ossessioni e delirio allucinatorio. Scrive l'articolo, pubblicato l'anno successivo, sulla *Legittimità di separare dalla nevrastenia un preciso complesso di sintomi come "nevrosi d'angoscia"*.

1895

Sono infine pubblicati gli *Studi sull'isteria*, in cui si avanza l'ipotesi che "l'isterico soffrirebbe per lo più di reminiscenze"; alcune parti sono firmate da Breuer e altre da Freud, ma segnano una crescente divergenza tra loro, in particolare intorno all'ipotesi che la sessualità, "quale fonte di traumi psichici e quale motivo della 'difesa', cioè della rimozione dalla coscienza di rappresentazioni, ha una parte di primo piano nella patogenesi dell'isteria". Nasce l'ultima figlia, Anna (1895-1982). Spinge la sua paziente Emma Eckstein a essere operata al naso da Fliess, in base alle teorie di quest'ultimo ritenendo che i suoi dolori possano essere collegati alla mucosa nasale; un errore operatorio di Fliess e gli esiti davvero spiacevoli dell'intervento contribuiranno a minare la fiducia in lui e a incrinare il loro rapporto. Il 24 luglio, a Bellevue, fa il "sogno dell'iniezione a Irma" di cui tenterà una prima analisi completa; questo episodio segnerà successivamente il punto di avvio dell'autoanalisi e sarà al centro de *L'interpretazione dei sogni*; qualche anno dopo, immaginerà che un giorno sulla casa che lo ospitava possa essere affissa una lapide con la scritta: "In questa casa il 24 luglio 1895 al Dr Sigm. Freud si svelò il segreto del Sogno". Nell'agosto, primo viaggio in Italia, a Venezia e Padova, col fratello Alexander. Sarebbe tornato in Italia in ognuno dei quattro anni successivi. Scrive il *Progetto di una psicologia*, un importante manoscritto in cui delinea uno schema dell'apparato psichico e del suo funzionamento, normale e patologico nell'isteria: lo invia all'amico Fliess ma non lo pubblicherà, e solo negli anni trenta sarà ritrovato insieme alle lettere inviate a quest'ultimo da Freud, conservato e poi pubblicato nonostante il desiderio dell'autore che venisse invece distrutto. A dicembre nasce il figlio di Fliess, Robert, che diventerà psicoanalista.

1896

Muore il padre Jacob, "l'avvenimento più importante, la perdita più straziante nella vita di un uomo", come scriverà poi nella prefazione del 1908 alla seconda edizione de *L'in-*

*terpretazione dei sogni*, che allora gli apparirà chiaramente "un brano della mia autobiografia, come la mia reazione alla morte di mio padre". Pubblica le *Nuove osservazioni sulle neuropsicosi da difesa*. Rompe definitivamente la collaborazione con Breuer. Usa per la prima volta il termine "psicoanalisi" per indicare il suo metodo e "metapsicologia" per indicare la sua psicologia che va al di là della coscienza. Con i suoi scritti *L'ereditarietà e l'etiologia delle nevrosi* ed *Etiologia dell'isteria*, enuncia la sua teoria della seduzione, che imputa ad abusi sessuali durante l'infanzia la costituzione dell'inconscio mediante rimozione e i sintomi che ne conseguono. Il secondo dei due articoli è il testo di una conferenza tenuta a maggio alla Società di psichiatria e neurologia di Vienna, che riceve, come scrive a Fliess, "un'accoglienza glaciale da parte degli asini e da parte di Krafft-Ebing il singolare giudizio: 'Sembra una fiaba scientifica'. E questo dopo che uno ha mostrato loro la soluzione di un problema più che millenario, un *caput Nili*!". Nel viaggio estivo in Italia, visita per la prima volta Firenze, acquistando alcune copie in gesso di statue fiorentine per arredare il suo studio, fra cui forse il calco dello *Schiavo morente* di Michelangelo: sono presumibilmente i primi pezzi della sua amata collezione d'arte antica (egizia, greca, romana e infine anche cinese) che si accrescerà di anno in anno, alla fine contando oltre duemila pezzi, e che quarant'anni dopo si riuscirà a trasferire a Londra al momento dell'esilio.

1897
Nell'estate inizia l'autoanalisi, che prosegue sistematicamente fino al 1901 e occasionalmente dopo. Due volte si incontra con Fliess (Norimberga e Breslau) per i loro "congressi". Nella famosa "lettera dell'equinozio" del 21 settembre gli confida di aver rinunciato ai suoi *neurotica*, di fatto falsificando la sua teoria della seduzione. Nell'ottobre scopre il complesso di Edipo: "in me stesso ho trovato l'innamoramento per la madre e la gelosia verso il padre". In estate, in Italia, ammira gli affreschi del Signorelli a Orvieto, ma non riesce ad arrivare a Roma, fermandosi sulle

rive del lago Trasimeno come Annibale, uno degli eroi con cui si identificava. Nothnagel e Krafft-Ebing lo propongono per la nomina a professore straordinario.

1898
Inizia a scrivere *L'interpretazione dei sogni*, il cui progetto risale all'anno precedente, e intanto pubblica l'articolo su *La sessualità nell'etiologia delle nevrosi*. Nuovo "congresso" con Fliess ad Aussee. A settembre, di nuovo in Italia e in Dalmazia, dove avviene l'episodio della dimenticanza del nome "Signorelli" di cui scriverà quello stesso anno in *Meccanismo psichico della dimenticanza*. Comincia a raccogliere materiale sulla psicopatologia della vita quotidiana e sul motto di spirito.

1899
Conclude la redazione de *L'interpretazione dei sogni*, che sarà pubblicata a novembre, ma con la data 1900: "Intuizioni come questa càpitano, se càpitano, una volta sola nella vita", scriverà anni dopo. Pubblica anche *Ricordi di copertura*, nel quale utilizza, sotto mentite spoglie, un proprio ricordo infantile. "Congresso" con Fliess a Innsbruck.

1900
Rottura conflittuale con Fliess, con il quale l'ultimo "congresso" avverrà in estate ad Achensee. Scrive il volumetto *Il sogno* in cui illustra concisamente la sua teoria del sogno come appagamento di un desiderio infantile e continua intanto a raccogliere materiale per la *Psicopatologia della vita quotidiana*. Inizia il trattamento della giovane Ida Bauer, la poi famosa "Dora", allora diciottenne.

1901
Comincia la stesura del Caso clinico di Dora. Pubblica la *Psicopatologia della vita quotidiana*. A settembre, primo agognato, e sempre temuto, viaggio a Roma col fratello Alexander, dove vede tra l'altro il *Mosè* di Michelangelo.

1902
Con decreto imperiale viene nominato professore straordinario titolare presso la facoltà di Medicina dell'Università di Vienna. Iniziano in casa Freud le riunioni della Società psicologica del mercoledì, che nel 1908 diventerà la Società psicoanalitica di Vienna: ad Alfred Adler, Wilhelm Stekel, Max Kahane e Rudolf Reitler, negli anni immediatamente successivi si aggiungeranno, tra gli altri, Max Graf, Hugo Heller (libraio ed editore), Paul Federn, Eduard Hitschmann, Isidor Sadger, Fritz Wittels, Herbert Silberer. In viaggio ancora una volta in Italia, a Roma e poi a Napoli e dintorni (Pompei).

1904
Pubblica *Il metodo psicoanalitico freudiano*, scritto l'anno precedente. Compie il primo viaggio ad Atene, con il fratello Alexander: di un disturbo di memoria accadutogli visitando l'Acropoli scriverà trentadue anni dopo. La rottura definitiva con Fliess ha una triste sequela in una controversia sulla priorità nella scoperta della bisessualità. Fliess accusa Freud di aver parlato della bisessualità a un suo analizzando, Hermann Swoboda, il quale a sua volta ne avrebbe riferito a Otto Weininger, che l'avrebbe plagiata in un suo libro di successo, *Sesso e carattere* pubblicato nel 1903, per poi uccidersi. L'anno successivo, Fliess pubblicherà un libricino di accuse, che Freud respingerà per quanto lo riguarda. Eugen Bleuler, professore universitario a Zurigo e direttore del Burghölzli, il celebre ospedale psichiatrico di quella città, scrive a Freud esprimendo ammirazione e ponendo interrogativi circa le scoperte freudiane, avviando una corrispondenza epistolare con lui: un rapporto che rappresenta per Freud un'importante apertura internazionale.

1905
Pubblica i *Tre saggi sulla teoria sessuale*, che avranno numerose altre edizioni con aggiunte e note, *Il motto di spirito e la sua relazione con l'inconscio* e il *Frammento di un'analisi d'isteria* circa il caso clinico di Dora, già scritto anni prima.

Inizia l'uscita dall'isolamento e la diffusione della psicoanalisi anche all'estero. Incontra Otto Rank che gli aveva inviato il suo libro *L'artista*, in cui applicava le idee psicoanalitiche al campo culturale e che dall'anno successivo parteciperà alle riunioni del mercoledì a casa Freud redigendone i verbali e diventandone segretario stipendiato.

1906
Inizia la corrispondenza epistolare tra Freud e Carl Gustav Jung, il quale andrà a fargli visita l'anno successivo.

1907
Altri allievi di Bleuler a Zurigo, interessati alla psicoanalisi, andranno a conoscerlo: Max Eitingon, Ludwig Binswanger e Karl Abraham. Jung fonda la Società Freud a Zurigo. Freud pubblica *Il delirio e i sogni nella "Gradiva" di Wilhelm Jensen*, prima applicazione della psicoanalisi a un'opera letteraria; sulla questione della creatività artistica pubblica anche *Il poeta e la fantasia*. Pubblica inoltre *Azioni ossessive e pratiche religiose*. Inizia l'analisi dell'"Uomo dei topi", che durerà un po' meno di un anno e il cui caso sarà pubblicato due anni dopo.

1908
La Società psicologica del mercoledì si trasforma nella Società psicoanalitica di Vienna. Karl Abraham fonda la Società psicoanalitica di Berlino. In Italia si comincia a scrivere di psicoanalisi (L. Baroncini, G. Modena, S. Lavagna, R.G. Assagioli, S. de Sanctis). Fanno visita a Freud Sándor Ferenczi, A.A. Brill, Ernest Jones e Edoardo Weiss, triestino, che dal 1913 farà parte della Società psicoanalitica di Vienna. Inizia uno scambio epistolare con lo scrittore Stefan Zweig. In aprile 1° Congresso internazionale di psicoanalisi a Salisburgo, dove incontra Sándor Ferenczi, Ernest Jones, Karl Abraham, Abraham Brill, Hanns Sachs, Paul Federn. Nel settembre, breve soggiorno di Freud a Zurigo, al Burghölzli. Inizia a scrivere il caso del piccolo Hans, circa il trattamento del-

la fobia di un bambino di cinque anni, condotto dal padre Max Graf e supervisionato da Freud.

1909
Pubblica l'*Analisi della fobia di un bambino di cinque anni (Caso clinico del piccolo Hans)* e le *Osservazioni su un caso di nevrosi ossessiva (Caso clinico dell'uomo dei topi)*. Viaggio con Jung e Ferenczi in America dove a Worcester (Massachusetts) tiene le *Cinque conferenze sulla psicoanalisi*, invitato alla Clark University da Stanley Hall, noto psicologo americano. Vi assistono tra gli altri Brill, Jones, William James e James Putnam. Lì riceve anche la laurea *honoris causa* in psicologia che, come scriverà, fu "il primo riconoscimento ufficiale ottenuto per le mie fatiche". Incontra il pastore protestante svizzero Oskar Pfister (il "pastore analitico", come lo definirà), con il quale inizia una corrispondenza epistolare proseguita fino alla morte di Freud. Viene fondato lo "Jahrbuch der Psychoanalyse", prima rivista psicoanalitica, di cui condivide la direzione con Eugen Bleuler.

1910
Congresso di Norimberga e fondazione dell'Associazione psicoanalitica internazionale. Pubblica *Un ricordo d'infanzia di Leonardo da Vinci* e scrive le *Osservazioni psicoanalitiche su un caso di paranoia (dementia paranoides) descritto autobiograficamente (Caso del presidente Schreber)*, che pubblicherà l'anno successivo, a partire dal libro autobiografico del Presidente di Corte d'appello Daniel Paul Schreber, *Memorie di un malato di nervi* del 1903. Ad agosto si incontra a Leiden con Gustav Mahler che gli ha richiesto una consultazione, che si svolge passeggiando insieme per alcune ore. A settembre viaggia in Italia, a Roma e a Palermo, con Ferenczi, con il quale i rapporti si inaspriscono, ma i due ritorneranno insieme a Roma due anni dopo.

1911
A.A. Brill fonda la Società psicoanalitica di New York e, qualche mese dopo, Ernest Jones l'Associazione psicoana-

litica americana. Alfred Adler si dimette dalla Società viennese, prima defezione di uno dei primi allievi. Congresso di Weimar: la neonata associazione internazionale conta 106 membri. Tra questi, vi è Lou Andreas-Salomé che Freud incontra per la prima volta di persona. Lei è la prima di altre donne che cominceranno a partecipare al movimento psicoanalitico: Emma Eckstein (l'ex paziente di Freud che dal 1905 al 1910 scrive alcuni contributi sull'inconscio), Hermine Hugh-Hellmuth, Tatiana Rosenthal, Margarethe Hilferding, Melanie Klein, Sabina Spielrein. Quest'ultima presenta alla Società viennese le sue tesi sull'istinto di morte. Freud si incontra con Jung a Zurigo. Conosce Theodor Reik, che gli invia la sua tesi di laurea su *Le tentazioni di sant'Antonio* di Flaubert.

1912
Freud inizia la stesura di *Totem e tabù*. Fondazione della rivista psicoanalitica *Imago*, per accogliere contributi psicoanalitici relativi all'arte e alla cultura. Ernest Jones fonda il *Ring*, un "Comitato" segreto di pochi fedeli seguaci della psicoanalisi: con lui e Freud, ne fanno parte Karl Abraham, Hanns Sachs, Otto Rank, Sándor Ferenczi, Anton von Freund e, dal 1919, Max Eitingon: l'anno successivo, alla prima riunione, Freud regala ai suoi membri un anello con una pietra greca incastonata. Wilhelm Stekel abbandona la Società viennese. A maggio Freud è a Kreuzlingen con Binswanger, poi a settembre con Ferenczi di nuovo a Roma, dove ogni giorno va a contemplare il *Mosè* di Michelangelo in San Pietro in Vincoli, cercando di "tener testa allo sguardo corrucciato e sprezzante dell'eroe", qualche volta "svignandosela quatto quatto nella penombra della chiesa", e prendendo appunti. In ottobre Lou Andreas-Salomé, per alcuni mesi a Vienna, comincia a frequentare le riunioni della Società psicoanalitica di Vienna.

1913
Ferenczi fonda la Società psicoanalitica di Budapest e Jones quella di Londra. È fondata la nuova rivista "Zeitschrift für

Psychoanalyse". Viaggio primaverile a Venezia e Trieste con la figlia Anna. A settembre Congresso internazionale di psicoanalisi a Monaco, dove si consuma la rottura tra Freud e Jung. In margine al Congresso, Freud ha una lunga conversazione con Lou Andreas-Salomé e Rainer Maria Rilke: in loro si sono voluti riconoscere l'"amico silenzioso" e il "poeta già famoso nonostante la sua giovane età" da cui scaturisce lo scritto *Caducità* di due anni dopo. Nel successivo soggiorno a Roma, "diciassette giorni deliziosi", mentre corregge le bozze di *Totem e tabù*, pubblicato nella sua interezza di lì a poco, inizia la scrittura dell'*Introduzione al narcisismo*.

1914
Pubblica anonimo *Il Mosè di Michelangelo*. Jung lascia la presidenza dell'Associazione psicoanalitica internazionale per poi dimettersene. Anche sollecitato da questa nuova defezione, Freud pubblica *Per la storia del movimento psicoanalitico*, per tracciare storia e capisaldi della psicoanalisi, e soprattutto l'*Introduzione al narcisismo*, una svolta importante nella sua teorizzazione. Inizia a scrivere il caso clinico dell'Uomo dei lupi, appena conclusosi dopo quattro anni. I figli Martin ed Ernst sono richiamati sotto le armi per lo scoppio della Prima guerra mondiale.

1915
Scrive dodici saggi di *Metapsicologia*, dei quali solo cinque saranno pubblicati (tre quell'anno, gli altri, due anni dopo), mentre dei rimanenti sette solo l'abbozzo del dodicesimo, *Sintesi generale delle nevrosi di traslazione*, sarà ritrovato nel 1983 e pubblicato nel 1985. Analisi di Ferenczi con Freud in tre tranche, fra il 1914 e il 1916. Freud comincia a tenere una serie di lezioni all'Università di Vienna, che saranno pubblicate con il titolo di *Introduzione alla psicoanalisi*. In Italia sono pubblicate le *Cinque conferenze sulla psicoanalisi* a cura di Marco Levi-Bianchini.

1916
Anche il figlio Oliver viene richiamato alle armi, benché prevalentemente nel genio militare.

1917

Georg Groddeck, medico tedesco che fin dal 1909 si era avvicinato alla psicoanalisi per poi criticarla, si unisce al movimento psicoanalitico: nonostante le divergenze di vedute, Freud manterrà inalterate stima e amicizia nei suoi confronti.

1918

Pubblica *Dalla storia di una nevrosi infantile. Caso clinico dell'Uomo dei lupi.* Prima analisi di Anna Freud con suo padre, per tre anni; un'ultima tranche sarà nel 1924. Congresso internazionale di psicoanalisi a Budapest: l'interesse che anche per questo la psicoanalisi suscita in Ungheria fa sì che sia istituita una cattedra universitaria di psicoanalisi affidata a Ferenczi. Freud scrive *Bisogna insegnare la psicoanalisi nell'università?*, che uscirà l'anno successivo. Fine della guerra e del vecchio mondo: "È bene che ciò che è vecchio muoia, ma il nuovo non c'è ancora", scrive Freud. Iniziano invece due anni ancora difficili, alle prese con fame e freddo. Morte di Putnam, per il quale l'anno successivo Freud scrive un necrologio.

1919

È avviata la scrittura di *Al di là del principio di piacere* e *Psicologia delle masse e analisi dell'Io*. Pubblica *Il perturbante* e *"Un bambino viene picchiato"*. Fondazione dell'Internationaler psychoanalytischer Verlag, la casa editrice indipendente del movimento psicoanalitico, grazie alla donazione di un fondo da parte di Anton von Freund (1880-1920), ricco industriale ungherese: in venti anni di vita, pubblicherà 150 libri, le prime opere complete di Freud e cinque riviste. Il 3 luglio il suicidio di Viktor Tausk che, già magistrato e poi giornalista, era entrato nel movimento psicoanalitico nel 1909 lasciando la professione e laureandosi in medicina, è un grave trauma per il movimento psicoanalitico, coinvolgendo Lou Andreas-Salomé, che aveva avuto una lunga relazione con lui, e soprattutto Freud. Questi aveva infatti rifiutato di prenderlo in analisi, prima affidandolo

alla più giovane Helene Deutsch, a sua volta in analisi con lui, poi imponendo a quest'ultima la conclusione del trattamento dopo tre mesi; nel necrologio che scrive per lui descrivendone le doti e sottolineando il debito di riconoscenza della psicoanalisi nei suoi confronti, Freud si limita ad attribuire le cause del suicidio alla guerra, da cui pure Tausk era rientrato reduce con serie difficoltà economiche, personali e sentimentali. È creata una nuova Società svizzera, con Binswanger, Pfister, Rorschach, Morel. Al movimento psicoanalitico si unisce Wilhelm Reich.

1920
A gennaio, nel giro di una settimana, muoiono il carissimo Anton von Freund e la prediletta figlia Sophie, appena ventiseienne, in seguito all'epidemia virale cosiddetta "spagnola". Sono pubblicati *Al di là del principio di piacere* e *Psicogenesi di un caso di omosessualità femminile*. Congresso dell'Aia, il primo dopo la guerra: i generosi ospiti olandesi festeggiano con pranzi e banchetti gli analisti delle nazioni sconfitte. Ernest Jones fonda l'*International Journal of Psychoanalysis*. A Berlino è fondato il Policlinico psicoanalitico: Freud scriverà una prefazione ai rapporti di Max Eitingon sulla sua attività, sia nel 1923 sia nel 1930. A Freud è richiesta una perizia sul trattamento elettrico, procedimento giudicato crudele, cui erano stati sottoposti i militari affetti da nevrosi di guerra; nella perizia Freud attribuisce tali nevrosi a conflitti inconsci anziché a una simulazione consapevole.

1921
Pubblica *Psicologia delle masse e analisi dell'Io*.

1922
Pubblica *Sogno e telepatia* e scrive *L'Io e l'Es*. Congresso di Berlino, l'ultimo a cui Freud può partecipare di persona. Inizia una corrispondenza epistolare con Romain Rolland, premio Nobel per la letteratura nel 1915. Fondazione a Vienna dell'*Ambulatorium*.

1923

A Freud è diagnosticato un cancro alla mascella e al palato: iniziano sedici anni di sofferenze, nei quali si susseguono oltre trenta operazioni, svariati trattamenti medici e radianti, applicazioni e modifiche di protesi. Muore l'amato nipotino Heinz, figlio quattrenne di Sophie. Pubblica *L'Io e l'Es*. Ultimo viaggio in Italia e a Roma con la figlia Anna, dove non ritornava da prima della guerra: un vero e proprio addio. È fondata una prima società psicoanalitica in Russia.

1924

Pubblica *Il problema economico del masochismo*, e inizia la pubblicazione dei suoi *Collected papers* in inglese. Rank pubblica *Il trauma della nascita,* che segnerà l'inizio del suo conflitto con Freud e del successivo distacco. Visita di Romain Rolland, accompagnato da Stefan Zweig. Un altro avvenimento inquieta la comunità psicoanalitica: Hermine von Hugh-Hellmuth, rivelatasi autrice nel 1922 del *Diario di una giovinetta* pubblicato anonimo nel 1919, di cui Freud stesso aveva incoraggiato la pubblicazione ma che era stato motivo di scandalo e che infine era risultato un apocrifo, è uccisa in un accesso di collera dal nipote Rolf, che ospitava in casa e ella stessa seguiva in terapia per i suoi gravi problemi. Inizia il dibattito sulla psicoanalisi infantile che opporrà Anna Freud e Melanie Klein. A opera di Fritz Wittels, esce una prima biografia di Freud, che questi critica in due lettere all'autore. Il produttore cinematografico americano Samuel Goldwyn offre a Freud 100.000 dollari per collaborare a un film su una storia d'amore, ma Freud si rifiuta di incontrarlo, il che fa molta sensazione (*Freud snobba Goldwyn*, titola il "New York Times"), "più della stessa *Interpretazione dei sogni*", nota Sachs. Poco dopo, una compagnia cinematografica tedesca progetta un film che illustri alcuni meccanismi scoperti dalla psicoanalisi e contatta per una collaborazione Karl Abraham, che ne mette al corrente Freud; questi nuovamente si rifiuta, nell'idea che non sia possibile presentare nella maniera plastica di

un film le sue teorie astratte. Ma Abraham e Sachs accettano il progetto: il 25 marzo dell'anno successivo esce a Berlino il primo film ispirato alla psicoanalisi, *I misteri di un'anima* diretto da Georg Wilhelm Pabst, corredato per gli spettatori dall'opuscolo *L'enigma dell'inconscio*, scritto da Sachs a mo' di istruzioni per la visione. Il film fu ben accolto dalla stampa, mentre Jones lo considerò dannoso per la psicoanalisi, condividendo con Freud la preoccupazione che si pensasse che fosse approvato da lui stesso. L'episodio fu motivo di contrasto fra analisti viennesi e berlinesi, e tra Freud e Abraham, che ne fu amareggiato.

1925
Scrive *Inibizione, sintomo e angoscia*, pubblicato l'anno successivo, una *Autobiografia* e il breve ma denso saggio su *La negazione.* La figlia Anna Freud entra a far parte del "Comitato". Inizia l'analisi della principessa Marie Bonaparte, moglie di Giorgio di Grecia. Vengono dati alle stampe i primi volumi delle *Gesammelte Schriften* di Freud. Muoiono Karl Abraham e Josef Breuer, dei quali scrive i necrologi. A dicembre, visita di due scrittori: Emil Ludwig e Stefan Zweig. Fondazione della Società psicoanalitica italiana, ad opera di Marco Levi Bianchini, mentre a Trieste, al Congresso di Freniatria, Edoardo Weiss tiene una relazione su *Psichiatria e psicoanalisi*; a Vienna, va a trovare Freud lo psichiatra Sante de Sanctis, uno dei fondatori della psicologia e della neuropsichiatria infantile italiana: ne *L'interpretazione dei sogni* Freud ne aveva menzionato i libri sul sogno, pur criticandoli, e citerà poi un suo scritto sulla conversione religiosa.

1926
Scrive *Il problema dell'analisi condotta da non medici*, sollecitato da una querela nei confronti di Theodor Reik per esercizio abusivo della pratica medica, difendendo l'analisi cosiddetta "laica" o "profana", argomento che sarà tuttavia oggetto di discussioni e polemiche e spingerà a differenti orientamenti e decisioni le varie società psicoanalitiche. Pubblica inoltre il saggio sul *Feticismo*. Celebrazioni e ono-

rificenze per il settantesimo compleanno di Freud. Incontro con Rabindranath Tagore, premio Nobel per la letteratura nel 1913, che si trova a Vienna, e con Surendranath Dasgupta, filosofo indiano. Fondazione della Società psicoanalitica di Parigi e della *Revue française de psychanalyse*. Rank lascia il movimento psicoanalitico. A fine anno, dal figlio Ernst a Berlino, incontro con Albert Einstein: "Sì, con Einstein ho chiacchierato per due ore", scriverà, "è allegro, sicuro di sé, amabile. Capisce di psicologia quanto io capisco di fisica. La nostra conversazione è stata perciò assai piacevole".

1927
Pubblica *L'avvenire di un'illusione*, che causerà molte controversie, e scrive il saggio su *Dostoevskij e il parricidio*. Si scioglie il "Comitato". Congresso di Innsbruck, dove Freud presenta un breve testo su *L'umorismo*. Inizia la corrispondenza con lo scrittore Arnold Zweig, che chiamerà "Maestro" e che avrà rilievo nella redazione de *L'uomo Mosè*.

1929
In estate, mentre si svolge l'undicesimo Congresso psicoanalitico a Oxford, Freud scrive *Il disagio nella civiltà*, pubblicato quello stesso anno, subito dopo la crisi di Wall Street, ma con la data del 1930. Inizia a scrivere la sua *Kürzeste Chronik*, una "cronaca minima" degli avvenimenti degli ultimi dieci anni della sua vita.

1930
Per iniziativa degli scrittori Alfons Paquet e Alfred Döblin (anche psichiatra), riceve il "Premio Goethe" dedicato a personalità la cui opera fosse degna di onorarne la memoria, perché "con metodo rigorosamente scientifico, ma allo stesso tempo con ardite interpretazioni delle similitudini coniate dai poeti, Sigmund Freud ha tracciato la via per accedere alle forze pulsionali della psiche, creando in tal modo la possibilità di scoprire come sono nate e come si sono sviluppate alcune istituzioni della nostra civiltà, al fine di poterne cura-

re almeno in parte i malanni" e per aver "sconvolto e arricchito non soltanto la scienza medica, ma altresì il mondo concettuale degli artisti, dei curatori d'anime, degli storici e degli educatori". Muore Amalia, la madre novantacinquenne: "Non m'era permesso di morire finché viveva lei, ora invece posso farlo". La malattia tumorale impone nuovi interventi. A Berlino per questo motivo, incontra l'ambasciatore americano William C. Bullitt che lo convince a partecipare alla scrittura di una biografia psicoanalitica del presidente Thomas Woodrow Wilson, che sarà pubblicata solo nel 1967, di cui Freud scriverà unicamente l'introduzione. Si acuiscono le divergenze con Ferenczi.

1931
Nuovo intervento chirurgico e costanti sofferenze. Numerosi biglietti augurali per il suo settantacinquesimo compleanno e raccolta di fondi per il Verlag. Il consiglio comunale di Freiberg decide di onorarlo con una lapide in bronzo sulla sua casa natale. Pubblica il saggio sulla *Sessualità femminile*, dove paragona la scoperta dell'attaccamento preedipico della bambina alla madre – inafferrabile, "grigio, remoto, umbratile, arduo da riportare in vita, come se fosse precipitato in una rimozione particolarmente inesorabile" – alla sorpresa suscitata dalla scoperta della civiltà minoico-micenea precedente alla civiltà greca. Ferenczi incontra Freud a Vienna.

1932
Proprio per sostenere il Verlag, Freud scrive una nuova serie di lezioni di *Introduzione alla psicoanalisi*, che non terrà effettivamente e saranno pubblicate in volume l'anno successivo. Scrive con Albert Einstein *Perché la guerra?*, un carteggio che l'anno successivo sarà pubblicato a Parigi dall'Istituto internazionale per la cooperazione intellettuale, per conto della Società delle Nazioni, in lingua tedesca, inglese e francese. Visita di Thomas Mann, di Ludwig Binswanger e, per l'ultima volta, di Ferenczi, con il quale si accrescono dissensi e incomprensioni. Già da un paio d'anni si incrementano le migrazioni di psicoanalisti soprattutto in America. Edoardo

Weiss, intanto trasferitosi a Roma, fonda la "Rivista Italiana di psicoanalisi", le cui pubblicazioni dopo appena due anni saranno vietate dal fascismo su pressioni vaticane. Lo stesso Weiss accompagna per una consultazione a Vienna una sua paziente, il cui padre chiederà a Freud un libro e una dedica per Mussolini, di cui quegli era amico; Freud gli donerà *Perché la guerra?*, scrivendogli: "Da un vecchio che saluta nel Legislatore l'Eroe della Cultura". Congresso di Wiesbaden, l'ultimo a svolgersi in Germania.

1933
Morte di Ferenczi, per il quale Freud scrive un necrologio. Hitler prende il potere e cominciano le pressioni su Freud perché, come tanti analisti stavano già lasciando la Germania, anch'egli lasci l'Austria. Il 10 maggio i libri di Freud sono bruciati dai nazisti a Berlino: "Ma che progressi stiamo facendo! Nel Medioevo avrebbero bruciato me; oggigiorno si accontentano di bruciare i miei libri", esclamò in quella che pare la sua "peggiore precognizione" (Gay) o l'amara negazione di un tragico e oscuro presentimento. Eitingon emigra in Palestina.

1934
Prima stesura di *L'uomo Mosè e la religione monoteistica*, un'opera di tormentata gestazione che terminerà quattro anni dopo: un "romanzo storico", come definito dallo stesso Freud, sulle origini del popolo ebraico, per studiare attraverso la storia di quest'ultimo "in che cosa consista la vera natura di una tradizione e su cosa poggi il suo particolare potere, come sia impossibile negare l'influsso personale di alcuni grandi uomini sulla storia mondiale, che delitto contro la grandiosa multiformità della vita umana commetta chi è disposto a riconoscere soltanto i motivi provocati dai bisogni materiali", sul "nucleo di verità storica nei fenomeni religiosi". "Dinanzi alle nuove persecuzioni, vien fatto di chiedersi di nuovo come mai l'Ebreo sia diventato ciò che è e si sia tirato addosso un odio così inestinguibile. Ben presto ho scoperto la formula: è stato Mosè a creare l'Ebreo..." Wilhelm

Reich si dimette dalla Associazione psicoanalitica internazionale. "Liquidazione" della psicoanalisi in Germania.

1936
Pubblica *Un disturbo della memoria sull'Acropoli: lettera aperta a Romain Rolland*, sull'episodio accadutogli ad Atene nel 1904. I nazisti sequestrano a Lipsia il magazzino dell'Internationaler psychoanalytischer Verlag, la casa editrice psicoanalitica. Thomas Mann e Stefan Zweig scrivono un omaggio per l'ottantesimo compleanno di Freud, sottoscritto da numerosissimi scrittori e artisti (tra i quali Romain Rolland, Virginia Woolf, Jules Romains), al "pioniere di una nuova e più profonda conoscenza dell'uomo". Tra gli altri auguri, quelli di Einstein. A Londra, Freud è nominato membro della Royal Society of Medicine.

1937
Pubblica *Analisi terminabile e interminabile* e *Costruzioni nell'analisi* e i primi due saggi de *L'uomo Mosè* sulla rivista "Imago". Muore Lou Andreas-Salomé, la sua *Versteherin*, "colei che comprende". Scrive *La scissione dell'Io nel processo di difesa,* una importante nota che sarà pubblicata postuma.

1938
Annessione dell'Austria al Reich e occupazione di Vienna da parte dei nazisti. Dopo una incursione alla casa editrice e alla Berggasse delle camicie brune naziste delle S.A. il 15 marzo e una successiva perquisizione domestica della Gestapo il 22 marzo, in cui la figlia Anna è portata via per un interrogatorio, mettendo da parte molte esitazioni Freud si decide a lasciare Vienna per raggiungere Londra, grazie alla sollecitazione e all'aiuto di Ernest Jones e Marie Bonaparte, accorsi a Vienna, nonché all'interessamento di Bullitt e, forse, anche di Mussolini sollecitato da Weiss. Dovrà versare una somma per l'autorizzazione all'espatrio e firmare una dichiarazione di non aver subìto maltrattamenti, cui Freud chiederà di poter aggiungere: "Posso raccomandare vivamente la Gestapo a chicchessia". Il 4 giugno lascia infi-

ne Vienna – "Dopo il ponte sul Reno eravamo liberi!" – ed è calorosamente accolto in transito a Parigi. Dopo una breve sosta nella dimora parigina di Marie Bonaparte, la sera ripartirà per arrivare l'indomani alla Victoria Station di Londra, sistemandosi dapprima a Elsworthy Road: "Il senso di trionfo della liberazione si mescola troppo con il cordoglio, perché abbiamo pur sempre amato la prigione da cui ci hanno lasciato fuggire", scrive appena arrivato nella nuova abitazione. Qui, tra gli altri, va a fargli visita Stefan Zweig che gli presenta Salvador Dalì, che durante l'incontro schizza un ritratto di Freud. A fine settembre, arrivati i mobili da Vienna, passa nella casa al 20 di Maresfield Gardens, a Hampstead, approntata dal figlio Ernst, architetto, che era in Inghilterra già dal 1932. Poco dopo il suo arrivo a Londra avvia la scrittura del terzo saggio de *L'uomo Mosè*, una parte del quale ("Il progresso della spiritualità") fu letta dalla figlia Anna al Congresso internazionale di Parigi il 2 agosto 1938. In quello stesso anno i tre saggi furono pubblicati in un unico volume presso un editore olandese con la data del 1939. Nel luglio inizia a scrivere il *Compendio di psicoanalisi*, di cui a settembre saranno pronte già 63 cartelle; il lavoro dovette essere interrotto per un ennesimo intervento chirurgico, l'ultimo cui potrà sottoporsi, e sarà pubblicato postumo, incompiuto. Il 7 dicembre registra un'intervista alla BBC, concludendola con le parole: *the struggle is not yet over*, "la lotta non è ancora finita".

1939
Nell'ultimo appunto della "Cronica minima" Freud scrive: "Venerdì 25/8 Panico di guerra". La guerra è ormai inevitabile, e otto giorni dopo la Germania invade la Polonia. Il 23 settembre, all'età di 83 anni, Freud muore, aiutato a spegnersi dall'amico Max Schur, suo medico personale. Funerale e cremazione si svolgono tre giorni dopo, al Golders Green Crematorium, dove è sepolto in un'urna greca. Ernest Jones pronunciò un'orazione funebre in inglese, Stefan Zweig un omaggio in tedesco: "Ovunque cerchiamo di progredire nel labirinto del cuore umano, la sua luce ormai rischiarerà il nostro cammino".

# Bibliografia essenziale

## *Abbreviazioni*

O.S.F.: *Opere di Sigmund Freud*, a cura di C. Musatti, 12 voll. più un volume di *Complementi*, Bollati Boringhieri, Torino 1966-1993.

## *Biografie freudiane, ritratti e testimonianze, dizionari di psicoanalisi*

Albano L., *Il divano di Freud. Mahler, l'Uomo dei Lupi, Hilda Doolittle e altri. I pazienti raccontano il fondatore della psicoanalisi*, Pratiche, Parma 1987 e il Saggiatore, Milano 2014.

Andersson O., *Studi sulla preistoria della psicoanalisi: l'etiologia delle psiconevrosi e alcuni temi connessi nelle opere scientifiche e nelle lettere di Sigmund Freud dal 1886 al 1896*, Liguori, Napoli 1984.

Andreas-Salomé L., *I miei anni con Freud: diario 1912-1913*, Newton Compton, Roma 1977.

Anna G., *Mon analyse avec le professeur Freud*, Aubier, Paris 2010.

Anzieu D., *L'autoanalisi di Freud e la scoperta della psicoanalisi*, Astrolabio, Roma 1976.

Assoun P.-L., *Dictionnaire des œuvres psychanalytiques*, P.U.F., Paris 2009.
Bernfeld S. e Cassirer Bernfeld S., *Per una biografia di Freud: saggi*, Bollati Boringhieri, Torino 1991.
Berthelsen D. (1987), *Vita quotidiana in casa Freud*, Garzanti, Milano 1990.
Blanton S., *La mia analisi con Freud*, Feltrinelli, Milano 1974.
Bonomi C., *Sulla soglia della psicoanalisi. Freud e la follia infantile*, Bollati Boringhieri, Torino 2007.
Borch-Jacobsen M., *Les patients de Freud. Destins*, Éditions des Sciences Humaines, Auxerre 2011.
Campanile P., *Freud dopo l'ultimo Freud*, FrancoAngeli, Milano 2020.
Clark R.W., *Freud*, Rizzoli, Milano 1983.
Coblence F., Denis P., Kahn L., Menahem R., *Sigmund Freud*, P.U.F., Paris 2000, 4 voll.
Dadoun R., *Sigmund Freud*, Spirali, Milano 1997.
David M., *La psicoanalisi nella cultura italiana*, Bollati Boringhieri, Torino 1990[3].
De Mijolla A., *Freud. Fragments d'une histoire*, P.U.F., Paris 2003.
De Mijolla A. (a cura di), *Dictionnaire international de la psychanalyse*, Calmann-Lévy, Paris 2005.
De Mijolla A., *Freud*, Éditions de la Boétie, Paris 2014.
De Mijolla A., *Freud vivant*, Éditions In Press, Paris 2017.
Doolittle H., *Tribute to Freud: with unpublished letters by Freud*, Pantheon, New York 1956.
Ellenberger H.F., *La scoperta dell'inconscio: storia della psichiatria dinamica*, Boringhieri, Torino 1982.
Engelman E., *Sigmund Freud. Wien IX. Berggasse 19*, Thelema Edizioni, Milano 1995.
Fachinelli E., *Su Freud*, Adelphi, Milano 2012.
Flem L., *L'homme Freud. Une biographie intellectuelle*, Paris, Seuil 1995.
Flem L., *La vita quotidiana di Freud e dei suoi pazienti*, Rizzoli, Milano 1997.

Forrester J., *Dispacci dalle guerre di Freud: la psicoanalisi e le sue passioni*, Fioriti, Roma 1999.
Gamwell L. e Wells R., *Freud e l'arte. La collezione privata di arte antica*, Il Pensiero Scientifico, Roma 1990.
Gay P., *Freud. Una vita per i nostri tempi*, Bompiani, Milano 1988.
Gay P., *Un ebreo senza Dio. Freud, l'ateismo e le origini della psicoanalisi*, il Mulino, Bologna 1989.
Jaccard R., *Freud*, Editori Riuniti, Roma 1985.
Jones E., *Vita e opere di Freud*, il Saggiatore, Milano 1962, 1995 e Garzanti, Milano 1977, 3 voll.
Kardiner A., *Una piccola nevrosi: reminiscenze di un'analisi con Freud*, Sesamo, Roma 1977.
Krüll M., *Padre e figlio. Vita familiare di Freud*, Boringhieri, Torino 1982.
Laplanche J. e Pontalis J.-B., *Enciclopedia della psicoanalisi*, Laterza, Roma-Bari 1968.
Lavagetto M., *Freud la letteratura e altro*, Einaudi, Torino 1985 e 2001.
Le Guen C. (a cura di), *Dizionario freudiano*, Borla, Roma 2013.
Lippi S., *Sigmund Freud*, Feltrinelli, Milano 2018.
Major R. e Talagrand Ch., *Sigmund Freud*, Einaudi, Torino 2008.
Mannoni O., *Freud*, Laterza, Roma-Bari 1982.
Molnar M. (a cura di), *The diary of Sigmund Freud 1929-1939. A record of the final decade*, MacMillan, New York 1992. Gli anni 1938-1939 sono tradotti in italiano in "Rivista di Psicoanalisi", 2009, 55, pp. 619-661 e pp. 881-899.
Novelletto A., "Freud e l'Italia", in *L'inconscio, Freud, l'Italia e Roma*, suppl. a "Rivista di Psicoanalisi", 2011, Roma.
Nunberg H. e Federn E., *Protokolle der Wiener Psychoanalytischen Vereinigung*, Psychosozial-Verlag, Berlino 2008; trad. it del primo volume *Dibattiti della Società psicoanalitica di Vienna 1906-1908*, Boringhieri, Torino 1973; una selezione è tradotta in Lavagetto M. (a cura di), *Palinsesti freudiani. Arte letteratura e linguaggio nei*

*Verbali della Società psicoanalitica di Vienna 1908-1918*, Bollati Boringhieri, Torino 1998.
Pierri M., *Un enigma per il dottor Freud. La sfida della telepatia*, Franco Angeli, Milano 2018.
Pohlen M., *In analisi con Freud. I verbali delle sedute di Ernst Blum del 1922*, Bollati Boringhieri, Torino 2009.
Quinodoz J.-M., *Sigmund Freud*, P.U.F., Paris 2019.
Rieff Ph., *Freud moralista*, il Mulino, Bologna 1968.
Roazen P., *Fratello animale. Freud e Tausk: maestro e allievo – un rapporto che si chiude con un suicidio*, Rizzoli, Milano 1973.
Roazen P., *Freud e i suoi seguaci*, Einaudi, Torino 1996.
Robert M., *La rivoluzione psicoanalitica: la vita e l'opera di Sigmund Freud,* Boringhieri, Torino 1967.
Rodrigué E., *Freud. Il secolo della psicoanalisi*, Borla, Roma 2010.
Roudinesco E., *Sigmund Freud nel suo tempo e nel nostro*, Einaudi, Torino 2015.
Roudinesco E. e Plon M., *Dictionnaire de la psychanalyse*, Fayard, Paris 2006[3].
Sachs H., *Freud maestro e amico,* Astrolabio, Roma 1978.
Schur M., *Il caso di Freud. Biografia scritta dal suo medico*, Boringhieri, Torino 1976.
Semi A.A. (a cura di), *Trattato di psicoanalisi*, vol. I: *Teoria e tecnica*, Cortina, Milano 1988.
Sulloway F., *Freud, biologo della psiche: al di là della leggenda psicoanalitica*, Feltrinelli, Milano 1982.
Vegetti Finzi S., *Freud e la nascita della psicoanalisi*, Mondadori, Milano 1995.
Wittels F., *Sigmund Freud. L'homme, la doctrine, l'école*, in *Freud et la femme enfant. Mémoires de Fritz Wittels,* P.U.F., Paris 1999.
Wortis J., *Frammenti di un'analisi con Freud: un resoconto di prima mano*, Liguori, Napoli 1978.
Yerushalmi Y.H., *Il Mosè di Freud: giudaismo terminabile e interminabile,* Einaudi, Torino 1996.

## *Epistolari freudiani*

Sembra siano circa ventimila le lettere scritte da Freud, di cui solo un quarto inventariate. Lettere che hanno importanza particolare come laboratorio del pensiero freudiano (è in una corrispondenza, quella con Fliess, che si trova ad esempio l'atto di fondazione della "psicoanalisi"). Non a caso si è parlato (P. Mahony) della psicoanalisi come originariamente di una *writing cure* (prima ancora che di una *talking cure* come era stata denominata dalla prima paziente di Breuer, Anna O.). Sono stati pubblicati diversi epistolari, solo alcuni tradotti in italiano, integralmente (*) o parzialmente (**).

Eduard Silberstein* (1871-1881); Corrispondenti vari* (1873-1939); Martha Bernays Freud** (1882-1939); Minna Bernays (1882-1938); Wilhelm Fliess* (1887-1904); Jean-Martin Charcot a Freud* (1888-1893); Famiglia Freud* (1895-1923); Mathilde, Martin, Oliver, Ernst, Sophie Freud, loro coniugi e loro figli (1898-1939); Anna Freud (1904-1938); Eugen Bleuler (1904-1937); Carl G. Jung* (1906-1923); Max Eitingon (1906-1939); Karl Abraham (1907-1925); Otto Rank (1907-1926); Sándor Ferenczi** (1908-1933); Ludwig Binswanger* (1908-1938); Ernest Jones* (1908-1939); Stefan Zweig (1908-1939); Oskar Pfister* (1909-1939); Freud di Manchester (1911-1938); Lou Andreas-Salomé* (1912-1936); Georg Groddeck* (1917-1934); Jeanne Lampl-de Groot (1921-1939); Nikolaj J. Ossipow (1921-1929); Romain Rolland (1923-1936); Arnold Zweig* (1927-1939); Hilda Doolittle (1932-1937). Inoltre le lettere a D.F. Oppenheim* (1909); Éduard Claparède* (1921); Theodor Reik* (1929); Juliette Boutonier* (1930); Julius Tandler* (1931); Siegfried Hessing* (1932); Georg Hermann* (1936); Yisrael Doryon* (1938); Israel Cohen* (1938).

## *Introduzioni freudiane alla psicoanalisi*

1901 *Il sogno.*
1909 [1910] *Cinque conferenze sulla psicoanalisi.*
1913 *L'interesse per la psicoanalisi.*
1914 *Per la storia del movimento psicoanalitico.*
1915-17 [1916-17] *Introduzione alla psicoanalisi.*
1922 [1923] *Due voci di enciclopedia: "Psicoanalisi" e "Teoria della libido".*
1923 [1924] *Breve compendio di psicoanalisi.*
1924 [1925] *Autobiografia* (con poscritto del 1935).
1925 [1926] *Psicoanalisi.*
1926 *Il problema dell'analisi condotta da non medici.*
1932 [1933] *Introduzione alla psicoanalisi. Nuova serie di lezioni.*
1938 [1940] *Compendio di psicoanalisi.*

## *Lavori freudiani su civiltà, società, religione, miti*

1907 *Azioni ossessive e pratiche religiose.*
1908 *La morale sessuale "civile" e il nervosismo moderno.*
1912-13 *Totem e tabù.*
1915 *Considerazioni attuali sulla guerra e la morte.*
1921 *Psicologia delle masse e analisi dell'Io.*
1922 [1923] *Una nevrosi demoniaca del secolo decimosettimo.*
1927 *L'avvenire di un'illusione.*
1928 *Un'esperienza religiosa.*
1929 [1930] *Il disagio nella civiltà.*
1931 [1932] *L'acquisizione del fuoco.*
1932 [1933] *Perché la guerra?*
1934-38 [1937-38] *L'uomo Mosè e la religione monoteistica.*

# Indice

Ultimi volumi pubblicati in
"Universale Economica" - I CLASSICI

Virginia Woolf, *Flush*. Una biografia. A cura di I. Plescia. Introduzione di N. Fusini
Arthur Conan Doyle, *Le avventure di Sherlock Holmes*. A cura di G. Carlotti
William Shakespeare, *La commedia degli errori*. A cura di N. Fusini
Cesare Pavese, *Dialoghi con Leucò*. A cura di S. Ritrovato
Cesare Pavese, *La luna e i falò*. A cura di S. Scioli
George Orwell, *Fattoria degli animali*. A cura di F. Cavagnoli
George Orwell, *1984*. A cura di F. Cavagnoli
Vittorio Alfieri, *Vita*. A cura di C. Forno
Fernando Pessoa, *Il libro dell'inquietudine* di Bernardo Soares. Prefazione di A. Tabucchi. Cura di M.J. de Lancastre. Traduzione di M.J. de Lancastre e A. Tabucchi. Nuova edizione rivista
Marcel Schwob, *Vite immaginarie*. A cura di L. Salvatore
Søren Kierkegaard, *In vino veritas*. A cura di I. Basso
H.G. Wells, *La Macchina del Tempo*. A cura di M. Esposito
Giovanni Boccaccio, *Decameron*. A cura di M. Veglia
Francis Scott Fitzgerald, *Al di qua del paradiso*. Traduzione di P.F. Paolini. Postfazione di S. Antonelli
Alexandre Dumas, *La guerra delle donne*. Traduzione di G. Panfili

Victor Hugo, *William Shakespeare*. A cura di D. Feroldi. Con uno scritto di A. Serra
Montesquieu, *Lettere persiane*. A cura di D. Felice
Emma Orczy, *La Primula rossa*. A cura di G. Carlotti
Nikolaj Gogol', *Racconti di Pietroburgo*. A cura di D. Rebecchini
Mark Twain, *Wilson Testa-di-rapa. Quei gemelli fuori dell'ordinario*. A cura di M. Maffi
Friedrich Nietzsche, *Al di là del bene e del male*. Preludio a una filosofia dell'avvenire. A cura di S. Mati. Traduzione di S. Mati e O. Abu Dbei
Giorgio Caproni, *"Pianto per Ignazio". Versioni da García Lorca e altri poeti ispanici*. A cura di L. Dolfi
Fëdor Dostoevskij, *Note invernali su impressioni estive*. A cura di S. Prina
Oscar Wilde, *Vera o i nichilisti*. A cura di E. Terrinoni. Testo originale a fronte
Giovanni Verga, *Eva*. A cura di G. Rosa
Johan Huizinga, *L'Autunno del Medioevo*. A cura di F. Paris
Apuleio, *La favola di Amore e Psiche*. Prefazione di A. Torino, a cura di S. Sacchini
Alexandre Dumas, *Vent'anni dopo*. Traduzione di C. Diez condotta sul testo francese stabilito da C. Schopp. Con una Introduzione e un Dizionario dei personaggi di C. Schopp
Jane Austen, *Mansfield Park*. Traduzione di B. Amato, postfazione di G. Montanaro
Fëdor Dostoevskij, *Netočka Nezvanova*. A cura di S. Prina
Hans Magnus Enzensberger (a cura di), *Colloqui con Marx e Engels*. Testimonianze sulla vita di Marx e Engels. Postfazione di E. Donaggio e P. Kammerer. Traduzione di A. Casalegno
Guy de Maupassant, *Racconti dell'incubo e del mistero*. A cura di L. Salvatore
Jules Verne, *Viaggio al centro della Terra*. Traduzione e postfazione di S. Valenti. Con un saggio di G. Sassone. Ilustrazioni di É. Riou

Søren Kierkegaard, *Il diario del Seduttore*. A cura di I. Basso

Platone, *Repubblica o Sulla Giustizia*. Introduzione di H. Kohlenberger. Traduzione e commento di M. Vitali. Testo originale a fronte

Giosue Carducci, Annie Vivanti, *Addio caro Orco*. Lettere e ricordi (1889-1906). A cura di A. Folli

Stendhal, *Passeggiate romane*. Prefazione di E. Trevi. Traduzione e note di D. Feroldi. Incisioni di G. Vasi

Euripide, *Alcesti*. A cura di G. Greco. Testo originale a fronte

Oscar Wilde, *L'importanza di far l'onesto*. Una commedia frivola per gente seria. A cura di A. Bibbò. Testo originale a fronte

*Le mille e una notte*. Edizione italiana condotta sul più antico manoscritto arabo stabilito da M. Mahdi. Traduzione di R. Denaro e M. Casari

Itzhak Katzenelson, *Canto del popolo yiddish messo a morte*. Traduzione e cura di E. De Luca

Jack London, *Zanna Bianca*. A cura di D. Sapienza. Nota storico-letteraria di M. Maffi

Friedrich Nietzsche, *Poesie*. A cura di S. Mati. Testo originale a fronte

Colette, *L'ingenua libertina*. Traduzione di D. Selvatico Estense. Postfazione di L. Scarlini

William Shakespeare, *La bisbetica domata*. A cura di I. Plescia. Introduzione di N. Fusini. Testo originale a fronte

Francis Scott Fitzgerald, *Belli e dannati*. A cura di E. Pantaleo

Arthur Conan Doyle, *La Valle della paura*. Traduzione di G. Carlotti. Postfazione di E. Terrinoni

H.G. Wells, *L'isola del Dottor Moreau*. A cura di M. Esposito

Giacomo Leopardi, *Zibaldone di pensieri*. Nuova edizione tematica condotta sugli Indici leopardiani. A cura di F. Cacciapuoti. Con un Preludio di A. Prete

Fëdor Dostoevskij, *L'eterno marito. La moglie di un altro e il marito sotto il letto*. A cura di S. Prina

Emily Dickinson, *Lettere*. 1845-1886. A cura di B. Lanati. Postfazione di V. Gennero

Guy de Maupassant, *Racconti neri*. A cura di L. Salvatore

Mark Twain, *Contro i luoghi comuni*. Racconti cattivi, grotteschi, irriverenti. A cura di M. Maffi

Louisa May Alcott, *Piccole donne* o Meg, Jo, Beth e Amy. A cura di S. Sacchini. Prefazione di N. Terranova

John Cleland, *Fanny Hill*. Memorie di una donna di piacere. A cura di F. Garnero

Guillaume Apollinaire, *Le undicimila verghe*. Traduzione di R. Rossi Testa. Postfazione di L. Aragon. Con uno scritto di M. Décaudin

Franz Kafka, *Quaderni in ottavo*. A cura di I.A. Cusano

Oscar Wilde, *Il Principe felice e altre storie - Una casa dei melograni*. A cura di E. Terrinoni

Igino Ugo Tarchetti, *Fosca*. Postfazione di G. Rosa

Edgar Lee Masters, *Antologia di Spoon River*. A cura di E. Terrinoni

Fëdor Dostoevskij, *Umiliati e offesi*. A cura di S. Prina

*La felicità degli antichi*. Idee e immagini di una buona vita. A cura di D. Susanetti

Karl Marx, *Manoscritti economico-filosofici del 1844* e altre pagine su lavoro e alienazione. A cura di E. Donaggio e P. Kammerer

William B. Yeats, *Verso Bisanzio*. Poesie scelte. A cura di R. Mussapi. Testo originale a fronte

Lev Nikolaevič Tolstoj, *Sulla vita*. A cura di I. Sibaldi

Edwin A. Abbott, *Flatlandia*. Un racconto fantastico a più dimensioni. A cura di G. Carlotti

Francesco Petrarca, *Guida al viaggio da Genova alla Terra Santa*. Itinerarium Syriacum. A cura di U. Dotti

Lewis Carroll, *La caccia allo Snark*. A cura di R. Sanesi. Illustrazioni di H. Holiday

Jules Verne, *Ventimila leghe sotto i mari*. Traduzione di S. Valenti. Postfazione di E. Trevi. Incisioni originali di A. de Neuville e É. Riou

Émile Zola, *Lo scannatoio*. L'Assommoir. A cura di L. Salvatore. Postfazione di L.F. Céline

Friedrich Nietzsche, *L'anticristo*. Maledizione del cristianesimo. A cura di S. Mati

Epitteto, *Manuale*. Traduzione di G. Leopardi. Postfazione e commento di A. Banfi

Virginia Woolf, *Orlando*. A cura di S. Rota Sperti. Introduzione di T. Swinton. Con le foto di L. Woolf di Vita Sackville-West nella parte di Orlando

Luigi Natoli, *I Beati Paoli*. Postfazione di M. Onofri

Karl Marx, Friedrich Engels, *Manifesto del partito comunista*. A cura di E. Donaggio e P. Kammerer

Henry James, *Il giro di vite*. A cura di L. Lunari

Frances Hodgson Burnett, *Il giardino segreto*. A cura di G. Carlotti

Eloisa e Abelardo, *Lettere*. A cura di N. Cappelletti Truci

Erasmo da Rotterdam, *Dolce è la guerra per chi non ne ha esperienza*. Storie politiche tratte dagli Adagia. A cura di U. Dotti

Giuseppe Tomasi di Lampedusa, *I racconti*. Nuova edizione rivista e accresciuta. A cura di N. Polo. Introduzioni e note di G. Lanza Tomasi

Fëdor Dostoevskij, *Memorie da una casa di morti*. A cura di S. Prina

William Shakespeare, *Le allegre madame di Windsor*. A cura di N. Fusini

Henry David Thoreau, *Disobbedienza civile*. A cura di F. Meli. Traduzione di L. Gentili

Edith Wharton, *L'età dell'innocenza*. A cura di S. Antonelli

Daniel Defoe, *Moll Flanders*. A cura di A. Bibbò

Jane Austen, *Emma*. A cura di B. Amato

Ippolito Nievo, *Le confessioni di un italiano*. A cura di U.M. Olivieri

Arthur Conan Doyle, *Il segno dei quattro*. A cura di G. Carlotti

Luigi Pirandello, *Quaderni di Serafino Gubbio operatore*. A cura di S. Micali

Seneca, *La brevità della vita*. A cura di U. Dotti. Testo originale a fronte

Friedrich Nietzsche, *Così parlò Zarathustra*. Un libro per tutti e per nessuno. A cura di S. Mati
Charles Dickens, *Il canto di Natale*. A cura di B. Amato
Jack London, *Martin Eden*. Prefazione di M. Maffi. A cura di S. Sacchini
James Joyce, *Un ritratto dell'artista da giovane*. A cura di F. Cavagnoli
Aristofane, *Lisistrata*. A cura di G. Greco. Testo originale a fronte
Robert Louis Stevenson, *La Freccia Nera*. Una storia delle Due Rose. A cura di G. Carlotti. Testi critici di G.K. Chesterton
Sheridan Le Fanu, *Carmilla*. La vampira e il detective dell'occulto. A cura di S. Sacchini
Thomas Hardy, *Tess dei d'Urberville*. A cura di M. Esposito
Marcel Proust, *Il piacere della lettura*. Prefazione di E. Trevi. Traduzione di D. Feroldi
Howard Phillips Lovecraft, *Il profeta dell'incubo*. Il Ciclo del sogno. A cura di S. Altieri
Guillaume de Lorris, Jean de Meun, *Il Romanzo della Rosa*. A cura di M. Jevolella
Alexandre Dumas, *I tre moschettieri*. Introduzione e Dizionario dei personaggi di C. Schopp. Traduzione di C. Diez, condotta sul testo francese stabilito da C. Schopp
Fëdor Dostoevskij, *Povera gente*. A cura di S. Prina
Thomas More, *Utopia*. A cura di U. Dotti
Charles Dickens, *Il Circolo Pickwick*. A cura di A. Ceni
Michel de Montaigne, *L'etica dei piaceri*. Antologia dai *Saggi*. A cura di C. Montaleone. Traduzione di S. Ferrari
Mark Twain, *Le avventure di Tom Sawyer*. A cura di S. Sacchini
Lucrezio, *La natura delle cose*. A cura di U. Dotti. Testo originale a fronte
William Shakespeare, *Troilo e Cressida*. Introduzione di N. Fusini. A cura di I. Plescia. Testo originale a fronte
Jack London, *Il vagabondo delle stelle*. A cura di D. Sapienza. Postfazione di J. Williams
Horace Walpole, *Il castello di Otranto*. Prefazione di P. Éluard. A cura di G. Carlotti

Charles Dickens, *Tempi difficili*. A cura di B. Amato
Honoré de Balzac, *Eugénie Grandet*. A cura di F. Ieva
Francis Scott Fitzgerald, *Tenera è la notte*. A cura di E. Pantaleo
Gabriele d'Annunzio, *Il piacere*. Postfazione di S. Micali
Jane Austen, *Persuasione*. Traduzione di M. Baiocchi e S. Tagliavini. Postfazione di S. Poledrelli. In appendice il capitolo soppresso dall'Autrice
*Eleusis e Orfismo. I Misteri e la tradizione iniziatica greca*. A cura di A. Tonelli. Testo originale a fronte
Friedrich Nietzsche, *La nascita della tragedia*. A cura di S. Mati
Lev Nikolaevič Tolstoj, *Guerra e rivoluzione*. Prefazione di G.P. Serino. Cura di R. Coaloa
Tucidide, *I discorsi della democrazia*. A cura di D. Susanetti. Testo originale a fronte
Fëdor Dostoevskij, *Le notti bianche - La cronaca di Pietroburgo*. A cura di S. Prina
Arthur Conan Doyle, *Uno studio in rosso*. A cura di G. Carlotti. In appendice l'autobiografia di Conan Doyle
Sibilla Aleramo, Dino Campana, *Un viaggio chiamato amore*. Lettere 1916-1918. A cura di B. Conti
Virginia Woolf, *Gli anni*. A cura di A. Bibbò. In appendice le parti omesse dall'Autrice
Antoine de Saint-Exupéry, *Il Piccolo Principe*. Con le illustrazioni dell'autore. Prefazione di C. Gamberale. Traduzione e postfazione di Y. Melaouah
D.A.F. de Sade, *Le centoventi giornate di Sodoma*. Introduzione di D.A.F. de Sade. Con uno scritto di G. Bataille. A cura di G. De Col
*Ester*. Traduzione e cura di E. De Luca. Illustrazioni di S. Martini
Joseph Conrad, *La linea d'ombra*. A cura di S. Barillari
Nathaniel Hawthorne, *La lettera scarlatta*. A cura di E. Terrinoni
François de La Rochefoucauld, *Massime morali*. A cura di F. Ieva
Émile Zola, *Nanà*. A cura di D. Feroldi
Charles Dickens, *Oliver Twist*. A cura di B. Amato

Made in United States
Troutdale, OR
11/03/2026

56844644R00187